MENTALES TRAINING

DAS PRAXISBUCH

Cora Besser-Siegmund

MENTALES TRAINING

DAS PRAXISBUCH

Stell dir vor …
Gesundheit, Glück und Erfolg

SÜDWEST

INHALT

Stell dir vor ...   8

DIE INNERE KRAFT WECKEN   13

Der richtige Motivationsstil   13
Mentale Durststrecken überwinden   14

Verhaltensweisen neu einführen   15
Ziele klar definieren   16
Konstruktiv denken und planen   18
Das Gehirn richtig ansprechen   19
Das Ziel vorwegnehmen   21

Verhaltensweisen unterlassen   23
Wenn der Blick aufs Ziel verstellt ist   24
Die Bedeutung des Körperechos   25
Das Zielbild stärken   29
Distanz zum Auslöser schaffen   32

Etwas hinter sich bringen   35
Lästige Pflichten gedanklich überholen   38
Die Strategie des Sofort-Erledigens   39

Selbstbewusst eine Rede halten   42
Die Technik des präzisen Fragens   43
Anforderungen realistisch gestalten   46
Auf Überraschungen gefasst sein   47

TATKRÄFTIG DEN ALLTAG BEWÄLTIGEN   51

Die Imagination trainieren   51

Höflich zu sich selbst sein   52
Der gute Ton im inneren Dialog   53
Die positive Motivationsstimme   54

Namen besser behalten   59
Wahrnehmungsvorlieben nutzen   61

Vor Ideen übersprudeln   63
Stress erzeugt Blockaden im Kopf   64
Denkprozesse an das Unbewusste abgeben   65
Mentale Spaziergänge   66
Für visuelle Nahrung sorgen   67
Ideen reifen lassen   68

Stress und Ärger klein denken   72
Grübelbilder umdenken   73

Die visuelle Vorstellung schulen   76
Jeder kann innere Bilder abrufen   77

IMMER WIEDER AUFTANKEN   81

Im Einklang mit dem Körper   81
Imaginationstraining und Gesundheit   82
Genügend Wasser trinken   82
Alkohol und Kaffee nur in Maßen   82
Auf eine ausgewogene Ernährung achten   83
Für genügend Bewegung sorgen   84
Den Stress in Grenzen halten   85
Das A und O – erholsamer Schlaf   86

FERNZIELE ERREICHEN   89

Wie man sich optimal motiviert   89
Mit Blockaden konstruktiv umgehen   90

Ein positives Selbstbild aufbauen   91
Des eigenen Glückes Schmied   92
Vorbilder für das Zukunfts-Ich   93
Besonders erstrebenswert – Lebensfreude   94

Werte als Kraftquelle   96
Ihre persönliche Wertehitliste   98
Die richtigen Schwerpunkte setzen   99
Eine visuelle Darstellung finden   100

Erfolge auf der Zeitlinie   103
Ein visuelles Modell – der Zeitstrahl   104

Der Blick zurück   111
Sich selbst erfüllende Prophezeiungen   112
Ereignisse umdeuten   113

»Freu dich nicht zu früh …«   118
Der »Weisheits-TÜV«   119
Positive Leitsätze finden   120

Erfolge säen und ernten   123
Klare Voraussetzungen schaffen   125

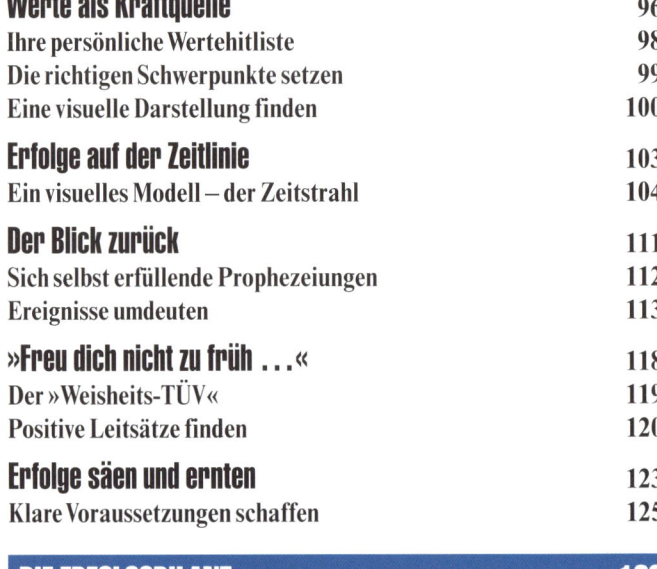

DIE ERFOLGSBILANZ   **129**

Wer wagt, gewinnt nicht immer   129
Unsicherheitsfaktoren ausschalten   130
Innerlich vorbereitet sein   131

Neue Wege beschreiten   133
Offen sein für Fremdes   134

Entscheidungen treffen   136
Lebendigkeit oder »Der Weg ist das Ziel«   137

»Wer weiß, wozu es gut war …«   138
Glück im Unglück   139

Den Moment leben   142
Ziele neu überdenken   143

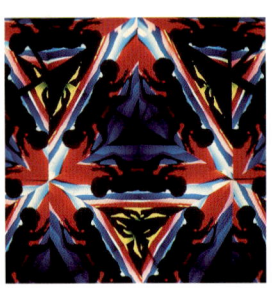

ERFOLG DURCH SELBSTHYPNOSE   **145**

Trance zur Gehirnaktivierung   145
Der Nutzen von Tagträumen   146

Was ist Hypnose?   147
Trancen – etwas ganz Alltägliches   148
Wirksame Entspannungstechnik   149
Trancezustände gezielt nutzen   150

Vom Sinn des Sinnierens   154

Trance und Modelllernen   157
Erfolgreiche Vorbilder imitieren   160

Trance und Gesundheit   163

Schlafend arbeiten   167
Unbewusst lernen   170

BEZIEHUNGEN LEBENDIG GESTALTEN   175

Soziale Verbindungsmotive   175
Besonders beständig – Sympathie   176

Andersartigkeit tolerieren   177
Unterschiedliche Lernprägung   178

Metaprogramme   181
Unterschiedliche Sinnestypen   182
Extrovertierte und introvertierte Typen   187
Sensorische und intuitive Wahrnehmung   189

Den Standpunkt wechseln   192

Erfolgreich kommunizieren   196
Sich angleichen   197

Der Weg zum Charisma   199

Die tägliche Beziehungspflege   201

Nützliche Adressen   202
Literaturverzeichnis   203
Über dieses Buch   204
Register   205

Stell dir vor ...

Der Mensch hat viele Lebensräume: seine Wohnung, den Arbeitsplatz, die Stadt oder die Landschaft, in der er lebt. Der wichtigste Raum ist jedoch die Welt der Gedanken. Da gibt es ebenfalls Wände und Türen, Enge und Weite, Beschränkt-Sein oder grenzenlose Freiheit. Das in diesem Buch vorgestellte Imaginationstraining erweitert den Blickwinkel für die verborgenen Welten im Kopf. Es eröffnet der Vorstellungskraft neue Horizonte – und dieses Imaginieren, das intensive Wahrnehmen der Lebensmöglichkeiten, ist die beste Voraussetzung, Chancen im realen Leben wahrzunehmen.

Die Macht der Gedanken

Die Welt in unserer Vorstellung ist die individuelle Realität, nach der wir leben und empfinden. Die Erforschung dieser subjektiven Wirklichkeit macht persönliche Veränderung und Entwicklung möglich.

Man hat herausgefunden, dass Menschen mit einer lebhaften Vorstellungskraft ihr Leben besonders erfolgreich gestalten können. Das liegt an der besonderen Struktur der Gedanken, denn obwohl man sie nicht sehen oder greifen kann, bestehen sie durchaus nicht aus Luft. Ihre Entstehung geht mit messbaren Stoffwechselprozessen einher. Der Schriftsteller Rudyard Kipling sagte einmal: »Gedanken sind die mächtigste Droge, die die Menschheit benutzt.« Ein eindrucksvoller Beweis für diese These ist der bekannte Plazeboeffekt.

Vorstellungen als innere Kraftquelle

Welchen Einfluss Gedanken auf die Lebensqualität haben können, zeigt ein Test, den Wissenschaftler mit Chinesen und Nordamerikanern durchführten. Auf ihr Intelligenzniveau hin untersucht, erzielten Chinesen und Amerikaner in jungen und mittleren Jahren vergleichbare Ergebnisse. Im hohen Alter war jedoch das Intelligenzniveau der Chinesen dem der Amerikaner deutlich überlegen. Die Erklärung für dieses Phänomen fanden die Forscher in dem unterschiedlichen Bild, das beide Kulturen vom Alter haben: Die meisten Amerikaner stellen sich einen alten Menschen als hilfsbedürftigen Greis vor, den man zwar zuvorkommend behandeln, aber nicht besonders ernst nehmen muss. Bei den Chinesen fällt das Bild des alten Menschen viel positiver aus: Er ist wegen seiner Lebenserfahrung hoch angesehen und wird von Familie und Gesellschaft respektvoll behandelt.

8

Der »programmierte« Lebensweg

Welche konkreten Auswirkungen hat nun aber die positive Vorstellung vom Alter auf die »Intelligenzpflege«? Der Mensch verwandelt seine Zukunftsvisionen unbewusst in gelebte Realität. Sucht beispielsweise ein 40-Jähriger Amerikaner seinen Schlüssel, dann könnte er dabei denken: »So, nun geht es also bergab mit meinem Gedächtnis – ich werde alt.« Er wartet förmlich auf die ersten Vorzeichen des geistigen Verfalls, die zu seinem Bild vom Altern gehören, und wird dann natürlich auch fündig.

Wenn Ideen zur Fessel werden

In dem Moment, wo der 40-Jährige seine eigentlich normale Vergesslichkeit als Vorboten des Alters interpretiert, entsteht der Teufelskreis. Nehmen wir einmal an, er könnte eine bessere Stelle bekommen, müsste dafür aber sein Englisch wieder etwas auffrischen. Unser Kandidat wird zögern: Schließlich hat der verlegte Schlüssel ja bewiesen, dass sein Gedächtnis nicht mehr das ist, was es einmal war. Folglich kann man ihm von nun an auch keine neuen Vokabeln mehr zumuten. Er lässt es also lieber und bewirbt sich nicht um den Posten. Die Vorstellung von den eingeschränkten Möglichkeiten im Alter verwandelt sich zur realen Behinderung im Hier und Jetzt.

Familie, Freunde und die Konventionen der Gesellschaft, in der wir leben, prägen unsere Wertvorstellungen. Dies vermittelt Geborgenheit und Einklang mit der Umwelt, kann aber auch die Entfaltung der eigenen Persönlichkeit blockieren.

Mentale Erfolgskonzepte

Stellen wir uns nun im Gegenzug einen 40-jährigen Chinesen vor, der von einem Freund um Rat gefragt wird. Der Ratsuchende hätte vielleicht vor drei Jahren noch nicht unseren 40-Jährigen gefragt. Jetzt aber verspricht er sich etwas davon, denn der Freund nähert sich ja inzwischen dem weisen Alter. Der Ratgeber wiederum fühlt sich in seinem Zukunftsbild bestätigt: »Da man mich um Rat fragt, wird man offensichtlich mein Plus an Lebenserfahrung bemerkt haben«, sagt er sich. Dieses Denken beflügelt seine Kreativität – und so kommt tatsächlich ein guter Rat zustande. Ermutigt durch dieses positive Erlebnis öffnet sich unser 40-Jähriger von nun an allen Neuigkeiten, schärft die Sinne durch aufmerksames Hinhören und Beobachten und trainiert das Finden von Lösungen – kurzum: Er beginnt unbewusst mit gezieltem Gehirnjogging. Macht er so weiter, ist es kein Wunder, dass er mit 80 Jahren im Intelligenztest noch immer gut abschneidet.

Gedanken als Wegweiser in die Zukunft

Gedanken können also eine Art Reiseführer durch die Welt im Kopf sein. In unseren äußeren Lebensräumen finden wir es schließlich auch selbstverständlich, Reiseführer zu benutzen, Landkarten zu lesen, einen Grundriss vom Architekten zu betrachten oder Kataloge und Prospekte zu studieren, um uns in Dimensionen zurechtzufinden, die das bloße Auge zurzeit real nicht wahrnehmen kann. Mit anderen Worten: Jeder Mensch benutzt bereits tagtäglich Imaginationstechniken in den äußeren Räumen. Wie sonst könnte man erfolgreich ein Haus bauen oder sich in einer fremden Stadt orientieren?

Bewusstes Selbstmanagement

Man muss wissen, wo man ankommen will, bevor man losgeht. Erst mit einem konkreten Ziel vor Augen kann man die nötigen Schritte zu seiner Erreichung planen und genügend Tatkraft mobilisieren.

Das Gleiche gilt auch für den Lebensraum Zukunft: Ausführliche Gedanken über beruflichen Erfolg, Gesundheit und Lebensfreude geben uns Impulse für reales Handeln – beispielsweise für die Anmeldung zu einem Fortbildungskurs. Hat ein Mensch keine konkrete Vorstellung von seinen positiven Zukunftsmöglichkeiten, tappt auch sein Handeln im Dunkeln. Das Visualisieren einer erfolgreichen Zukunft allein reicht jedoch für ein erfülltes Leben nicht aus. Genauso wenig kann ein Reiseführer schon der Ersatz für das Reiseziel sein. Und durch das Betrachten eines Bauplans entsteht noch lange kein Haus.

Von der Idee zur Realisierung

Erfolgreiches Imaginationstraining heißt also nicht nur, sich die richtigen Gedanken zu machen, sondern auch genügend innere Kräfte zu entwickeln, um Bilder in Taten und somit in Realität zu verwandeln. Das Schlagwort dazu heißt »Imagineering« und wurde von dem Arzt Heinrich Klaus geprägt. Es ist eine Kombination aus den Wörtern »Image« und »Engineering«. Mit »Image« ist das Bild oder die Vorstellung gemeint, und »Engineering« bedeutet Ingenieurwesen. Die meisten Brücken, die man sieht, wurden von Ingenieuren konstruiert, bevor man sie erbaute. Umgekehrt müssen die Bauarbeiten an einer Brücke nicht nur geplant, sondern auch praktisch durchgeführt werden. Genau an diesem Punkt setzt unser Imaginationstraining ein. Es hilft nicht nur dabei, sich positive Lebensziele zu stecken, sondern zeigt auch ganz konkret, wie man den Mut für Veränderungen und die Kraft für die Bewältigung von Fehlschlägen findet.

Risiken kalkulieren

Darüber hinaus macht dieses Buch mit den Nebenwirkungen von Visualisierung vertraut: Denn Ziele können auch lähmen, wenn sie außerhalb unserer Reichweite liegen. Eine weitere Nebenwirkung sind die negativen Konsequenzen, die das Erreichen selbst des faszinierendsten Ziels mit sich bringt. So kann es sein, dass ein Student von einem gut bezahlten Managerposten träumt und dabei gar nicht realisiert, dass er dann kaum mehr Zeit für sein über alles geliebtes Windsurfen hat – um nur ein harmloses Beispiel zu nennen. Oft sind die privaten Einschränkungen bei beruflichem Erfolg noch gravierender. Dieses Training hilft dabei, negative Konsequenzen ernst zu nehmen und in positive Energie zu verwandeln.

Innerlich flexibel bleiben

Weiterhin verspricht dieses Training kein Happyend: In diesem Begriff steckt das Wort »end«, und Lebensziele dürfen niemals Endstationen sein. Denn das Leben wird immer neue Anforderungen stellen. Es ist weniger wichtig, Erfolg zu haben, als Erfolg aktiv zu leben. So kann man beispielsweise ein sehr guter Fahrradfahrer sein und dennoch aus Versehen über ein Schlagloch fahren und in ein Gebüsch stürzen. Doch obwohl nun das Fahrrad verbeult und das Gesicht verschrammt ist, bedeutet dies noch lange nicht, dass man von nun an nicht mehr Fahrrad fahren kann. Jedes Können ist ein Teil des Menschen – unabhängig vom äußeren Geschehen. Und keine Panne kann dem inneren Erfolgspotenzial ernsthaft etwas anhaben.

Rückschläge sind nicht einfach nur Misserfolge, sondern wichtige Lernschritte auf dem Weg zu einem Ziel. Wer Fehler unbedingt vermeiden will, engt seinen Handlungsspielraum ein und macht keine neuen Erfahrungen.

Methoden für Erfolg im Leben

Um alle zuvor erwähnten Qualitätskriterien zu erfüllen, beruht dieses Imaginationstraining auf den folgenden drei Pfeilern bewährter Selbstmanagementmethoden, die in den weiteren Kapiteln näher vorgestellt werden:

- **Kognitives Verhaltenstraining** zur Programmierung von erfolgreichen Gedanken
- **Selbsthypnose** zur Wahrnehmungsvertiefung und zur Verinnerlichung von wichtigen Lebenszielen
- **Neurolinguistisches Programmieren (NLP)** für die Umsetzung der Gedanken in reale Taten

DIE INNERE KRAFT WECKEN

Der wichtigste Schlüssel für die Realisierung Ihrer Ziele sind Sie selbst. Da können Ihnen andere noch so viel zureden – es nützt nichts, wenn Sie nicht auch eine innere Kraft spüren, die Sie zu Ihren kleinen und großen Erfolgen führt. Man hat beispielsweise untersucht, welche Personen nach einer erfolgreichen Abnahmekur ihr Gewicht über mehr als zwei Jahre halten konnten. Wurden diese Menschen durch andere Personen zu einer Diät motiviert, erreichten sie bereits nach kurzer Zeit wieder ihr Ausgangsgewicht. Zu den dauerhaft Schlanken zählten nur jene, die von Anfang an aus sich heraus den Wunsch zum Abnehmen spürten. Zwar scheiterten die Selbstmotivierten teilweise auch – aber die Untersuchung zeigt deutlich, dass sie im Vergleich zu den Fremdmotivierten weitaus höhere Chancen für eine langfristige Verhaltensänderung hatten und haben.

Ferngesteuert sind wir bis zu einem gewissen Grad alle, denn niemand kann sich dem Einfluss seiner Umwelt völlig entziehen. An unserem Durchhaltevermögen können wir aber deutlich spüren, ob wir ein Ziel aus eigenem Antrieb anstreben oder, um den Wünschen anderer gerecht zu werden.

Der richtige Motivationsstil

Im ersten Teil dieses Buchs werden Sie daher mit verschiedenen Möglichkeiten der Eigenmotivation vertraut gemacht. Die entsprechenden Imaginationstechniken können Sie erlernen wie das Autofahren oder das Einmaleins. Der Satz »Man muss nur wollen« beschreibt für das Thema »Lebenserfolge« nämlich nur eine Halbwahrheit. Stellen Sie sich einmal vor, in Ihrer Straße würde ein Sportflugzeug landen und Ihr Auto zuparken. Sie benötigen Ihren Wagen gerade dringend, aber der Pilot ist verschwunden. Da sagt Ihr Nachbar: »Fliegen Sie das Flugzeug doch einfach weg!« Wenn Sie keinen Flugschein besitzen, würden Sie bestimmt fragen: »Aber wie soll ich das denn machen?« – »Das ist doch ganz einfach«, antwortet der Nachbar, »Sie müssen es eben nur wirklich wollen.«

Mentale Durststrecken überwinden

Diese Geschichte macht klar, dass Sie mit dem reinen Wollen in der Regel nur bedingt Erfolg haben werden. Denn die spontane Antwort wäre in diesem Fall: »Das kann ich doch gar nicht!« Vielleicht erwidert der Nachbar dann noch: »Es dürfte eigentlich kein Problem sein, denn das Flugzeug funktioniert – das habe ich eben selbst gesehen. Es sieht auch so aus, als sei es gut in Schuss.« – »Aber ich habe nicht gelernt, wie man ein Flugzeug fliegt!« würde man hier sofort sagen. Ähnlich verhält es sich oft mit den brachliegenden Fähigkeiten bei uns Menschen. Die Möglichkeiten liegen in uns, aber das reine Wollen ersetzt noch lange nicht ein fundiertes Know-how, so wie es in diesem Buch beschrieben wird.

Strategie der kleinen Schritte

Das ganze Leben umkrempeln – solche Vorsätze scheitern meist blitzschnell, und danach geht alles im alten Trott weiter. Setzen Sie sich realisierbare Zwischenziele, deren Verwirklichung Ihnen Mut zu weiteren Schritten macht.

Sollten Sie sich nun aufgrund dieses Erlebnisses tatsächlich bei einer Flugschule anmelden, um für den Fall einer Wiederholung besser gewappnet zu sein, so wird man Sie dort bestimmt nicht gleich in der ersten Stunde mit einem Airbus fliegen lassen. Angehende Piloten bauen ihre Flugfähigkeit über einen längeren Zeitraum hin Schritt für Schritt auf. Aus diesem Grund fängt dieses Imaginationstraining auch nicht mit großen Themen wie Gesundheit, Jugendlichkeit, Reichtum und Liebe an. Dieser erste Abschnitt demonstriert vielmehr das Prinzip eines solchen Trainings anhand von verschiedenen Beispielen aus dem täglichen Leben.

Der Alltag als Experimentierfeld

Als praktischen Einstieg in Ihr persönliches Imaginationstraining möchte ich Ihnen daher vorschlagen, zunächst mit einigen »mittelwichtigen« Alltagsthemen zu arbeiten. Denn jedes sinnvolle Training beginnt in einem harmlosen Rahmen, damit man sich besonders gut auf die Technik konzentrieren kann. Kein Leistungssportler würde erst mitten im Wettkampf mit dem Üben beginnen. Wenn Sie sich mit Hilfe der folgenden Übungen die Grundtechniken des Imaginierens angeeignet haben, verfügen Sie über ein solides mentales Handwerkszeug, mit dem Sie dann später Ihre Kraftquellen auch für die großen Lebensthemen wecken und einsetzen können.

Verhaltensweisen neu einführen

Die Kunst, morgens aus dem Bett zu kommen

Das erste praktische Beispiel bezieht sich auf einen so unspektakulären Vorgang wie das morgendliche Aufstehen. Der Medizinstudent Frank hatte damit ein Problem. Er nahm sich in der Woche fast täglich vor, endlich einmal konsequent zu sein und abends früher ins Bett zu gehen. Aber so oft er sich dieses Ziel auch vergegenwärtigte – es klappte einfach nicht. »Ich kriege irgendwie nicht die Kurve«, klagte Frank. »Da sitze ich bis in die Puppen am Computer oder zappe mich durch alle Fernsehprogramme – und tagsüber bin ich dann schrecklich müde.« Er hatte sein Glück sogar schon mit Affirmationen versucht, indem er immer wieder zu sich selbst sagte: »Ich gehe gern ins Bett, ich lege mich gern schlafen.« – aber die Sätze kamen offensichtlich nie bei seinem Unbewussten an. Frank schaffte es einfach nicht, sich selbst rechtzeitig ins Bett zu schicken.

Niemand wird dauerhaft ein unerwünschtes Verhalten los, indem er es sich einfach streng verbietet. Genauso wie Kinder brauchen auch Erwachsene positive Anreize, um sich auf den Lernprozess einer Verhaltensänderung einzulassen.

Die Struktur von Franks Problem

Abends 21 bis 24 Uhr
In diesem Zeitraum müsste Frank für das Erreichen seines Ziels aktiv etwas tun, nämlich ins Bett gehen – aber er macht es nicht.

Morgens 6.30 Uhr
Für diesen Zeitpunkt wünscht sich Frank einen positiven Zustand – was aber bisher nicht klappt

Z e i t l i n i e
Gegenwart — **Zukunft**

- Verhaltensthema: Hier geht es darum, dass Frank mit einem Verhalten anfangen möchte, das er eigentlich schon beherrscht, denn im Grunde ist es ja sehr einfach, ins Bett zu gehen. Aber irgendwie fehlt ihm der nötige Kick, um das Verhalten zu aktivieren – obwohl dieses Verhalten für ihn positive Konsequenzen hätte.
- Zeitthema: Die positiven Konsequenzen der Verhaltensänderung wären für Frank schon am nächsten Tag spürbar.

Ziele klar definieren

Franks Problem eignet sich hervorragend, um die Wirkungsweise von Imagineering zu erklären. Denn seine guten Vorsätze hatten von vorn herein keine Chance auf Verwirklichung. Ich fragte ihn als erstes, aus welchen Gründen er denn überhaupt abends rechtzeitig einschlafen wollte. »Das ist doch klar«, antwortete er etwas ungeduldig, »ich will tagsüber einfach nicht immer so kaputt sein!« – »Sondern?« – »Na ja – eben nicht morgens schon so zerschlagen aufwachen!« Dabei verzog er gestresst das Gesicht und sah dabei tatsächlich »zerschlagen« aus. – »Wie möchten Sie denn stattdessen aufwachen?« fragte ich weiter.

Negationen vermeiden

Eine Gewohnheit geben wir erst dann auf, wenn wir etwas Besseres dafür gefunden haben. Deshalb ist es wichtig, ein positives Ziel zu formulieren und nicht alle Gedanken darauf zu konzentrieren, was nicht sein soll.

Diese Überlegung ist sehr wichtig. Denn Frank wusste bisher nur ganz genau, welchen Zustand er nicht haben wollte. Viele Menschen mobilisieren wie er ihre Kräfte, um etwas zu vermeiden. Sie wollen nicht krank werden, in einer bestimmten Situation nicht nervös sein, keine Angst haben, nicht ausgenutzt werden usw.

Gedanken entstehen in unserem Gehirn. Das Gehirn ist ein hoch leistungsfähiges Organ mit blitzschnellen Reaktionen, wie Ihnen ein einfaches Denkbeispiel zeigt: Angenommen, jemand fordert Sie dazu auf, gerade in diesem Moment nicht an einen grünen Drachen zu denken. Mit Sicherheit taucht dann auf Ihrem geistigen Bildschirm sofort eines dieser geschuppten Fabelwesen auf.

Der Dracheneffekt

Was passiert nun, wenn ein Prüfungskandidat innerlich ständig den Satz wiederholt: »Hoffentlich bin ich nicht aufgeregt, hoffentlich bin ich nicht aufgeregt!«? Der Dracheneffekt setzt ein. Denn das Gehirn erhält mehrmals das Stichwort »aufgeregt« und mobilisiert sofort alle Daten, die unter diesem Oberbegriff gespeichert sind: Aufregung, das ist doch der Zustand, in dem das Herz schneller klopft, der Mund trocken wird und die Gedanken durcheinander wirbeln.

Vom Gehirn erfahren auch die Zellen in Bruchteilen von Sekunden die »aufgeregte« Nachricht. Der Gedanke verwandelt sich so in reale Körperfunktionen, und das Herz schlägt tatsächlich schneller.

NLP – eine Gebrauchsanweisung für das Gehirn

Der Zusammenhang zwischen Wörtern und Körperfunktion wird auch durch den etwas aufwändigen Begriff »Neurolinguistisches Programmieren« wiedergegeben:

- »Neuro« steht für den Begriff »Neuron« – das ist der Fachbegriff für »Gehirnzelle«. Die billionenfachen Verbindungen zwischen diesen Zellen nennt man neuronale Verknüpfungen. In diesem komplexen Netzwerk sind unsere Fähigkeiten, Empfindungen und Verhaltensweisen gespeichert.
- »linguistisch« steht für »Sprache« – sei es nun in der äußerlichen Form einer Unterhaltung oder in der innerlichen Form von Gedanken. Worte aktivieren im Gehirn die neuronalen Verknüpfungen, die auch unseren Körper steuern, und verwandeln sich so in körperlich spürbare Energie.
- »Programmieren« bezieht sich auf die Tatsache, dass alle unsere Fähigkeiten durch die neuronalen Verknüpfungen wie eigenständige Programme in unserem Unbewussten ablaufen, was tatsächlich ein Segen ist: Stellen Sie sich einmal vor, Sie müssten jeden Morgen wieder Gehen, Sprechen oder Autofahren lernen. Manchmal wünscht man sich jedoch, dass ein Verhalten oder ein bestimmtes Denken eben nicht so automatisch abläuft wie der aufrechte Gang. Dann gibt es die Möglichkeit, seine »Neuronen« mit geeigneten Wörtern auf neue Gedanken und Verhaltensweisen zu »programmieren«.

Der Begriff »NLP« wurde von den amerikanischen Wissenschaftlern John Grinder und Richard Bandler in den siebziger Jahren geprägt. Sie fanden heraus, dass es bestimmte wichtige Strukturen für professionelle Kommunikation gibt, und leiteten daraus Lernschritte ab, die das Denken und Kommunizieren effektiver und erfolgreicher machen.

Positive Formulierungen finden

Alle gesunden Lebewesen neigen dazu, vor Situationen, die negative Körperempfindung auslösen könnten, davonzulaufen. Imagineering ist jedoch das Gegenteil von Weglaufen. Es bedeutet, ganz bewusst und unter Einbeziehung aller Konsequenzen auf ein Ziel zuzugehen. Deshalb ist es bei jedem Veränderungsprozess ganz besonders wichtig zu wissen, wofür und nicht wogegen man seine Energien mobilisieren will. Konkrete Vorstellungen vom Ziel sind für Ihr Gehirn von grundlegender Bedeutung – nur auf dieser Grundlage kann ein Projekt auch wirklich realisiert werden.

Konstruktiv denken und planen

Selbstverständlich ist es bei jeder Zielorientierung wichtig, auch an die Schwierigkeiten zu denken, die sich auf dem Weg zum Erfolg ergeben könnten. Der Dracheneffekt solcher Gedanken lässt sich aber nur umgehen, wenn man gleichzeitig nach Möglichkeiten sucht, um diese Hindernisse zu überwinden. Man nennt diese Zielorientierung auch den Oberplan, der hinter jedem Gedanken und jeder Tat stehen sollte. Jedes Nachdenken über ein konkretes Problem untersteht dem Oberplan, dass ein bestimmtes Ziel erreicht werden soll. Viele vergessen jedoch beim intensiven »Drachen-Denken« völlig ihr eigentliches Vorhaben und verlieren ihre mentale Orientierung.

Ziele sind Vorstellungen davon, was man in einer bestimmten Zeit erreichen möchte. Je lebhafter und erfreulicher unsere Ideen zu diesem Ziel sind, umso mehr Kraft schöpfen wir daraus für die Umsetzung des Vorhabens.

Die Wunschsituation präzise bestimmen

»Was soll ich denn nun Ihrer Meinung nach meinem Gehirn erzählen?«, fragte Frank nach diesen Ausführungen etwas skeptisch. »Bringen Sie ihm bei, dass es hier nicht nur um die Vermeidung von etwas Schlimmem geht«, antwortete ich. »Wenn Sie morgens nicht zerschlagen aufwachen möchten, sagen Sie Ihrem Gehirn ganz genau, wie Sie in den Tag gehen möchten. Auf diese Weise erzeugen Sie einen so genannten Engeleffekt: Ihr Gehirn reagiert mit kreativen Gedanken und positiven Gefühlen.« Frank dachte nach. »Wenn ich ehrlich bin – eigentlich möchte ich mich wie die Leute in der Werbung fühlen, die morgens in bunten Betten vom Kaffeeduft aufwachen und sich auf ihr Marmeladebrötchen freuen.« Dabei entspannten sich seine Züge, er atmete tief durch und lächelte. Man sah ihm an, dass er sich schon beim Gedanken daran gut fühlte.

Vorfreude als Leistungsmotor

Es ist also auch wichtig, sich auf ein Ziel von innen heraus zu freuen. Eine Zielvorstellung muss so etwas wie einen mentalen Magneten enthalten, von dem eine starke Anziehungskraft ausgeht. Diese Anziehung erweckt dann den Wunsch, das Ziel möglichst bald zu erreichen. Jede Form von Sehnsucht lebt vom Gedanken an ein Ziel. Vielleicht sind sich deshalb auch die Wörter »sehnen« und »sehen« so ähnlich. Je intensiver Menschen ihr Ziel schon in der Vorstellung erleben, desto stärker wird ihr Wille, es zu verwirklichen.

Das Gehirn richtig ansprechen

So romantisch dies klingen mag – auch hier wird nur mit Wasser gekocht. Denn Sie müssen sich vergegenwärtigen, welche Vorstellungen das Gehirn befähigen, eine positive Vorfreude als Körpergefühl spürbar zu machen. Man muss dazu auf die spezifische Sprache des Gehirns eingehen. Aber wie »redet« man mit diesem Organ?

Die Sinne melden dem Gehirn äußere Reize, die je nach individueller Erfahrung als angenehm oder unangenehm bewertet werden. Diese Bewertung löst wiederum eine körperliche oder auch emotionale Reaktion aus.

Die Sinneskanäle bewusst nutzen

Franks Reaktion zeigte deutlich, wie wichtig die richtigen Wörter für eine positive Imagination sind. Er sprach beispielsweise von »bunten Betten«, »duftendem Kaffee« und dem »Geschmack von Marmeladebrötchen«. Und genau diese Sprache erreicht das Gehirn und bewirkt so unbewusste Körperreaktionen.

Wir Menschen nehmen unsere Umwelt über unsere fünf Sinne wahr: Sehen, Hören, Fühlen, Riechen und Schmecken. All diese Sinne sind ständig aktiv. Aber auch unsere Innenwelt wird durch Sinneseindrücke belebt, was unsere Sprache in vielen Redewendungen wiedergibt. Da hat es jemand leicht oder schwer, man sieht rot oder schwarz oder ist in guter Stimmung.

Verknüpfen Sie mit Ihren Wünschen ansprechende innere Bilder. Diese Imaginationen helfen Ihnen dabei, auch Fernziele nicht aus den Augen zu verlieren.

19

Der Engeleffekt

Unser Gehirn reagiert auf jedes gesprochene, gelesene und gedachte Wort – auch wenn es mit einem »Nein« oder »Nicht« verknüpft ist. Haben diese Wörter eine negative Bedeutung, führt das zu unerwünschten Konsequenzen:

- Sie bewirken ein unangenehmes Körpergefühl.
- Dieses schlechte Gefühl löst Vermeidungsreaktionen aus und behindert die Konzentration auf ein Ziel.
- Das Gehirn beschäftigt sich mit Dingen, die nicht sein sollen, statt auf ein positives Ergebnis hinzuarbeiten.

Daher müssen Sie Ihr Ziel positiv definieren. Fragen Sie sich: »Wofür möchte ich meine Energien eigentlich einsetzen?«

Bieten Sie in Ihrer Vorstellung dem Gehirn zusätzlich auf allen Sinneskanälen konkrete angenehme Sinneswahrnehmungen an, die mit dem Ziel zu tun haben.

Neuronale Verknüpfung

Das Gehirn verfügt über eine Reihe von Nervenzentren, die sich auf die spezielle Wahrnehmung von Sinnesreizen spezialisiert haben. Zusätzlich besitzt es auch noch eine riesige Anzahl von unspezialisierten Zellen, die in erster Linie für eine reibungslose Koordinierung dieser Zentren sorgen. Erinnern Sie sich beispielsweise an einen Urlaub, sammelt das Gehirn aus allen Zentren (z.B. Seh-, Hör- und Bewegungszentrum) die Sinnespuzzlesteine der Erinnerung zusammen und stellt sie Ihnen als erinnertes Gesamterlebnis zur Verfügung.

Das Prinzip der Bahnung

Beim Gedanken an ein Zukunftsereignis sind genau dieselben Zellen aktiv. Man könnte sagen, dass sich unser Gehirn beim Gedanken an die Zukunft quasi schon warmläuft. Der Wissenschaftler spricht hier von der Nervenbahnung. Je mehr Sinnesreize an einer Zielvorstellung beteiligt sind, desto mehr Gehirnzellen beschäftigen sich mit der Zielerfüllung. Und je mehr Sinnesinformationen eine Vorstellung hat, desto intensiver spüren Sie auch körperlich die Vorfreude auf das Ziel. Diese Vorfreude löst in Ihnen den Wunsch aus, für Ihr Ziel aktiv zu werden. Das nennen wir den Engeleffekt.

Das Ziel vorwegnehmen

Franks ursprünglicher Affirmationssatz: »Ich gehe gern ins Bett« war viel zu arm an positiven Sinnesreizen, um eine körperlich spürbare Sehnsucht nach dem Ziel auszulösen. Ich bat ihn nun, sich mit allen Sinnen in ein schönes Aufwacherlebnis hineinzuversetzen: »Sie liegen im Bett. Gerade hat der Wecker geklingelt. Sie fühlen sich noch ganz müde (Fühlen). Da steigt Ihnen der Duft von frischem Kaffee in die Nase (Riechen). Sie knipsen das Licht an und blicken sofort auf eine bunt gemusterte Bettwäsche (Sehen). Ganz leise spielt Ihre Lieblingsmusik (Hören). Sie freuen sich auf ein köstliches Marmeladebrötchen (Schmecken). Was empfinden Sie bei dieser Vorstellung?« Frank lächelte mit geschlossenen Augen und antwortete: »Ich spüre noch den Schlaf im Körper – aber im Bauch regt sich ein freudiges Gefühl, das meine Muskeln wach macht.« Plötzlich riss er die Augen auf, sah mich an und sagte: »Aber es kocht mir keiner morgens Kaffee, und ich habe auch keine bunte Bettwäsche!«

Wie motivierend Vorfreude wirkt, weiß wohl jeder noch aus der Kindheit. Die rege Phantasie eines Kindes schmückt zukünftige Freuden oft so lebhaft aus, dass die Durststrecke bis dahin merklich erleichtert wird.

Grünes Licht für den Erfolg

Somit kamen wir zum praktischen Teil des Imagineering. Wir vereinbarten, dass Frank sich diese positiven Sinneserlebnisse käuflich erwerben sollte. Ganz oben auf der Liste stand die neue Bettwäsche. Ein Freund schloss Franks Kaffeemaschine und seine Stereoanlage an eine Zeitschaltuhr an, so dass er nun tatsächlich morgens frischen Kaffee riechen und seine Lieblingsmusik hören konnte. Zur Aufwachstrategie gehörten dann auch noch Aufbackbrötchen und die Lieblingsmarmelade. Wir vereinbarten einen konkreten Zeitplan. Nach einer Woche hatte Frank alle Vorbereitungen getroffen. Ich stellte ihm die Aufgabe, bis spätestens neun Uhr abends das morgendliche Sinnesorchester zu inszenieren, ansonsten aber zu tun, wozu er Lust hatte. »Schon beim Zubereiten des Kaffees spürte ich ein wohliges Kribbeln im Bauch. Ich überprüfte die Zeitschaltuhr und freute mich bereits aufs Aufwachen. Um zehn hielt ich es dann nicht mehr aus und ging ins Bett. Ich las noch ein bisschen, wobei ich dauernd auf die neue bunte Bettwäsche sah. Dann machte ich das Licht aus und schlief wie früher vor einem Geburtstagsmorgen. Das Aufwachen war toll. Ich hatte tatsächlich dieses Werbungsgefühl.«

ÜBUNG ➡ ## Verhaltensweisen neu einführen

❶ Denken Sie an ein »mittelwichtiges« Alltagsziel, für das Sie eigentlich etwas tun müssten, es aber bisher nicht machen: energievoll aufwachen, sich mehr bewegen, ein bestimmtes Buch lesen usw. Dabei sollten Sie das erwünschte Verhalten schon im Repertoire haben: Sie können sich bewegen, ins Bett gehen oder lesen – aber Sie tun es eben nicht oder zu wenig.

....

Redensarten wie »Ohne Fleiß kein Preis« oder »Erst die Arbeit, dann das Vergnügen« drücken aus, dass man sich erst quälen muss, bevor man ein Recht auf Genuss hat. Eine durch Vorfreude verschönte Aufgabe wird aber gewiss besser erledigt, als wenn man sich unlustig und gestresst daran begibt.

❷ Was passiert, wenn Sie es weiterhin nicht tun?

....

❸ Und wofür lohnt es sich, diesen Zustand zu erreichen?

....

❹ Stellen Sie sich vor, Sie hätten diesen Zielzustand erreicht. Was genau nehmen Sie dann mit Ihren fünf Sinnen wahr?

Sehen ....

Hören ....

Fühlen ....

Riechen ....

Schmecken ....

❺ Welche Sinnesempfindung löst die größte Vorfreude aus?

....

❻ Was können Sie selbst in den nächsten fünf Tagen konkret tun, um dieser positiven Zielvorstellung näher zu kommen?

....

Hinweise zur Übung

● Es ist nicht unbedingt erforderlich, auf allen fünf Sinneskanälen Vorstellungen zu haben. Schon drei Sinne reichen aus, um die Zielenergie zu »bahnen«.

● Besorgen Sie sich einen Erinnerungsanker, der Sie vor allem im Alltag an Ihr positives Ziel erinnern kann: ein Parfüm, ein Poster o. Ä.

Verhaltensweisen unterlassen

Wie man die Naschsucht zügeln kann

Bei Nadine stellte sich das Problem genau umgekehrt dar. Frank wollte mit einem Verhalten – dem Rechtzeitig-zu-Bett-Gehen – gezielt anfangen. Nadine hingegen wollte mit einem Verhalten aufhören. Sie ärgerte sich darüber, dass sie immer wieder zu viel naschte. Vor allem eine bestimmte Sorte Bonbons hatte es ihr angetan.

Wenn man nun wie Frank eine Verhaltensweise unterlässt oder sie vor sich herschiebt, mag dieses Phänomen noch mit Lustlosigkeit oder gar Faulheit zu erklären sein. Aber Nadines Laster war ja sogar mit allerlei Mühen verbunden, die sie immer wieder freiwillig auf sich nahm: Sie musste die Bonbons kaufen, sie extra aus dem Schrank holen, die Tüte öffnen, jedes Bonbon einzeln auswickeln, auflutschen und zum Schluss das Papier entsorgen. Warum treibt ein Mensch einen derartigen Aufwand, wenn er sich dann hinterher doch nur über sich selbst ärgert?

Viele Menschen möchten abnehmen – aber sie genießen gutes Essen eben noch mehr als die Zukunftsvision Ihres schlanken Körpers. Solange der Weg dorthin in ihrer Vorstellung nur mit Verzicht und Selbstkasteiung gepflastert ist, sind alle Vorsätze zum Scheitern verurteilt.

Die Struktur von Nadines Problem

Abends 20 bis 22 Uhr	**Drei Monate später**
In diesem Zeitraum müsste Nadine für ihr Ziel ein Verhalten unterlassen – was sie aber bisher nicht schafft	Für diesen Zeitpunkt wünscht sich Nadine eine schlankere Figur

Z e i t l i n i e

Gegenwart — Zukunft

- Verhaltensthema: Nadine möchte mit einem Verhalten aufhören, weil sie sich über dessen Konsequenzen ärgert. Sie schafft es aber bisher nicht, weil die Sinnesreize, die von dem Verhaltensauslöser ausgehen, stärker sind als die Empfindungen, die mit dem Erreichen des Ziels verbunden sind.
- Zeitthema: Nadine möchte bis zu ihrem Urlaub in drei Monaten schlanker sein. Das Erfolgserlebnis winkt also nicht schon am nächsten Tag, sondern erst in zwölf Wochen.

Wenn der Blick aufs Ziel verstellt ist

Betrachten Sie einmal die Zeitlinie von Nadines Problemstruktur. Nun wechseln Sie in Gedanken Ihren Wahrnehmungsstandpunkt, und nehmen Sie den Zeitverlauf nicht von außen wahr, sondern begeben Sie sich – wie Nadine es erlebt – mitten in die Zeit hinein. In dieser Wahrnehmungsposition sieht Nadine nur noch die Bonbontüte. Die Tüte nimmt ihr die Sicht auf ein Ziel, welches zeitlich hinter der Tüte liegt. Alle fünf Sinne beschäftigen sich mit dem Bonbongenuss, und darüber wird die Zukunft völlig vergessen.

Das positive Zukunfts-Ich

Als erstes stellten wir fest, dass Nadine genau wie Frank unter dem Dracheneffekt litt. Sie war stets von der Angst besessen, fett zu werden. All ihre Gedanken kreisten um diese Vorstellung, vor ihrem inneren Auge standen dann mentale Großaufnahmen von ihrem Bauch und den Oberschenkeln.

Nur was man gern und aus innerer Überzeugung tut (oder lässt), tut (oder lässt) man gründlich und konsequent. Um Ihr Ziel zu erreichen, sollten Sie es sich so attraktiv und verlockend wie möglich ausmalen.

Wie bei Frank war es daher auch in Nadines Fall wichtig, zunächst eine positive und klare Zielvorstellung zu entwickeln. Als nächsten Schritt galt es dann, dieses Ziel auch sprachlich genau zu formulieren. Nadine lernte, sich intensiv bildlich vorzustellen, wie genau ihr schlanker Körper aussehen würde. Zusätzlich trainierte sie, sich auch schon im Hier und Jetzt schlank zu fühlen, indem sie die damit verbundenen angenehmen Gefühle vorwegnahm.

Werbung in eigener Sache

Ich bat Nadine, zur nächsten Sitzung eine Tüte der sagenhaften Bonbons mitzubringen. Dann gingen wir zunächst daran, aus Nadines Zukunftsvision vom eigenen schlanken Körper einen richtigen Werbefilm zu machen. »Sehen Sie die schlanke Nadine wie auf einer großen Kinoleinwand vor sich«, forderte ich sie auf. »Nehmen Sie wahr, wie gut es dieser schlanken Nadine geht: Sie lacht und hat eine tolle Ausstrahlung. Sorgen Sie nun noch für eine gute Beleuchtung und für die richtigen Farben. Konzentrieren Sie sich auf die Empfindungen, die die Wahrnehmung Ihres positiven Zukunfts-Ichs in Ihnen auslöst. Spüren Sie in Ihren Körper hinein: Wo genau bewirkt die Vorfreude die stärkste Positivenergie?«

Die Bedeutung des Körperechos

An dieser Stelle möchte ich auf die unterschiedliche Bedeutung der Begriffe »Fühlen« und »Positivenergie« aufmerksam machen. Bei vielen Übungen werden Sie gefragt: »Was fühlen Sie bei dieser Vorstellung bzw. bei dieser Erinnerung?« Damit werden Sie aufgefordert, die Gefühle aufzurufen, welche das äußere Geschehen mit sich bringt: So spürt man bei der Erinnerung an einen Strandurlaub vielleicht die Sonne auf der Haut. Die Frage nach der Positivenergie meint jedoch das seelische Echo, welches das Gesamterlebnis im Körper hinterlässt. So könnte Sonne auf der Haut als seelisches Körperecho ein wohliges Kribbeln im Bauch bewirken. Diese Positivenergie wird nicht nur durch äußerliches Fühlen, sondern auch durch die anderen vier Sinneskanäle ausgelöst und verstärkt.

Der Alltag stumpft viele Menschen emotional ab. Das intensive In-sich-hinein-Horchen und die Bewertung der eigenen Gefühle nach einer Punkteskala lässt einen auch kleine, alltägliche Freuden wieder bewusster erleben und genießen.

Unterschiedliche Erlebnisqualitäten bewerten

Man nennt die Frage nach dem inneren Körperecho auf ein äußeres Erlebnis in der Verhaltenstherapie Body-Scan. Beim Body-Scan spürt man in jede einzelne Körperpartie hinein, um herauszufinden, wo das Erlebnis die intensivste Gefühlsreaktion hervorruft. Freude wäre für uns nicht erlebbar, wenn wir sie nicht auch körperlich spüren könnten. Nadine ließ sich beim Body-Scan etwas Zeit und sagte dann: »Ich habe ein ganz leichtes und weites Gefühl im Brustkorb. Es weckt in mir den Wunsch, zu hüpfen – so wie früher als Kind.« Ich fragte weiter: »Wie stark ist dieses positive Gefühl?«

Natürlich ist das eine etwas ungewöhnliche Frage, denn man kann ja Gefühlszustände nicht messen wie die Körpertemperatur. Seelisches Erleben ist höchst subjektiv, und jeder Mensch hat hier ein ganz individuelles Maß. Dieses persönliche Erleben von Positivenergie kann man jedoch für sich selbst mit der »Skala für subjektives Wohlbefinden« (SSW-Skala) in Zahlen erfassen. »Stellen Sie sich vor, es gäbe eine Skala, die von 0 bis 10 reicht«, beschrieb ich Nadine. »0 bedeutet ›Ich fühle mich neutral‹ und 10 bedeutet ›Ich fühle mich so phantastisch, dass es keine Steigerung mehr gibt.‹ Wie stark schätzen Sie das Ausmaß der Positivenergie im Brustkorb bei der Vorstellung Ihres Zukunfts-Ich ein?« – »Das ist schon sehr angenehm. Ich würde diesem Gefühl auf der Wohlfühlskala sechs Punkte geben.«

25

Der Body-Scan

Seelische Erlebnisse wie Freude und Trauer spiegeln sich in unseren Körperempfindungen wider. Man kann diese Emotionen zwar nicht objektiv messen, aber jeder Mensch vermag subjektiv zu beschreiben, was er körperlich spürt, wenn er schöne oder belastende Erlebnisse hat. Allein das Wort »belastend« spricht Bände: Man fühlt sich subjektiv schwer, hat das Gefühl, von einem Gewicht nach unten gezogen zu werden.

Der Körper als Spiegel der Seele

Ganz deutlich kommt das Zusammenspiel von Körper und Seele zum Ausdruck, wenn z. B. Angstzustände zu chronischen Nackenverspannungen führen oder seelisch überlastete Menschen massive Rückenprobleme haben.

Unsere Sprache ist voller Redewendungen, die dieses Zusammenspiel von Körper und Seele ausdrücken. Man hat die »Angst im Nacken«, ein »vor Freude hüpfendes Herz«, oder es liegt einem etwas »schwer im Magen«. In der Psychologie nennt man das Organsprache. Den meisten Menschen fallen weitaus mehr geflügelte Worte für negative oder unangenehme Seelenzustände ein als für Wohlbefinden sowie angenehme und positive Emotionen wie Freude, Zufriedenheit und Genuss. Hier stoßen wir also wieder auf den Dracheneffekt.

Positive Gefühle zur Eigenmotivation nutzen

Für ein erfolgreiches Imagineering ist jedoch gerade auch die Wahrnehmung positiver Körperempfindungen von großer Bedeutung. Denn diese spürbaren Kräfte sind für jeden Menschen die eigentliche Energiequelle für die kreative Verwirklichung von kleinen und großen Lebenserfolgen. Je stärker das gute Gefühl durch ein Vorstellungserlebnis entwickelt wird, desto eher entsteht in Ihnen auch der nötige Durchhaltewillen, um Hindernisse und Durststrecken auf dem Weg zu Ihrem Ziel in Kauf zu nehmen und zu überwinden. Die Wohlfühlskala hilft Ihnen dabei, die Intensität eines Gefühls einzuschätzen.

Die Wohlfühlskala (SSW-Skala)

0	1	2	3	4	5	6	7	8	9	10

0 = neutral   10 = phantastisch, nicht mehr steigerbar

Training für den Body-Scan positiver Gefühle

1 Denken Sie an ein schönes Ereignis in Ihrem Leben. Das kann genauso ein ganz großes Highlight gewesen sein wie ein kleiner Augenblick, in dem Sie sich über irgendetwas gefreut haben.

....

2 Nehmen Sie wahr:
Was gab es in diesem Moment zu sehen? ....
Was zu hören?...
Was gab es zu fühlen?...
Ist die Erinnerung mit einem Geruch oder Geschmack verbunden?

....

3 Nun spüren Sie in Ihren Körper hinein:
Wie genau nehmen Sie jetzt wahr, dass es sich hier um eine subjektiv schöne Erinnerung handelt? Und wo genau im Körper verdichtet sich die körperliche Erinnerung zu einer spürbaren Positivenergie? Gehen Sie in Gedanken Ihren Körper durch, und definieren Sie den Bereich, in dem Sie die Erinnerung als Körperecho fühlen:

....

4 Finden Sie Wörter für das angenehme Gefühl:
leicht oder auch angenehm schwer, warm oder angenehm kühl, ruhig oder schön kribbelig usw.

....

Lernen Sie sich selbst besser kennen, indem Sie auf Ihre Körpersignale achten und deren Intensität bemessen. Setzen Sie Ihre Sinne bewusst ein, um sich und Ihre Beziehungen zur Umwelt aufmerksamer zu registrieren.

5 Welchen Grad an Wohlbefinden ordnen Sie diesem angenehmen Gefühl zu? Nutzen Sie für die Beantwortung dieser Frage die links abgebildete Skala für subjektives Wohlbefinden.

Hinweis zur Übung

• Als Wahrnehmungstraining reicht der Verlauf bis hierher völlig aus. Wenn Sie wollen, können Sie noch einen Übungsschritt weiter gehen: Denken Sie an ein Ereignis in der Zukunft, auf das Sie sich jetzt schon freuen. Durchlaufen Sie mit diesem Zukunftserlebnis die gleichen Übungsschritte.

Erfolg hängt auch von der richtigen Sichtweise ab. Indem man sich auf visueller Ebene mit einem Problem auseinandersetzt, beginnt man bereits mit dessen Lösung.

Von der großen Anziehungskraft kleiner Laster

Das Geheimnis vieler erfolgreicher Menschen ist die Kunst, sich bereits in der Gegenwart eine so positive Vorstellung von einem zeitlich entfernten Ziel zu machen, dass Ablenkungen für sie keine ernst zu nehmende Gefühlskonkurrenz darstellen.

Als nächstes holte nun Nadine die gefährliche Bonbontüte aus der Tasche. Ich bat sie, die Tüte intensiv zu betrachten. »Wenn Sie sich diese Bonbons ansehen, spüren Sie dann den Wunsch, davon zu essen?«, fragte ich. »Ja, sehr sogar – leider«, war die Antwort. »Wo spüren Sie denn die Vorfreude auf die Bonbons als Positivenergie?« – »Wenn ich an den Geschmack denke, entsteht so ein wohlig warmes Hmmm-Gefühl in Schultern und Rücken.« – »Und wenn Sie nun diesem Gefühl einen Wert auf der Wohlfühlskala zuordnen sollten?« – »In dem Moment, wo die Bonbons mich angucken, ist der Wert bestimmt bei sieben Punkten – wenn nicht höher«, antwortete Nadine.

Wenn das Ziel in weiter Ferne liegt

Somit hatte Nadine selbst beantwortet, warum ihre guten Vorsätze bisher gescheitert waren. Die Bonbons mussten ja immer gewinnen, da sie ein stärkeres positives Körperecho auslösten als Nadines Zielvorstellung von ihrer schlanken Figur. Liegt das Ziel in weiter Zukunft, fällt die gefühlsmäßige Anbindung oft schwer. Nadine konnte erst in ein paar Wochen vom jetzigen Verhalten profitieren. Da hatte Frank es schon leichter: Die Belohnung erwartete ihn gleich am nächsten Morgen.

Das Zielbild stärken

»Ihre Vorfreude auf das schlanke Zukunfts-Ich haben Sie bei sechs Punkten eingestuft«, sagte ich. »Was können Sie tun, um dieses Gefühl noch weiter zu verstärken?« Ich machte Nadine ein paar Vorschläge. »Wir haben gesagt, dass die schlanke Nadine in der Vorstellung lacht. Können Sie dieses Lachen nur sehen oder auch vor Ihrem geistigen Ohr hören? Fällt Ihnen vielleicht auch ein Geruch ein, der zu dem Bild passt?« – »Da muss ich an einen Zitronenduft denken – aber was die Positivenergie sehr verstärkt, ist das Lachen, das ich in der Vorstellung höre. Und was besonders wichtig ist: Ich höre nicht nur mein eigenes, sondern auch das Lachen von anderen Menschen, die um mein Zukunfts-Ich herumstehen. Mein Wohlbefinden liegt bei dieser Vorstellung auf der Skala zwischen 8 und 9.«

Die Ansprechbarkeit unserer Sinne ist individuell sehr unterschiedlich. Der eine reagiert besonders positiv auf angenehme Düfte, der andere auf schöne Klänge oder leuchtende Farben. Finden Sie Ihre speziellen Vorlieben heraus, und verstärken Sie mit den entsprechenden Reizen Ihr Ziel in der Vorstellung.

Sinnesspezifische Formulierungen finden

Nadines Wohlgefühl verstärkte sich also, wenn sie dem Bild von ihrem positiven Zukunfts-Ich zusätzliche Sinnesqualitäten hinzufügte. Zu einem intensiven Vorstellungserlebnis gehört – wie schon weiter oben beschrieben – nicht nur ein Bild, sondern auch Klänge, Gerüche und vielleicht sogar ein spezieller Geschmack. Es ist bei allen Menschen unterschiedlich, welche Sinnesqualität ein Zukunftsbild mit Positivenergie auflädt. Bei dem einen kann es ein bestimmter Geruch oder Geschmack sein, bei dem nächsten ein visueller Reiz, wie beispielsweise funkelndes Licht.

Gefühlswerte bewusst miteinander vergleichen

»Nun haben wir es geschafft, dass Ihr schlankes Zukunfts-Ich die Bonbontüte vom positiven Gefühlswert her schon überholt hat. Lassen Sie uns das Resultat noch einmal überprüfen. Denken Sie zunächst an das Zukunfts-Ich, und verbinden Sie diese Vorstellung mit dem Zitronenduft und dem Lachen. Sehen Sie sich nun die Bonbontüte an. Welche Wahrnehmung zieht Sie subjektiv stärker an?« – »Wenn ich an beides gleichzeitig denke, dann merke ich, wie die Bonbons Wirkung verlieren. Beim Gedanken an mein Zielbild scheint die Tüte automatisch blasser zu werden. Vorher war es genau umgekehrt. Ich könnte die Tüte jetzt ohne Bedauern wegpacken.«

Die Einstellung ändern

Hier finden Sie eine Reihe von Imaginationsfeineinstellungen, mit deren Hilfe Ihr Zielbild den Verhaltensauslöser an Gefühlsintensität überholen kann.

Negative Verhaltensauslöser schwächen

Stellen Sie sich den Auslöser lebhaft vor, oder betrachten Sie ihn. Probieren Sie nun folgende Schritte aus:

- Verfremden Sie den Verhaltensauslöser mit einem imaginären Farbfilter (lila, grün, blau, pink usw.), oder stellen Sie ihn sich in schwarzweiß vor. Testen Sie, welche Farbe seine Attraktivität am ehesten schwinden lässt.
- Betrachten Sie den Auslöser durch ein mentales, falsch herum angesetztes Opernglas – so wirkt er kleiner und damit unbedeutender.
- Vergrößern Sie den Auslöser in Ihrer Vorstellung überdimensional – so wirkt er absurd, und Sie erleben eine subjektive Distanzierung.
- Versetzen Sie sich in die Beobachterperspektive: Sehen Sie sich selbst mit gierigem Blick vor dem Auslöser stehen.
- Stellen Sie sich vor, dass im Auslöser ein unsichtbarer Lautsprecher angebracht ist, aus dem ein höhnisches Lachen ertönt. Der unheimliche Lacher scheint sich darüber zu freuen, dass Sie gerade im Begriff sind, der Versuchung zu erliegen.
- Assoziieren Sie beim Anblick des Auslösers einen für Sie unangenehmen Geruch, z. B. Lebertran, Salmiakgeist, abgestandenes Blumenwasser o. Ä.

Diese Technik bewirkt die stärkste Abschwächung:
....

Diese Technik bewirkt die zweitstärkste Abschwächung:
....

Der Punktwert des Auslösers ist jetzt auf .... gesunken.

Diese Imaginationshilfen sind besonders wertvoll, wenn Ihr Ziel erst in fernerer Zukunft in Erfüllung gehen kann, und Sie deshalb im Hier und Jetzt genügend Positivenergie brauchen, um weiter am Ball zu bleiben.

Das Zielerlebnis intensivieren

Denken Sie an Ihr Zielbild. Stellen Sie es sich so lebhaft wie möglich vor. Probieren Sie nun die folgenden Verstärkungstechniken aus:

- Vergrößern Sie Ihr Zielbild bis hin zum Kinoformat.
- Spielen Sie mit den Farben: Lassen Sie die Farben entweder noch kräftiger erscheinen, oder verwandeln Sie sie in zarte Pastelltöne. Testen Sie, welche Variante Ihr positives Gefühl auf der SSW-Skala am ehesten intensiviert.
- Verändern Sie die Beleuchtung: Tauchen Sie die Szene in hellen Sonnenschein oder in geheimnisvolles Dämmerlicht.
- Stellen Sie sich das Zielbild dreidimensional vor, so als könnten Sie um Ihr Zukunfts-Ich herumgehen und es von allen Seiten betrachten.
- Stellen Sie sich andere Menschen vor, die um Ihr Zukunfts-Ich herumstehen und es wohlwollend betrachten.
- Versetzen Sie das Zielbild in Bewegung: Wechseln Sie dabei von normaler Geschwindigkeit zu »verträumter« Zeitlupe, oder benutzen Sie einen Zeitraffer, wie man es aus Charly-Chaplin-Filmen kennt.
- Denken Sie an Stimmen, Klänge oder Geräusche, welche die positive Wirkung Ihres Zielbilds noch weiter verstärken. Vielleicht fallen Ihnen auch Lieder oder Melodien ein, mit denen Sie angenehme Gefühle verbinden – setzen Sie diese wie eine Filmmusik ein.
- Assoziieren Sie einen Geruch oder auch einen Geschmack, der besonders gut zu Ihrem Zielerlebnis passt.

Diese Technik bewirkt die intensivste Verstärkung:

....

Diese Technik bewirkt die zweitintensivste Verstärkung:

....

Der Punktwert des Zielbilds ist jetzt auf .... gestiegen.

Schmücken Sie Ihr Zielbild mit möglichst vielen aussagekräftigen Details aus. Achten Sie darauf, dass dabei alle fünf Sinne angesprochen werden. Malen Sie sich aus, wie Sie sich fühlen werden, wenn Sie Ihr Ziel erreicht haben,, und wie andere Menschen darauf reagieren werden.

Distanz zum Auslöser schaffen

Der »Zauber« funktioniert nur, wenn Ihnen das Wunschbild attraktiv genug erscheint. Statten Sie es daher mit allen erdenklichen Vorzügen aus. Das Gehirn neigt dazu, sich von unangenehmen Dingen zu distanzieren, während es sich angenehmen gern nähert.

»Lassen Sie uns die Wirkung noch verstärken«, schlug ich vor. »Stellen Sie sich vor, Sie würden die Bonbontüte durch einen lila Farbfilter sehen. Wie erleben Sie das?« – »Sie wird dadurch noch uninteressanter, die Positivenergie sinkt auf zwei bis drei Punkte«, antwortete Nadine. »Nun legen Sie die Tüte zur Seite. Warten Sie, bis ich das Zauberwort ›Pling‹ sage. Denken Sie dann gleichzeitig an die zwei Bilder: die Bonbontüte hinter dem lila Farbfilter und daneben das Bild von der schlanken Nadine, deren Lachen Sie auch hören. Es wird dann Folgendes passieren: Das Bild der schlanken Nadine breitet sich blitzschnell aus und verdrängt das Bonbontütenbild, bis es mit einem kleinen Puff verschwindet.«

Bilder auf ein Zauberwort

»Also – konzentrieren Sie sich, und eins, zwei drei … ›Pling‹. Nach nur drei Sekunden sagte ich: »Öffnen Sie die Augen, und sehen Sie mich wieder an. Hat es funktioniert?« – »Ja, hervorragend!« Wir wiederholten den Vorgang noch viermal. Es ist hierbei wichtig, unmittelbar nach gelungener Zauberei wieder die Augen zu öffnen, damit das Gehirn sich das frische Bild einprägt. Die Wiederholung sorgt dann dafür, dass es im Gedächtnis verankert wird. »Wenn Sie jetzt zu Hause die Bonbontüte sehen, sagen Sie sich nur das ›Pling‹ vor – wiederholen müssen Sie dann nicht mehr«, erklärte ich Nadine und entließ sie mit ihrer »entschärften« Bonbontüte.

Sieg nach Punkten für das Zukunfts-Ich

Zwei Wochen später kam Nadine triumphierend zur Sitzung. »Es klappt prima«, erzählte sie. »Ich habe mir extra eine Tüte gut sichtbar auf den Tisch gelegt und bin immer mit einem Hochgefühl daran vorbeigegangen. Ich hatte überhaupt nicht den Wunsch, mir ein Bonbon zu nehmen. Sofort schwebte mir mein Zielbild vor und gab mir Kraft.« Als Nadine dann in den nächsten Wochen insgesamt fünf Kilogramm abnahm, hatte sie kein einziges Mal das schmerzliche Gefühl, auf etwas verzichten zu müssen. »Ganz im Gegenteil – ich habe mich die ganze Zeit von meiner Vorfreude ernährt«, erklärte sie die magnetische Anziehungskraft ihres Zukunfts-Ichs.

Verhaltensweisen unterlassen

◄ ÜBUNG

1 Denken Sie an ein Verhalten, mit dem Sie unbedingt aufhören wollen: Naschen, Rauchen, Trinken, Fingernägelkauen usw. Entscheiden Sie sich bitte wieder für ein »mittelwichtiges« Thema.

....

2 Überlegen Sie in Ruhe: Wofür möchte ich damit aufhören? Gehen Sie über Drachenformulierungen wie beispielsweise: »Damit ich nicht dick/krank/hässlich usw. werde« hinaus. Finden Sie stattdessen für Ihr Zukunfts-Ich, das vom Aufhören profitiert, mindestens drei Sätze mit positiven Wörtern wie schlank, schön, gesund usw.

....
....
....

Rauchen, Trinken, Naschen – wenn Sie solche Gewohnheiten loswerden möchten, sollten Sie sich zunächst darüber klar werden, was ihren Reiz ausmacht und was Sie sich selbst stattdessen bieten können.

3 Machen Sie sich – inspiriert durch die Zielbeschreibung – eine lebensechte Vorstellung von Ihrem positiven Zukunfts-Ich:
● Sorgen Sie für anziehende Farben und gutes Licht, lassen Sie Ihr Zukunfts-Ich im Kinoformat erstrahlen.
● Hören Sie mit dem geistigen Ohr auch Stimmen, Klänge und Geräusche, die zu dieser Vorstellung passen.
● Vielleicht gibt es sogar einen Geruch oder Geschmack, der besonders gut zu diesem Zukunftserlebnis passen könnte.
● Spüren Sie die Intensität der Vorfreude, die durch dieses Zukunftsbild in Ihnen ausgelöst wird.

4 Denken Sie an die Skala für subjektives Wohlbefinden (SSW). Sie reicht von 1 bis 10. Wie viele Punkte geben Sie der Vorfreudeenergie auf dieser Skala?

....

5 Im nächsten Schritt denken Sie an den konkreten Auslöser für das unerwünschte Verhalten. Spüren Sie die Anziehungskraft des Auslösers. Fühlen Sie die Vorfreude auf das Verhalten. Schätzen Sie wieder das Ausmaß der Positivenergie auf der Skala ein:

....

6 Vergleichen Sie die beiden Punktwerte. Hat Ihr Zukunfts-Ich die höhere Punktzahl, ist alles in Ordnung. Sind die Punktwerte umgekehrt oder gleichwertig, müssen Sie das Zielbild stärken und die Wirkung des Verhaltensauslösers schwächen. Probieren Sie dazu die auf Seite 30f. dargestellten Imaginationstechniken aus.

7 Nun stellen Sie sich mit geschlossenen Augen den (geschwächten) Verhaltensauslöser und das (gestärkte) Zielbild gleichzeitig vor.

8 Zählen Sie bis drei, und sagen Sie dann laut »Pling«. Blitzschnell vergrößert sich das Zielbild in Bruchteilen von Sekunden und verdrängt das Auslöserbild, das mit einem kleinen Puff verschwindet. Öffnen Sie schnell die Augen.

Natürlich können Sie sich für diese Imaginationstechnik auch Ihr eigenes Zauberwort kreieren. Wie »Pling« sollte es aber kurz und einprägsam sein. Einmal gefunden, sollten Sie sich an das gewählte Wort halten.

9 Wiederholen Sie den »Pling«-Zauber noch viermal.

10 Wann immer Sie ab jetzt mit dem Verhaltensauslöser konfrontiert sind, sagen oder denken Sie das Zauberwort »Pling«. So wird die positive Zukunft auch im Hier und Jetzt wesentlich anziehender wirken als der Auslöser für Ihr problematisches Verhalten.

Hinweise zur Übung

● Nehmen Sie sich für den ersten Übungsdurchgang eine halbe Stunde Zeit. Danach benötigen Sie zum Training täglich nur noch fünf Minuten. Konzentrieren Sie sich stets nur auf ein unerwünschtes Verhalten, das Sie ablegen möchten.

● Bei vielen Menschen hat ein unerwünschtes Verhalten schon nach kurzer Zeit unangenehme Folgen: So bekommt man vom Rauchen Kopfschmerzen, oder es wird einem übel, weil man zu viel gegessen hat. Lassen Sie diese körperlichen Tiefphasen nicht ungenutzt vorübergehen: Kneifen Sie sich mit zwei Fingernägeln in den Handrücken, wenn es Ihnen so richtig schlecht geht. Wenn Sie dann wieder in Versuchung geraten, wiederholen Sie das »Erinnerungskneifen«. Körperliches Unwohlsein wird nämlich am besten über kleine Schmerzreize wieder ins Gedächtnis gerufen. So holen Sie sich die »Erinnerung an morgen« herbei. Wenn Sie jetzt noch den Pling-Zauber durchführen, fällt Ihnen das Aufhören doppelt leicht.

Etwas hinter sich bringen

Eine Strategie zur Erledigung unangenehmer Dinge

Es gibt noch ein weiteres Verhaltensthema, das uns Menschen zu schaffen macht. Machen wir uns nichts vor: Bestimmte Tätigkeiten kann man sich einfach nicht durch einen mentalen Trick versüßen. Sie sind lästig, bleiben lästig und machen uns ganz einfach das Leben schwer. Gemeint sind vor allem alltägliche Aufgaben wie Bügeln, Formulare ausfüllen oder Vokabeln pauken, im Stau stehen, einen unangenehmen Anruf erledigen oder das Katzenklo säubern.

Vielen ein Greuel – der tägliche Schriftkram

So müssen beispielsweise Psychologen – wie auch ich selbst – öfter Berichte über ihre Patienten und Klienten verfassen. Das kann einem natürlich niemand abnehmen. Diese Berichte werden – meist natürlich dringend – von mitbehandelnden Ärzten, Krankenkassen, Kliniken oder auch Behörden und Anwälten benötigt. In diesen Berichten darf man jedoch keinerlei schriftstellerisches Talent entfalten, sondern man muss sich akribisch an vorgegebene Fragen und Schemata halten, damit die abgegebenen Werke auch akzeptiert werden.

Jeder kennt das Problem: Noch bevor man eine lästige Aufgabe erledigt hat, taucht schon die nächste am Horizont auf. Meist verbringt man mehr Zeit damit, sich darüber zu ärgern, als man für die eigentliche Tätigkeit braucht.

Manchmal muss man sich erst die Finger verbrennen, um wirklich akzeptieren zu können, dass bestimmte Verhaltensweisen nicht gut tun.

35

Die Problemstruktur beim Verfassen eines Berichts

Mittwoch nachmittag
Wenn man den Bericht bis zu diesem Zeitpunkt geschrieben hätte, bliebe der Stress noch im Rahmen

Montag der folgenden Woche
Bis zu diesem Zeitpunkt muss der Bericht spätestens abgeschickt werden

Z e i t l i n i e

Gegenwart — Zukunft

- Verhaltensthema: Das Verfassen von Berichten gehört für viele Menschen zu den Tätigkeiten, die man sich durch keinen noch so guten Psychotrick schön denken kann. Man mag sie einfach nicht.
- Zeitthema: Eigentlich gäbe es einen günstigen Zeitpunkt, um den Bericht schnell zu schreiben, um danach bis zur Fälligkeit des nächsten wieder Ruhe zu haben. Doch die meisten Menschen nutzen diesen Zeitpunkt nicht.

Unangenehme Aufgaben sofort erledigen

Viele Menschen zögern die Erledigung unangenehmer Dinge so lange wie möglich hinaus. Zwar gewinnt man auf diese Weise zunächst etwas Zeit, doch diese wird in der Regel von einem schlechten Gewissen überschattet.

Vor zwei Jahren besuchte ich ein Fortbildungsseminar, auf dem ich viele Kolleginnen und Kollegen traf. Irgendwann kam das Gespräch auch auf das Thema »Berichte schreiben«, und etliche von uns fingen an, mit den Augen zu rollen. Man war sich einig: Fast alle liebten ihren Beruf. Doch diesen Schriftkram fanden alle unangenehm – bis auf einen. Daniel erzählte freudestrahlend: »Diese Berichte machen mir gar nichts aus. Spaß machen sie mir auch nicht. Aber ich erledige sie immer sofort, und insofern belasten sie mich nie.«

Eine schlechte Gewohnheit – das Aufschieben

Genau das war für uns anderen der eigentliche wunde Punkt. Denn wir schrieben selbstverständlich alle unsere Berichte – aber meistens erst in letzter Minute. Man verdrängt den Gedanken an seine unerledigten Aufgaben, verschiebt sie so lange wie es irgend geht und fühlt sich ständig schlecht dabei. Wenn dann das unangenehme Gefühl so stark rumort, dass man es nicht länger aushält, wird die Aufgabe dann unter massivem Zeitdruck doch noch erledigt.

Was du heute kannst besorgen …

Daniel konnte das gar nicht verstehen: »Aber dann geht es euch doch doppelt schlecht«, hielt er uns vor. »Das Schreiben selbst ist zwar nicht besonders angenehm, aber der Stress, der durch das ständige Aufschieben entsteht, ist doch eigentlich genauso schlimm – wenn nicht gar belastender. Ich nehme lieber gleich die eine Stunde Arbeit auf mich und fühle mich danach sofort wieder gut. Ihr hingegen fühlt Euch drei Tage lang gestresst, weil der Bericht wartet, und schreibt ihn zum Schluss doch! Dann kann man's doch auch gleich machen!«

Unerfreuliches geistig vorwegnehmen

»Musst du in nächster Zeit wieder etwas schreiben?«, fragten wir ihn. »Ja, nächste Woche muss ich sogar drei Verlängerungsberichte fertigstellen«, antwortete er. »Sie müssen zwar erst am Montag der darauf folgenden Woche fertig sein, doch ich schreibe sie alle schon am Mittwoch. So schenke ich mir und meiner Familie ein schönes, freies Wochenende.« – »Dann denk doch jetzt einmal ganz intensiv an diese Aufgabe«, baten wir Daniel. Er richtete den Blick in die Ferne, um an das Schreiben zu denken. Nach kurzer Zeit schon atmete er tief durch, lächelte und lehnte sich genüsslich in seinem Stuhl zurück. »Woran denkst du jetzt?« fragten wir sofort.

Der befreiende Gedanke an das »Danach«

Daniels Antwort entschlüsselte uns dann sein Erfolgsgeheimnis. »Ich habe alles wie im Film vor mir gesehen. Aber als ich mir das reine Berichteverfassen vorstellte, ist der Film rasend schnell gelaufen – so wie wenn man eine Videokassette schnell vorspult. Auf diese Weise war die geistige Beschäftigung mit den Berichten in ein, zwei Sekunden vorbei. Danach wurde es dann richtig gemütlich. Alles lief in Zeitlupe: Ich unterschrieb den fertigen Bericht und dachte: ›Herrlich, fertig!‹ Dann faltete ich ihn genüsslich zusammen, steckte ihn in ein Kuvert und klebte eine Briefmarke auf. Ich klopfte sie nochmals mit der Faust fest und dachte: ›Das hast du hinter dir!‹ Dabei spürte ich ein Gefühl von Leichtigkeit und Freiheit. Am schönsten war der Gedanke daran, dass ich jetzt etwas Schönes für mich tun kann: einen Film ansehen, Essen gehen, ein Glas Wein trinken und dabei immer wieder das eine Wort denken: ›Frei … frei … frei!‹«

Gerade lästige Aufgaben sollte man so rasch anpacken, dass innere Widerstände sich gar nicht erst aufbauen können. Konzentrieren Sie stattdessen all Ihre Phantasie auf die unbelastete Freizeit, die Sie durch die prompte Erledigung gewinnen.

Lästige Pflichten gedanklich überholen

Daniel durchläuft also in der geistigen Vorwegnahme eine ihm unangenehme Tätigkeit so blitzschnell, dass gar keine Zeit verbleibt, um in Stress zu geraten. Den Moment des »Alles-hinter-sich-Habens« hingegen weitet Daniel zeitlich aus und zelebriert ihn imaginär wie ein Fest. Er genießt das Gefühl von Freiheit verbunden mit dem Gedanken an schöne Dinge, die er jetzt für sich tun kann – und darf.

Denken Sie bei unangenehmen Aufgaben nicht an die endlose Plackerei, die vor Ihnen liegt, sondern schalten Sie in der Vorstellung einen Zeitraffer ein, der Sie die Sache wie im Flug durchleben lässt.

Wir baten Daniel, diese beiden Erlebnisphasen wieder auf einer Skala einzuschätzen. Bei unangenehmen Themen wird die Skala für subjektives Wohlbefinden (SSW) durch die Skala für subjektives Unbehagen (SSU) ergänzt, wie folgendes Schema zeigt:

Skala für subjektives Unbehagen	Skala für subjektives Wohlbefinden
- 10	**0**	**+ 10**
Schlimmstes vorstellbares Unbehagen	Neutral, angenehm	Nicht mehr steigerbar

Da ihm der Umgang mit diesen Skalen vertraut ist, antwortete er sehr schnell: »Also, begeistert bin ich vom Berichteschreiben auch nicht, da bleibt schon ein kleines Unbehagen, das ich bei einem Minuspunkt auf der SSU-Skala einschätze. Aber dem Feierabendgefühl gebe ich sieben Pluspunkte auf der Positivseite. Und dafür kann man doch ein kleines Unwohlsein in Kauf nehmen – oder?«

Vom subjektiven Zeiterleben

Viele von uns stellten daraufhin fest, dass sie genau die gegenteilige Strategie benutzen: »Also, ich denke an so eine Aufgabe wie an eine unendliche Geschichte«, sagte Manuela. »Ich stelle mir ganz intensiv vor, wie ich vor meinem Computer sitze und nach Formulierungen suche, wie mir keine einfallen und es mir dann schlecht geht. Auf der SSU-Skala würde ich diesem Gefühl mindestens fünf Minuspunkte geben. Das, was danach kommt, habe ich mir eigentlich noch nie vorgestellt. Daniels Strategie ist ein richtiges Aha-Erlebnis für mich! Ich habe sie schon beim Zuhören auf eine eigene Aufgabe hin durchdacht – und es scheint zu funktionieren! Ich könnte mich sofort hinsetzen und die Sache hinter mich bringen, um dann zu feiern.«

Die Strategie des Sofort-Erledigens

In der Tat ist Daniels Strategie, lästige Aufgaben sofort zu erledigen, das Geheimnis vieler erfolgreicher Menschen. Denn unangenehme Tätigkeiten müssen immer wieder überwunden und bewältigt werden, wenn man ein Ziel erreichen will.

Auch für Sie könnte es sich lohnen, Daniels Strategie einmal auszuprobieren. Ihr Leben könnte dadurch wesentlich an Qualität gewinnen. Denn man hat herausgefunden, dass unerledigte Aufgaben einen permanenten untergründigen Stress auf uns ausüben – auch wenn wir bewusst gerade nicht an die lästige Pflicht denken. Es verkleinert das Stresspotenzial erheblich, wenn man die ungeliebte Tätigkeit aktiv angeht und entsprechend rasch hinter sich bringt.

Versprechen muss man halten – das gilt ganz besonders für Versprechen, die Sie sich selbst gegeben haben. Gönnen Sie sich also die Belohnung, die Sie sich für die rasche Erledigung lästiger Pflichten in Aussicht gestellt haben.

Das Gefühl der Freiheit genießen

Ein Faktor in Daniels Strategie verdient in diesem Zusammenhang aber noch ganz besondere Beachtung: Wenn er eine Aufgabe erledigt hat, legt er anschließend eine Pause ein und entspannt genau so, wie er es in der Vorstellung vorweggenommen hat. Dabei gönnt er sich meistens eine Belohnung, sieht sich einen neuen Kinofilm an, geht in ein Spezialitätenrestaurant oder trinkt einfach nur in Ruhe ein Glas Wein. »Wenn ich das nicht täte, wüsste ich ja gar nicht, worauf ich mich freuen soll!« meint er dazu. »Ich weiß sehr wohl aus der Realität, wie schön ein solches Feierabendgefühl sein kann.«

Regelmäßig Atempausen einlegen

An diesem Punkt muss ich eine Warnung aussprechen: Daniels Strategie ist zwar sehr hilfreich, kann aber auch negative Auswirkungen haben, wenn man sie einseitig und in allzu übertriebener Weise anwendet. So gibt es viele Menschen, die von einer unerledigten Aufgabe zur nächsten hetzen und zwischendurch überhaupt nicht die Früchte ihrer Arbeit würdigen und genießen können. Wer über längere Zeit hin wie besessen eine Aufgabe nach der anderen abhakt, ohne sich jemals eine Pause zu gönnen, setzt sich selbst permanent unter Druck. Und Dauerstress ist der Lebensqualität wiederum nicht besonders förderlich. Körper und Geist benötigen nach jedem Energieverbrauch auch wieder ein Auftanken.

ÜBUNG ➡   ## Eine Strategie zur Erledigung unangenehmer Dinge

❶ Denken Sie an eine unangenehme Aufgabe, die Sie demnächst erledigen müssen und die folgende Eigenschaften aufweist:

● Sie finden diese Tätigkeit ganz einfach lästig.

● Sie haben bisher noch keinen Trick gefunden, um sich diese Sache schön zu denken – Sie mögen sie eben nicht und stehen auch dazu.

● Sie müssen diese Sache aber für ein wichtiges Ziel tun.

● Kein anderer kann Ihnen diese Aufgabe abnehmen.

Wählen Sie eine Tätigkeit für die Übung aus:

....

Wie subjektiv das Zeitempfinden ist, weiß jeder, dem beim Warten schon einmal die Minuten endlos schienen oder dem ein netter Abend mit Freunden wie im Flug verging. Diese Manipulierbarkeit des Zeitgefühls können wir zu unserem Vorteil nutzen.

❷ Überlegen Sie nun: Wann wäre der günstigste Zeitpunkt, um diese Aufgabe auszuführen? Morgen? Übermorgen? Denken Sie an den Zeitpunkt der Tätigkeit. Gehen Sie in Gedanken den ganzen Ablauf durch. Spüren Sie, wie Sie sich allein beim Gedanken an die Tätigkeit fühlen – wahrscheinlich nicht so gut. Ordnen Sie diesem Unbehagen einen Minuswert (von 0 bis –10) auf der SSU-Skala zu:

....

❸ Überholen Sie diese Tätigkeit jetzt gedanklich auf der Zeitschiene, und stellen Sie sich lebhaft vor, sie hinter sich gebracht zu haben: Führen Sie die letzten Handgriffe aus, und zelebrieren Sie mit allen Sinnen das Gefühl, frei zu sein. Es ist vorbei! Denken Sie darüber nach, was Sie sich jetzt gönnen wollen – und dürfen! Versetzen Sie sich vollständig in ein Feierabendgefühl. Wie viele Pluspunkte (von 0 bis +10) bekommt dieses Gefühl auf der SSW-Skala?

....

❹ Nun gehen Sie wieder in die Gegenwart zurück. Die Tätigkeit liegt wieder vor Ihnen. Sie denken an die Ausführung, jetzt aber in der Geschwindigkeit eines Films, den man schnell vorspult. Die Bilder rasen vorbei, und Sie hören mit dem geistigen Ohr sogar den typischen Geräuschesalat. Und schon ist die Sache vorbei! Spüren Sie, wie klein das Stresserleben bei diesem Schnelldurchgang bleibt. Wie viele Minuspunkte auf der SSU-Skala sind noch verblieben?

....

5 Sowie Sie aber sagen können: »Es liegt hinter mir«, läuft der Film genüsslich langsam. Genießen Sie in Gedanken das herrliche Gefühl von Freiheit. Fühlen Sie in Ihren Körper hinein, und denken Sie jetzt an die Aufgabe. Spüren Sie den angenehmen Unterschied, der sich jetzt durch die gesenkte Hemmschwelle eingestellt hat.

Hinweise zur Übung

● Nehmen Sie sich für die erste Beschäftigung mit dieser Übung eine Viertelstunde Zeit. Danach reichen drei bis fünf Minuten, um im Alltag von dieser Imaginationstechnik zu profitieren.

● Diese Übung hilft Ihnen, sich den Schwierigkeiten des Alltags zu stellen und diese konstruktiv und tatkräftig zu bewältigen. Es nützt nämlich überhaupt nichts, mit positivem Denken die Hindernisse in Gedanken zu verdrängen. Erleben Sie vielmehr, wie angenehm das Leben wird, wenn man mit Tatkraft an unausweichliche Aufgaben herangeht und sie einfach erledigt, statt sie vor sich herzuschieben.

Der Blick nach vorn

»Alle reden davon, dass die Zeit verrinnt oder vergeht; warum spricht eigentlich niemand davon, dass die Zeit entsteht?« fragte sich schon der Philosoph Martin Heidegger. Er meint damit, dass wir Menschen vermutlich die einzigen Lebewesen sind, die das Phänomen Zeit überhaupt denken können. Die Struktur unserer Gedankenwelt erlaubt uns, zwischen Erinnerungen und Zukunftsbildern zu unterscheiden.

Diese Fähigkeit hat Konsequenzen für die aktive Organisation unserer persönlichen und beruflichen Ziele. Unser Lebensweg verläuft wie eine Linie in der Zeit. Von der üblichen Sichtweise ausgehend, dass die Zeit vergeht, wir ständig Zeit verlieren, beschäftigen wir uns ständig mit der Vergangenheit und ungenutzten Gelegenheiten. In Heideggers Denken wird die Zeit mit dem Blick nach vorn zu einer unerschöpflichen Quelle. Da kann ruhig etwas den Bach herunterfließen – es ist trotzdem noch genug da. Unser Handeln wird durch diese innere Haltung gelassener und überlegter.

Wenn man sich vom Gefühl des Zeitverlusts befreit, wird die Zukunft zu einem stabilen Ziel, das aktiv gestaltet werden kann. Das bedeutet für den Lebensweg, dass wir den Blick tatsächlich in die Zukunft richten können statt in die Vergangenheit.

Selbstbewusst eine Rede halten

Der 50-Prozent-Trick

Das Reden vor Publikum stellt für viele Menschen eine kaum zu bewältigende Mutprobe dar. Neben ganz persönlichen Ängsten taucht dabei auch oft die instinktive Furcht des sozialen Wesens auf, vereinzelt und von der Gruppe abgesondert für sich bestehen zu müssen.

Der 40-jährige Andreas war ganz aufgeregt. Sein Chef hatte ihn gebeten, anlässlich eines Firmenjubiläums eine Rede vor 200 geladenen Gästen zu halten. Nach dem ersten Schreck hatte Andreas sich sehr über die Idee seines Arbeitgebers gefreut. Einen eindeutigeren Beweis für die Zufriedenheit mit seiner Arbeit konnte es schließlich gar nicht geben. Aber mit diesem Gedanken fingen auch die Probleme an. »Was ist, wenn ich bei dieser Rede total versage?«, fragte Andreas mit schwankender Stimme. »Was genau verstehen Sie denn unter ›total versagen‹?« entgegnete ich. »Na ja, dass es eben ein Fiasko wird.« – »Wie genau stellen Sie sich denn ein Fiasko vor?«, wollte ich weiter wissen. »Lassen Sie uns doch Ihre Katastrophenphantasien einmal im Einzelnen durchgehen und herausfinden, ob sie wirklich so schlimm sind.«

Wir vereinbarten, das »Und dann«-Gedankenspiel zu spielen. Die Regeln erklärte ich so: »Ich frage Sie nach Ihren Befürchtungen. Wenn Sie davon erzählen, frage ich ab und zu: ›Und dann?‹ Sie beantworten meine Fragen, so gut Sie können. Zu den Spielregeln gehört, dass ich Sie durch meine Fragen auch provozieren darf – ok?«

Die Nadel im Heuhaufen zu finden, ist oft leichter als man denkt. Wer sich einer Herausforderung selbstbewusst stellt, hat sie schon fast gemeistert.

Die Technik des präzisen Fragens

»Wovor haben Sie also Angst?« – »Davor, dass ich totalen Unsinn rede.« – »Dann werden Sie sich also überhaupt nicht vorbereiten und auch nichts aufschreiben?« – »Natürlich mache ich das!« – »Aber wie wollen Sie es dann schaffen, Unsinn zu reden? Wollen Sie vielleicht zuvor zwei Flaschen Whiskey trinken und lallend zum Rednerpult wanken?« – »Selbstverständlich nicht!«, antwortete Andreas empört. »Ja, was meinen Sie denn dann mit dem Unsinn?« – Andreas dachte nach: »Also, ich könnte mich versprechen oder stottern«, sagte er schließlich. »Und dann? Dann stehen alle auf und verlassen den Raum?« – »Nein, eigentlich glaube ich das nicht«, räumte Andreas ein. »Ich glaube das auch nicht«, sagte ich. »Schon gar nicht, wenn Sie gleich zu Beginn einfach sagen, was los ist, etwa: ›Ich halte heute zum ersten Mal vor so vielen Menschen eine Rede und bin deswegen etwas aufgeregt. Dafür haben Sie sicherlich Verständnis.‹ Das macht Sie gleich sympathisch. Keiner wird sich darüber lustig machen, wenn Sie sich versprechen.« – »Eigentlich stimmt das«, räumte der Rednerkandidat ein. »Aber wovor ich wirklich Angst habe, ist, dass mir meine Zettel herunterfallen und ich dann ein ziemlich blödes Bild abgebe.« – »Dann bitten Sie eben einen guten Freund, unauffällig in Ihrer Nähe zu sitzen und im Zweifelsfall schnell für Sie die Zettel aufzuheben. Wäre es dann immer noch so schlimm?«

Befürchtungen lassen sich entschärfen, wenn man sich intensiv mit der Frage befasst, was denn schlimmstenfalls passieren könnte. Die meisten Ängste entpuppen sich dabei als völlig unbegründet oder zumindest übertrieben.

Für den Notfall Vorkehrungen treffen

Sie können sich schon denken, dass Andreas auch diese Vorstellung plötzlich ganz erträglich fand. Unser Imaginationsspiel könnte »Des Teufels Advokat« heißen: Man weicht dem Katastrophengedanken nicht aus, sondern stellt sich ihm ganz gelassen. Sie werden dabei fast immer feststellen, dass die vermeintliche Katastrophe gar keine ist. Und wenn Sie zu guter Letzt noch einige kreative Möglichkeiten imaginieren, sich im Notfall zu behelfen, dann schmelzen die Befürchtungen wie Schnee in der Sonne. So werden Katastrophen zu kleinen, durchaus erträglichen Unannehmlichkeiten. Denn jeder Mensch kann ein Mindestmaß an Stress ertragen. Die Frage ist nur, ob man beim Gedanken an das stressige Ereignis ohnmächtig wird oder sich stattdessen denkt: »Das werde ich schon irgendwie schaffen«.

Schaffen Sie sich ein gutes Publikum, indem Sie sich auf die Gesichter von Zuhörern konzentrieren, die Ihnen zuzustimmen scheinen. Interpretieren Sie nicht kritische Gedanken in die Mienen von Leuten, die vielleicht nur abgelenkt sind oder ihren eigenen Tagesärger rekapitulieren.

Die kognitive Verhaltenstherapie

In der kognitiven Verhaltenstherapie beschäftigt man sich nicht in erster Linie mit dem äußerlich sichtbaren Verhalten, sondern mit den Gedanken, die das Verhalten und die psychische Befindlichkeit eines Menschen auslösen. Halten zwei Menschen hintereinander vor dem gleichen Publikum eine Rede, dann kann das äußerlich zu ganz verschiedenen Resultaten führen, wie der folgende Vergleich zeigt:

	Situation I	Situation II
A) Situation	Redner A spricht	Redner B spricht
B) Ereignis	Jemand schaut kritisch	Jemand schaut kritisch
C) Gedanke	Redner A denkt: »Den Leuten gefällt meine Rede nicht, ich habe versagt!«	Redner B denkt: »Na, der ist wohl heute mit dem falschen Bein aufgestanden!«
D) Gefühlserlebnis	Angst, Panik, Unsicherheit	Gelassenheit, vermischt mit etwas Humor
E) Körperliche Reaktion	Schweißausbrüche, stockender Atem, Herzrasen	Normale Hauttemperatur, ruhiger Herzschlag, gleichmäßiger Atem
F) Von anderen wahrnehmbares Verhalten	Fahrige Bewegungen, unsicherer Blick, Stottern	Fließende Bewegungen, offener Blick, ruhiger Redefluss

Bis zu Punkt B sind Situation I und II identisch. Ab Punkt C unterscheiden sich dann die Gedanken der beiden Redner. Gedanken sind zwar äußerlich nicht wahrnehmbar, wohl aber die Konsequenzen, die Gedanken für die Gefühle und das gezeigte Verhalten haben. Daher versucht man in der kognitiven Verhaltenstherapie, die Gedanken zu ergründen, die zu einem

Verhaltensproblem führen, und sie durch solche zu ersetzen, die das Verhalten positiv beeinflussen können.

Ein wichtiges Prüfkriterium ist beispielsweise die Frage, ob ein Gedanke, mit dem wir äußere Ereignisse bewerten, angemessen (rational) oder unangemessen (irrational) ist. Mit anderen Worten: Man versucht herauszufinden, wo Menschen aus einer Mücke einen Elefanten machen, wie z. B. hier:

Gedanke	Bewertung
»Ich sterbe, wenn ich mich verspreche.«	Es ist zwar unangenehm, sich zu versprechen, aber sterben wird man nicht daran (irrational).
»Mein Mann muss mich lieben.«	Es ist zwar sehr schön, geliebt zu werden – aber es gibt keinen Paragrafen, der Menschen dazu zwingt, andere zu lieben (irrational).
»Kein Mensch will mir helfen.«	Solange man nicht alle Menschen gefragt und von allen Menschen auch eine Absage bekommen hat, ist der Satz irrational.
»Peter will mir nicht helfen.«	Sollte Peter tatsächlich die Hilfe verweigern, ist der Satz rational und das Gefühl der Traurigkeit sowie die Enttäuschung über Peter angemessen (rational).
»Ich darf nie einen Fehler machen.«	Es ist zwar wünschenswert, immer fehlerfrei zu handeln, aber das schafft kein Mensch. Der Anspruch ist zu hoch, also irrational.
»Ich möchte mein Bestes geben.«	Der Anspruch ist auch sehr hoch, aber bei manchen Aufgaben erfüllbar. Er ist gegenüber dem vorigen Satz als rational einzustufen.

Übertriebene Erwartungen führen häufig zu Enttäuschungen und zur Entwertung von Erfolgen – und das lähmt nicht nur die Antriebskraft, sondern mindert auch die Lebensfreude.

Anforderungen realistisch gestalten

»Aber eines kann ja wirklich passieren«, konterte Andreas noch. »Ich bin gut vorbereitet, ein Versprecher wird akzeptiert, die Zettel werden wieder aufgehoben – und trotzdem finden die Zuhörer meinen Beitrag langweilig oder haben etwas daran auszusetzen. Was dann?« Er sah mich geradezu triumphierend an. »Sie haben vollständig recht, genauso wird es kommen: Einige Zuhörer werden Ihre Rede langweilig finden, und andere werden einfach Ihre Nase nicht mögen. Und dann? Was ist daran schlimm?« Andreas wurde sichtlich blass. »Das ist schlimm! Denn es ist wahnsinnig wichtig, dass meine Rede allen gefällt!« rief er fast. »Allen, wirklich allen 200 Zuhörern?« fragte ich. »Das geht doch gar nicht!« – »Nein?« fragte mein Klient.

Lassen Sie sich einen Erfolg nicht verderben, weil Sie es nicht jedem recht machen konnten. Auf ungeteilte Zustimmung stößt man im Leben nur äußerst selten, denn die Bewertungsmaßstäbe sind immer individuell.

Wenn das Ziel zu hoch gesteckt ist

Mit diesem unrealistischen Anspruch setzen sich die meisten Rednerkandidaten unnötigerweise unter Druck. Natürlich ist es wichtig, dass wir Menschen positive Zielbilder von unseren Erfolgen imaginieren können. Aber auch hier gibt es wieder die ungesunde Überdosis: Wenn Sie sich ein Ziel setzen, das gar nicht erreicht werden kann, sind Sie zum Scheitern verurteilt. Nehmen Sie sich beispielsweise vor, Englisch zu lernen, könnte das durchaus funktionieren. Wollen Sie die Sprache jedoch innerhalb von drei Tagen beherrschen, werden Sie versagen – weil das einfach nicht zu schaffen ist!

Das Lernen ist ein Ziel, das Sie selbst steuern können. Die Reaktion anderer Menschen auf Ihre Kommunikation ist dagegen unberechenbar. Sie können zwar Ihr Bestes dafür tun, dass Ihre Rede vielen gefällt, aber Sie werden es nie schaffen, restlos alle zu begeistern. Dazu sind Menschen einfach zu unterschiedlich. Ich selbst wurde bei einem Vortrag einmal von einer Zuhörerin regelrecht attackiert. Ständig überlegte ich: »Was hat die Frau nur so aufgebracht?« Jahre später traf ich sie wieder, wobei sie das Geheimnis lüftete: »Du hattest bei deinem Vortrag deine Tochter erwähnt«, sagte sie. »Damals wünschten mein Mann und ich uns verzweifelt ein Baby – aber es klappte nicht. Ich war kreuzunglücklich. In dieser Verfassung kamst du mir mit deiner Bemerkung über dein Kind wie eine Angeberin vor – deshalb konnte ich kein gutes Haar an dem Vortrag lassen.«

Auf Überraschungen gefasst sein

Kann man eine solche Reaktion voraussehen oder gar durch das eigene Verhalten vermeiden? Natürlich nicht! Deshalb sollte man es auch gar nicht erst versuchen und sich stattdessen sagen: »Es ist nicht schön, wenn solche Dinge passieren, aber es ist menschlich und gehört einfach dazu.« Andreas fiel dazu auch gleich ein eigenes Beispiel ein: »Wir waren neulich mit Freunden auf einem Konzert. Allen hatte es sehr gut gefallen – nur mir nicht. Die Musik entsprach einfach nicht meinem Geschmack. Es stimmt eigentlich – warum sollte es nicht einem der 200 Zuhörer auch so ergehen dürfen – unabhängig davon, wie toll ich rede?«

Im Erwachsenenleben sind die Situationen rar, in denen man uneingeschränktes Lob für eine Leistung bekommt. Voll und ganz bestätigt werden meist nur Kinder.

Andere Meinungen zulassen

Ich machte Andreas darauf aufmerksam, dass beispielsweise so bedeutsame Menschen wie Politiker niemals davon ausgehen, dass sie bei einer Wahl ein 100-Prozent-Ergebnis bekommen. Solch ein Resultat nennt man in politischen Kreisen sogar abfällig ein Honecker-Ergebnis. Damit ist gemeint, dass eine so einhellige Akzeptanz nur aufgrund von Manipulationen zustande kommen kann. Allgemein sind Politiker in demokratischen Systemen schon sehr erfolgreich, wenn sie 50 Prozent der Wählerstimmen für sich verbuchen können. Dann feiern sie sich bereits als Sieger.

Gezielt auf positive Reaktionen achten

Will ein Redner ausnahmslos jeden Zuhörer positiv erreichen, wird ihn schon ein einziger kritischer Blick aus der Fassung bringen. Denn das 100-Prozent-Ziel ist dann natürlich verfehlt. Daher möchte ich Sie bitten, bei Ihrer Rede ganz gezielt auf Menschen zu achten, deren Gesichtsausdruck signalisiert, dass ihnen Ihre Rede gefällt. Sagen Sie sich dabei: »50 Prozent – und ich habe gewonnen.« Diese Wahrnehmungsweise zieht nämlich einen »Engelskreis« nach sich: Man wird Ihnen die innere Freude über einen Fan auch äußerlich ansehen. Das Gefühl, gut anzukommen, steigert Ihr Selbstbewusstsein und damit auch Ihre positive Ausstrahlung. Ihr Redefluss wird durch dieses Gefühl beflügelt, und man hört Ihnen noch lieber zu. Die Fangemeinde wächst, die aufmunternden Blicke nehmen zu.

Die Signale des Körpers

Wenn Sie gezielt auf positive Reaktionen im Publikum achten, steigert das Ihr Wohlgefühl und somit auch Ihr Selbstbewusstsein. Das spiegelt sich auch in vielen, meist unbewussten Details der Körpersprache wider:

Mimik
- Entspannte Gesichtsmuskulatur
- Wacher Augenausdruck
- Überzeugendes Lächeln

Körperausdruck
- Entspannte Haltung
- Ausdrucksvolle Gesten
- Standfestigkeit

Stimme
- Voller Ton durch Bauchatmung
- Moderate Lautstärke
- Angenehme Satzmelodie
- Lachen und Freundlichkeit in der Stimme

Diese Kleinigkeiten nimmt auch das Publikum meist unbewusst als Gesamteindruck von Ihnen wahr und reagiert daraufhin wiederum positiv.

Gut vorbereitet ans Rednerpult

Wenn Sie Ihre Nervosität nicht ganz zügeln können, entwaffnen Sie Ihre Zuhörer durch ein offenes Eingeständnis. Sie werden damit solidarische Gefühle bei ihnen wecken.

Zum Schluss der Sitzung stellte Andreas fest: »Jetzt bin ich ganz zuversichtlich, wenn ich an die Rede denke. Alle Katastrophen, die ich mir ausgemalt hatte, sind doch eigentlich Banalitäten, denen ich mich jetzt gewachsen fühle. Am wichtigsten scheint mir der Politikertrick zu sein. Natürlich darf jeder seine persönliche Meinung zu dem haben, was in einer Rede vorgetragen wird. Es ist also ein ganz normales Phänomen, wenn ein paar Leute kritisch schauen, wenn ich erzähle. Das ist zwar dann für mich schade, aber eben keine Katastrophe.« Als Andreas seine Rede dann hielt, war er zuerst doch sehr aufgeregt. »Aber ich erzählte dem Publikum von meinem Zustand – so wie wir es besprochen hatten. Sofort lächelte mich mindestens die Hälfte der Leute aufmunternd an. Als ich das sah, sagte ich mir: ›Schon gewonnen!‹ Von da an lief alles wie am Schnürchen.«

Selbstbewusst eine Rede halten

1 Stellen Sie sich vor, Sie müssten vor einem größeren Publikum eine Rede halten. Treffen Sie zunächst alle erdenklichen Vorbereitungen, und sagen Sie sich dann selbst den Satz: »Ich habe alles getan, was mir möglich war!« Schreiben Sie sich diesen Satz auf jede Seite Ihrer Notizen.

2 Stellen Sie sich Ihren Katastrophenphantasien: Malen Sie sich aus, was schlimmstenfalls passieren könnte. Nehmen Sie sich ein Blatt Papier, schreiben Sie links die vermeintliche Katastrophe auf, und fragen Sie sich: »Und dann?« Die Antwort schreiben Sie gleich daneben auf die rechte Seite.

Die gute Vorbereitung auf einen Vortrag ist meist schon die halbe Miete. Wenn Sie dabei von Versagensängsten und Katastrophenphantasien abgelenkt werden, gehen Sie ruhig darauf ein, und spielen Sie innerlich das Szenario durch.

3 Konzentrieren Sie sich jetzt imaginativ auf ein Publikum mit vielen freundlichen und auch einigen skeptischen Gesichtern. Sagen Sie sich bei jedem skeptischen Gesicht: »Das ist ganz normal, es kann gar nicht anders sein.«

4 Nun lenken Sie Ihre gefühlsmäßige Aufmerksamkeit ganz gezielt auf die freundlichen, zugewandten und interessierten Gesichter. Sagen Sie sich: »Nur 50 Prozent – und ich habe gewonnen!«

5 Wenn Sie jetzt Ihre Rede nochmals durchgehen, stellen Sie sich bei jeder Aussage die freundlichen Gesichter im Publikum vor.

Hinweise zur Übung

● Üben Sie für den 50-Prozent-Trick, wann immer Sie unter vielen Menschen sind. Beurteilen Sie anhand der Gesichter, wem es wohl gut geht, und wer sich offensichtlich nicht so wohl fühlt. So bekommen Sie ein realistisches Verständnis dafür, dass Menschen sich in der gleichen Situation ganz unterschiedlich fühlen können.

● Bedenken Sie auch: Oft schauen Ihre Mitmenschen für Ihr Verständnis kritisch, ohne es tatsächlich zu sein. Dies gilt vor allem für Menschen, die unter einer Krankheit oder gar unter Schmerzen leiden, oder auch für Kurzsichtige, die beim konzentrierten Aufpassen die Augen zusammenkneifen, weil das ihre Sehleistung verbessert.

TATKRÄFTIG DEN ALLTAG BEWÄLTIGEN

Im letzten Kapitel haben Sie Imaginationstechniken eingeübt, die innere Kräfte zum Erreichen eines Ziels freisetzen. Es ging dabei um leichte bis mittelschwere Probleme aus dem persönlichen Bereich, wie um das Überwinden von störenden Verhaltensweisen oder um das Erreichen eines konkreten Nahziels, von dem Sie eine innere Erfolgsblockade trennt. Im Folgenden wird nun gezeigt, wie das erarbeitete mentale Handwerkzeug unseres Trainings als automatisches Denkmuster in Ihr aktives Leben übergeht. Im Vordergrund steht dabei der richtige Umgang mit sich selbst.

Innere Zufriedenheit kann nie durch die Anhäufung von Besitz erlangt werden. Der Weg dorthin führt über die Erkundung des eigenen Inneren und eine Umstellung der Lebensweise.

Die Imagination trainieren

Ziele werden nicht aufgrund innerer Kraftproben oder durch Selbstüberwindung erreicht, sondern durch die enorme Energie eines reibungslos aufeinander abgestimmten Persönlichkeitssystems. Die meisten Redewendungen für den Umgang mit sich selbst weisen jedoch eher auf innere Kriegszustände hin als auf eine in sich geschlossene Persönlichkeit. Da geht man gegen sich an, besiegt sich selbst oder überwindet gar den vielzitierten inneren Schweinehund. Ein besiegter oder unterdrückter Persönlichkeitsteil kann natürlich keinen Beitrag mehr zu einer tatkräftigen, lebendigen Persönlichkeit leisten. Doch wenn bei einem Menschen alle inneren Kraftquellen aktiv sein dürfen, verstärkt das sein Selbstbewusstsein und seine Ausstrahlung. Die Fachsprache der Psychologie spricht dann von der Kongruenz einer Persönlichkeit. Das Geheimnis einer überzeugenden positiven Ausstrahlung ist die Übereinstimmung mit sich selbst. Und diese Übereinstimmung ist kein Ergebnis der Magie, sondern der konsequenten und aktiven Entwicklung Ihrer Persönlichkeit.

Höflich zu sich selbst sein

Das Märchen vom inneren Schweinehund

In diesem Kapitel möchte ich Sie noch intensiver mit dem intrapersonellen Dialog auf der Basis nonverbaler Variablen bekannt machen. Wissen Sie Idiot überhaupt, was das ist? Oder muss ich es Ihnen erst erklären? Mein Gott, warum stellen Sie sich nur immer so blöd an? Bitte entschuldigen Sie diese Einführung, denn ich weiß natürlich, dass ein Autor seinen Leser so nicht anreden darf. Dennoch möchte ich Sie bitten, die Einführungssätze nochmals zu lesen und sich dabei auf das Gefühl zu konzentrieren, das sie bei Ihnen auslösen. Selbst wenn Sie jetzt wissen, dass es hier nur um ein Gedankenspiel geht, werden Sie deutlich einen inneren Widerstand spüren, der zu einem mentalen Abstand zwischen Ihnen und dem Inhalt führt.

Wer mit sich selbst unzufrieden ist, überträgt diese Einstellung auch auf seine Umgebung. Wenn Sie von anderen Menschen häufig unfreundlich behandelt werden, verrät vermutlich Ihr eigenes Verhalten ein geringes Selbstwertgefühl.

Ein Ärgernis – unverschämte Mitmenschen

So geht es doch jedem Menschen, wenn er von anderen in einem unhöflichen Ton angesprochen oder gar beleidigt wird. Ganz gleich, ob es die unfreundliche Verkäuferin ist, der genervte Beamte, unverschämte Kinder, ungerechte Partner, stichelnde Eltern, mobbende Kollegen – sie alle können unser Blut mächtig in Wallung bringen. Manchmal wünschen wir uns, diese Zeitgenossen auf den Mond zu schicken. Und nicht selten stellen sich sogar finstere Rachegefühle ein, die uns beständig darüber phantasieren lassen, wie wir es den Quälgeistern heimzahlen könnten.

Wenn man selbst der Flegel ist

Dabei wird man mit solchen Widersachern noch relativ leicht fertig. Denn immerhin hat man die Möglichkeit, für einige Zeit oder gar für immer eine wohltuende Distanz zu diesen mitmenschlichen Stressfaktoren aufzubauen. Man kann kündigen, ausziehen, das Telefon bestreiken, einen kleinen Erholungsurlaub von der undankbaren Familie nehmen, sich beim Geschäftsführer beschweren oder sich einfach Watte in die Ohren stecken. Aber welche dieser Möglichkeiten steht einem eigentlich noch offen, wenn man selbst die unverschämte Person ist, mit der man es zu tun hat?

Der gute Ton im inneren Dialog

Mit keinem anderen Menschen verbringen Sie so viel Zeit wie mit sich selbst. Dabei führen Sie – meist ohne es zu merken – auch ständig Selbstgespräche. Dieser innere Dialog läuft meist völlig automatisch ab. Nur die wenigsten Menschen überprüfen daher, ob sie mit der Art und Weise, in der sie zu sich selbst sprechen, zufrieden sind. Fast jeder vermutet in sich einen inneren Schweinehund. Würde eine andere Person Sie so betiteln, wären Sie beleidigt – aber sich selbst erlauben Sie diesen Stil. Dass solche Formulierungen etwas mit Selbstkritik zu tun haben, ist ein Märchen. Natürlich ist es wichtig, angemessen urteilen zu können – es sollte aber stets in einem würdigenden Tonfall geschehen.

Wüste Beschimpfungen, Sticheleien, erpresserische Drohungen – diese unfeinen Mittel scheut man zwar im Umgang mit seinen Mitmenschen, aber im Dialog mit sich selbst gehören sie oft zum alltäglichen Repertoire.

Schlechter Stil – Beschimpfungen

Meine Klientin Elke muss als Grafikerin besonders sauber und ordentlich arbeiten. Wenn ihr auch nur der kleinste Fehler passierte, fing sie an, sich selbst innerlich zu beschimpfen: »Du blöde Kuh, musst du denn immer alles versauen, du taugst überhaupt nicht für diesen Beruf… usw.« Wenn Sie Elke sehen könnten, wären Sie über meine Schilderungen sicherlich erstaunt, denn sie ist ein überaus höflicher, freundlicher Mensch mit einer ganz sanften Stimme. Nie würde sie einen anderen Menschen so herabwürdigen wie sich selbst.

Stress durch Selbstzerfleischung

»Warum beschimpfen Sie sich denn so massiv?« fragte ich Elke. »Na ja, weil ich gute Arbeit leisten möchte«, antwortete sie. »Wissen Sie denn nicht, dass Sie Ihr Arbeitsergebnis mit diesen Attacken nur noch mehr gefährden?« Elke sah mich erstaunt an. Wir benutzen in unserer Praxis manchmal ein so genanntes Biofeedbackgerät. Es zeigt für die Klienten sichtbar körperliche Stressreaktionen an. Ich bat Elke, intensiv an eine innere Beschimpfungsszene zu denken. Dabei zeigten sich deutliche Stresswerte. »Wenn Sie im Stress sind, können Sie nicht mehr präzise denken – geschweige denn arbeiten. Sie schaffen zwar mengenmäßig viel, riskieren jedoch eine hohe Fehlerquote. Deshalb arbeiten ja auch Spitzensportler stets an einer guten mentalen Verfassung, um damit ihre Leistungen noch zu steigern.«

Die positive Motivationsstimme

»Ja, soll ich denn ständig zu mir sagen: ›Oh, Elke, das hast du aber gut gemacht!‹ wenn es gar nicht stimmt?« – »Auch das ist natürlich keine Alternative. Es geht hier nicht darum, sich etwas schönzureden, was gar nicht schön ist. Vielmehr benötigen Sie gerade in stressigen Momenten eine positive Energie, die Ihre Durchhaltekraft aktiviert.« – »Und wo soll ich die hernehmen?« – »Haben Sie in Ihrem Leben nicht schon einmal einen Menschen getroffen, der Ihre positiven Energien weckt? Von dessen Gegenwart man sich ermutigt fühlt? Jemand, der eine mitreißende Art hat?«

Indem man sich auf ein negatives Ergebnis einstellt, glaubt man, sicher vor Enttäuschungen zu sein. Doch so schwächt man jeden positiven Antrieb und provoziert dadurch tatsächlich Misserfolge.

Energievorbilder aus der Vergangenheit

Schon bei meinen ersten Sätzen fing Elke an zu lächeln. »Da muss ich sofort an unseren Chorleiter in der Schule denken. Damals fanden die meisten von uns Chorsingen langweilig. Doch bei diesem neuen Musiklehrer wurde der Chor immer größer. Er war furchtbar witzig: Wenn wir gut sangen, rief er: ›Wunderbar – ich liebe Euch‹ und wenn wir müde wurden: ›Los Leute, gebt euer Letztes! Ich weiß genau, was ihr könnt – zeigt es!‹ Irgendwie erinnerte er uns an einen durchgedrehten Showmaster. Wir gaben wirklich unser Letztes, hatten aber einen Riesenspaß dabei. Bei allem Temperament war er immer nett zu uns und hat eigentlich nie jemanden fertig gemacht. Dazu muss ich noch sagen, dass er auch keine Fehler duldete: Wir übten, bis wir perfekt waren.«

Alte Kraftquellen reaktivieren

»Dann machen wir jetzt ein Experiment. Stellen Sie sich bitte vor, Sie würden einen ärgerlichen Flüchtigkeitsfehler machen. Aber anstatt sich selbst zu beschimpfen, legen Sie diesmal vor dem geistigen Ohr die ›Kassette‹ mit der Stimme des Chorleiters ein. Lassen Sie ihn auf die Panne eingehen: ›Los, Elke, versuch's nochmal – ich weiß, was in dir steckt…‹ Und wenn Sie dann wieder ansetzen, hören Sie weiter die Worte: ›Wunderbar, ich liebe Dich…‹ Elke lachte und lachte. »Ich habe schon bei der bloßen Vorstellung gemerkt, wie meine Kreativität wieder ins Sprudeln kam. Auf diese Weise würde ich mich an einem Problem gar nicht erst festbeißen!«

Die innere Stimme als Antrieb nutzen

Auch Sie haben in Ihrem Leben sicher schon eine Vielzahl von Menschen getroffen, deren Stimme eine positive Wirkung auf Sie hatte. Dabei ist es ganz gleich, wie die Person genau spricht: ob leise und anteilnehmend oder laut und mitreißend. Wichtig ist, dass ihre Stimme Ihnen persönlich Mut macht und neue Kräfte weckt. Es dürfte selbstverständlich sein, dass Sie die betreffende Person schätzen und respektieren sollten. Nur dann aktiviert die mental ablaufende »Kassette« auch Ihre körperlichen und geistigen Kraftquellen. Übrigens können diese »Energievorbilder« auch Schauspieler in Filmrollen oder Märchenfiguren sein. Hauptsache, sie erzielen als Stimmenimagination die gewünschte Energie in Ihnen.

Dass man sich im inneren Dialog von positiven Vorbildern inspirieren lässt, entspricht unserem natürlichen Bedürfnis, von anderen Menschen etwas anzunehmen – womit nicht Dinge wie Geld oder Geschenke, sondern Charaktereigenschaften oder Umgangsformen gemeint sind.

Zeichen für seelische Gesundheit – Selbstgespräche

Viele Klienten müssen sich mit dem Thema »innere Stimme« erst einmal anfreunden, da dieser Begriff schnell die Assoziation hervorruft, dass mit jemand etwas nicht in Ordnung ist. Es gibt in der Tat das Phänomen, dass psychisch Kranke Stimmen hören, die eigentlich das Produkt ihrer eigenen Gedanken sind. Doch die Kranken sind felsenfest davon überzeugt, dass diese Stimmen von irgendwo anders her kommen – jedenfalls nicht aus ihnen selbst heraus.

Strategie zur Alltagsbewältigung

In der Psychologie weiß man seit Jahrzehnten, dass das Selbstgespräch eine äußerst gesunde Gedankentechnik darstellt. Es hilft, den Alltag zu planen und konstruktiv über Probleme und Aufgaben nachzudenken.
Wissenschaftler haben festgestellt, dass selbstbewusste und zufriedene Menschen in Gedanken auch mit sich selbst höflich und zuvorkommend umgehen. Depressive und ängstliche Personen hingegen neigen dazu, sich innerlich zu kritisieren oder gar zu beschimpfen. Insofern ist die bewusste Pflege eines guten Tons im inneren Dialog genauso wichtig wie die Sorgfalt im Umgang mit Mitmenschen.

Der richtige Umgang mit sich selbst

Wer sich ständig selbst bekrittelt und vermeintliche Schwächen hochspielt, kann meist auch schlecht Lob und Komplimente von anderen annehmen. Damit beraubt man sich einer wichtigen Kraftquelle.

Elke kam nach einer Woche wieder in die Sitzung und berichtete über erste Erfolge. Allerdings beklagte sie sich auch: »Leider schleicht sich die schimpfende Stimme immer wieder ein. Ich habe mir das eben über Jahre so angewöhnt und kann es nicht von heute auf morgen abstellen.« – »Dann legen Sie jetzt bitte einmal ganz bewusst die ›Schimpfstimme‹ auf«, bat ich Elke. »Wo im imaginativen Raum befindet sich die Klangquelle der unangenehmen Stimme: vorn oder hinten? Oder quatscht die Stimme Sie von der Seite an?« – »Sie redet in der Vorstellung von rechts auf mich ein.« – »Dann stellen Sie sich vor, rechts von Ihnen stünde ein kleines altes Radio. Packen Sie die Stimme dort hinein, und lassen Sie sie durch den kleinen alten Lautsprecher ertönen. Wie ist das?« – »Ich nehme die Sätze zwar noch wahr, aber sie hören sich irgendwie blechern an. Sie berühren mich nicht mehr so unangenehm«, antwortete Elke erfreut. »Gut, dann konzentrieren Sie sich wieder auf die positive Stimme Ihres Chorleiters.« Schon nach vier Wochen hatte Elke sich mit dieser Imaginationstechnik auf eine mitreißende und gleichzeitig höfliche innere Ansprache eingestellt. Da sie auch in Stressmomenten ihre Motivation behält, kann sie nun viel konzentrierter arbeiten.

Gerade in schwierigen Momenten meldet sich unsere innere Stimme oft zweifelnd zu Wort. Verändern Sie Klang und Tonfall – und schon fällt es Ihnen leichter, sie zu ignorieren.

Höflich zu sich selbst sein

← ÜBUNG

1 Denken Sie an einige stressige Momente in Ihrem Leben, in denen Sie mit sich selbst besonders unzufrieden waren.

2 Überprüfen Sie einmal, mit welcher inneren Stimme Sie in solchen Augenblicken Ihre Fehler oder Ihr vermeintliches Versagen kommentieren. Hier gibt es verschiedene Möglichkeiten:

- Bestimmt, aber freundlich und sachlich
- Schimpfend und zeternd
- Nörgelnd und weinerlich
- Eiskalt und abwertend
- ....

3 Machen Sie den »Außen-Test«: Wie würden Sie sich fühlen, wenn ein anderer Mensch so mit Ihnen umgehen würde? Wenn Sie Stress, inneren Widerstand oder gar eine Leistungsblockade spüren, sollte diese Art des inneren Dialogs unbedingt geändert werden.

4 Schätzen Sie die negative Gefühlswirkung dieser Stimme auf der SSU-Skala ein. Wie viele Minuspunkte vergeben Sie?

....

5 Nehmen Sie der unangenehmen Stimme zunächst die Überzeugungskraft: Packen Sie die Stimme in ein kleines altes Radio mit krächzendem Lautsprecher. Dieses Radio stellen Sie in Ihrem Imaginationsraum jetzt an einen Ort, wo die Stimme Ihren Gefühlen gar nichts mehr ausmacht.

6 Schätzen Sie nochmals ein: Auf wie viele Minuspunkte hat sich die unangenehme Gefühlswirkung der Stimme jetzt vermindert?

....

7 Nun überlegen Sie: Gibt es einen Menschen in Ihrem Leben, dem Sie Achtung entgegenbringen, und der Sie mit seiner Art zu sprechen schon häufiger positiv motiviert hat?

....

Auch von der Stimmmodulation hängt es ab, welche Gefühle eine verbale Botschaft in uns auslöst. Achten Sie einmal auf den Tonfall Ihrer inneren Stimme: Klingt sie freundlich und wohlwollend oder eher nörgelig und rechthaberisch?

57

8 Analysieren Sie nun: Welches sind die charakteristischen Merkmale seiner Art zu sprechen:
- Einfühlsam und verständnisvoll
- Mitreißend
- Ermutigend
- Witzig
- ....

9 Schätzen Sie nun die positive Gefühlswirkung dieser Stimme auf der SSW-Skala ein. Wie viele Pluspunkte vergeben Sie?
....

Sich selbst motivieren – wenn Ihnen das schwer fällt, versuchen Sie sich an eine Person zu erinnern, die Ihnen in irgendeinem Zusammenhang neue Kraft gegeben hat. Fragen Sie sich, woran das gelegen haben könnte, und lernen Sie daraus für sich.

10 Nun denken Sie bitte an eine zukünftige Stresssituation, in der Sie wieder einmal mit sich hadern könnten. Lassen Sie die positive Motivationsstimme das Geschehen kommentieren. Spüren Sie die Durchhaltekraft, die diese Stimme in Ihnen weckt.

11 Lassen Sie die positive Motivationsstimme vor Ihrem geistigen Ohr auch in einem angenehmen Tempo sprechen. Die Negativwirkung der schwächenden Stimme entsteht oft auch durch eine zu hastige Sprechgeschwindigkeit, die zu »rasenden« Gedanken führt.

Hinweise zur Übung

- Bei der ersten Beschäftigung mit dieser Imaginationsübung nehmen Sie sich bitte eine Viertelstunde Zeit.
- Schaffen Sie sich einen Erinnerungsanker, der Sie immer wieder an Ihre Kraft spendende Stimme erinnert. Besorgen Sie sich beispielsweise kleine bunte Klebepunkte, wie sie sonst für die Büroordnung verwendet werden. Bringen Sie diese an Flächen an, auf die Sie im Alltag immer mal wieder hinschauen: am Spiegel, im Terminkalender, am Bildschirm Ihres Computer o. Ä.
- Setzen Sie die motivierende Positivstimme ganz gezielt ein, wenn Sie in Situationen geraten, in denen Sie all Ihre Kraft brauchen, um nicht die Fassung zu verlieren: Die prall gefüllte Einkaufstüte platzt mitten auf der Straße, Sie stehen in einem kilometerlangen Stau, Sie fallen beim Anblick Ihres Kontoauszugs aus allen Wolken, Ihr Vorgesetzter kritisiert Sie usw.

Namen besser behalten

Eine Strategie für gute Gedächtnisleistungen

»Ich kann mir einfach keine Namen merken«, beklagt sich der 50-jährige Ernst. »Dadurch gerate ich immer wieder in schwierige Situationen. Denn als Autohausbesitzer habe ich in unserer Kleinstadt viele Kunden, die uns schon jahrelang treu sind. Es macht doch keinen guten Eindruck, wenn die mich mit meinem Namen anreden, und ich stottere dann verlegen herum. Die müssen doch denken, sie seien mir nicht wichtig genug. Dabei stimmt das gar nicht, denn dieses Missgeschick passiert mir auch bei nahe stehenden Menschen.«

Das selektive Gedächtnis

»Aber für die Ausübung Ihres Berufs brauchen Sie doch ein gutes Gedächtnis. Oder vergessen Sie auch ständig die Namen der Autos, die Sie verkaufen?« Ernst sah mich erstaunt an: »Natürlich nicht! Schon als kleiner Junge wusste ich alles über Autos! Ich kannte jeden Typ, und auch die technischen Daten kannte und kenne ich auswendig.« – »Vielleicht interessieren Autos Sie schlichtweg mehr als Menschen«, sagte ich augenzwinkernd. »Aber damit tut man Ihnen sicher unrecht. Vielleicht gibt es einen anderen Grund für Ihre schwankenden Gedächtnisleistungen. Woher wissen Sie z. B. so sicher die Daten eines Wagens? Denken Sie jetzt ganz intensiv an irgendeinen Autotyp.«

Denken in Bildern

Ernst dachte nach. Dabei sah man deutlich, dass seine Augen sich nach oben bewegten. Offensichtlich suchte er im oberen Bereich eines imaginativen Bildschirms nach Details. Interessanterweise macht das jeder Mensch, der in seinem Bildgedächtnis nach Erinnerungen sucht. »Sie sehen scheinbar ein Bild vor Ihrem geistigen Auge. Können Sie mir das näher beschreiben?« Ernst lächelte. »Ja, und zwar die Karte eines Autoquartetts. Damit haben wir als Jungen stundenlang gespielt. Auf den Karten waren die Automodelle abgebildet, und darunter standen immer der Name, der Typ und die technischen Daten.« – »Sehen Sie nur den Wagen vor sich oder auch den Text?« – »Ich sehe auch das Gedruckte – klar und deutlich.«

Fällt es Ihnen schwer, sich Zahlen zu merken? Vermeiden Sie manchmal eine direkte Anrede, weil Ihnen der Name der betreffenden Person entfallen ist? Oft lässt einen das Gedächtnis plötzlich im Stich – doch man kann es trainieren!

Denken in Tönen und Gefühlen

»In Ordnung. Denken Sie nun bitte an irgendeinen Kunden, der schon häufiger bei Ihnen gekauft hat.« – »Ja, das tue ich, ich sehe sein Gesicht deutlich vor mir.« Wieder richtete Ernst den Blick nach oben. »Nun denken Sie bitte an den Namen des Kunden.« Sofort senkte Ernst den Blick und suchte mit den Augen in der Mitte des imaginativen Raums. Eine solche Augenbewegung zeigt an, dass eine Person in ihrem Hör- oder Gefühlsgedächtnis Erinnerungen abruft. »Ich weiß seinen Namen, er heißt Petermann«, sagte Ernst. – »Sehen Sie den Namen auch geschrieben vor Ihrem geistigen Auge?« – »Nein, das tue ich nicht, ich erinnere ihn irgendwie anders.« – »Könnte es sein, dass Sie ihn vor dem geistigen Ohr hören?« Ernst überprüfte das und senkte den Blick sofort wieder nach unten. »Genau, das stimmt.«

Unterschiedliche Speicherplätze

Finden Sie heraus, wie Sie sich Dinge besonders gut merken können – ob als Bild, in geschriebener Form oder als akustische Botschaft. Jeder Mensch nimmt unterschiedliche Sinnesreize besonders intensiv wahr.

»Wenn Sie einen Menschen kennen lernen und seinen Namen erfahren, wird Ihnen in der Regel keine Quartettkarte präsentiert, auf dem der Namenszug auch gedruckt steht«, erläuterte ich. »Die Person stellt sich vor, wobei Sie den Namen meist über das Ohr und nicht über das Auge aufnehmen. Wenn Sie sich nun an den Namen erinnern wollen, suchen Sie im Hörgedächtnis nach – also in dem Sinnesbereich, wo die Einspeicherung ursprünglich erfolgte. Bei den Autos hingegen benutzen Sie Ihren visuellen Erinnerungsspeicher, rufen also das Wort als bildliche Vorstellung ab.« Ernst war sichtlich überrascht. »Da ist ja wirklich ein Unterschied«, meinte er. »Aber so ganz stimmt die Theorie nicht. Denn oft sehe ich ja auch den Namen des Kunden auf einer Visitenkarte oder auf einer Rechnung. Und ebenso häufig erfahre ich die Daten brandneuer Autotypen durch Erzählung.« – »Natürlich läuft das in Ihrem heutigen Leben ganz gemischt ab«, gab ich zu. »Aber Sie haben eben schon als Kind eine Behaltensstrategie entwickelt, die Sie nun als Erwachsener unbewusst anwenden. So etwas nennt man Lernprägung. Sie haben sich an die unterschiedlichen Behaltenstechniken bei Menschennamen und Autos gewöhnt und setzen sie ganz automatisch ein.« Wir überprüften das, indem Ernst jetzt an ein neues Automodell dachte. Er richtete den Blick nach oben und sagte: »Tatsächlich, der Name und die Daten tauchen als gedruckte Worte auf. Ich kann sie richtig sehen.«

Wahrnehmungsvorlieben nutzen

Wir übertrugen die Erkenntnisse nun auf den Namensbereich. »Denken Sie bitte wieder an Herrn Petermann. Erinnern Sie ganz genau Gesicht und Figur. Und nun blenden Sie – wie bei einer Fernsehsendung – zusätzlich seinen Namen mit ein. Wählen Sie am besten einen farbigen Schriftzug, das prägt sich noch besser ein. Funktioniert das?« – »Ja, es geht ganz einfach.« – »Jetzt haben Sie den Namen sowohl im Hör- als auch Bildgedächtnis gespeichert. Wenn nun Herr Petermann das nächste Mal vor Ihnen steht, wird vor allem Ihr Sehzentrum angesprochen. Und dort ist nun der farbige Name ›Petermann‹ präsent. Das kürzt den Gedächtnisweg wesentlich ab.«

Die Eselsbrückentechnik

Zusätzlich trainierten wir dann noch eine Imaginationstechnik, die die Behaltensleistung enorm unterstützt. »Speichern Sie sich bei jedem Aufnehmen einer neuen Information so genannte Bildassoziationen ein. Das funktioniert ganz einfach: Gibt es irgendetwas – und sei es noch so absurd – woran der Name ›Petermann‹ Sie erinnert?« – »Da fällt mir sofort das Kindermärchen ›Peterchens Mondfahrt‹ ein«, antwortete Ernst. »Wie könnte der Anblick von Herrn Petermann an dieses Märchen erinnern?« fragte ich. »Nun, er trägt immer eine Brille. Ich stelle mir links und rechts an den Bügeln einfach zwei Antennen vor, die mich an die Fühler des Maikäfers erinnern, der in diesem Märchen vorkommt. Oh Gott, hoffentlich muss ich nicht lachen, wenn ich ihn das nächste Mal sehe«, grinste Ernst.

Das Gedächtnis funktioniert per Assoziation. Wir können uns das am besten merken, was wir mit bereits Bekanntem in Verbindung bringen.

Gedankliche Verknüpfungen

Mit dieser Eselsbrückentechnik konnte Ernst sofort Namen behalten. »Es macht mir jetzt richtig Spaß, ein bisschen über Personennamen nachzudenken und mir Bilder dazu zu machen. Die Eselsbrückentechnik hilft sogar meiner Tochter beim Lernen von Englischvokabeln. Wir verknüpfen dabei nicht nur Personen, sondern auch Gegenstände mit Assoziationsbildern. Zuerst war meine Tochter von dem Aufwand genervt. Aber dann erkannte sie, dass ein einmaliges phantasievolles Abspeichern meist den größten Teil der Wiederholungen spart. So wird das Lernen einfacher und verschlingt weniger Zeit.«

ÜBUNG ➡ ## Eine Strategie für gute Behaltensleistungen

❶ Zum Einstieg in diese Übung denken Sie bitte an eine Person, deren Bekanntschaft Sie erst in den letzten 14 Tagen gemacht haben, deren Namen Sie aber wissen:

....

❷ Stellen Sie sich diese Person vor dem geistigen Auge vor: Konzentrieren Sie sich auf Details ihrer Statur, Gestik und Mimik.

❸ Richten Sie die Augen auf den oberen Bereich Ihres imaginativen Bildschirms. Visualisieren Sie die Person, und schreiben Sie in Gedanken ihren Namen unter das vorgestellte Bild. Wählen Sie einen bunten Schriftzug. Betrachten Sie nun das Bild, und hören Sie gleichzeitig den Namen mit dem geistigen Ohr.

❹ Verwenden Sie nun zusätzlich die Eselsbrückentechnik. Denken Sie sich als Gedächtnisstütze Assoziationsbilder aus. Welche dieser Bilder erinnern Sie am ehesten an Klang und Schriftzug?

Sie können Ihr Gedächtnis auch im Alltag mit kleinen Übungen trainieren: Schreiben Sie sich einen Einkaufszettel, aber benutzen Sie ihn nicht, schlagen Sie Telefonnummern nicht nach, sondern versuchen Sie, sich daran zu erinnern.

❺ Schreiben Sie sich zum besseren Einprägen des Namens die bisherigen Übungsergebnisse auf:

....

....

....

❻ Nehmen Sie sich vor, immer wenn Sie eine Person neu kennen lernen, mit Schriftzug und Assoziationsbildern zu arbeiten.

Hinweise zur Übung

• Wie schon weiter oben im Text beschrieben, können Sie diese Technik auch auf andere Lerninhalte übertragen, beispielsweise auf das Lernen von Vokabeln oder berufsspezifischen Fachausdrücken.

• Üben Sie auch mit Inhalten, die für Sie persönlich von keiner großen Bedeutung sind: Lernen Sie die Lieblingsbands Ihrer Kinder auswendig, prägen Sie sich Namen von Außenministern ein, arbeiten Sie mit den Helden langweiliger Familienserien usw.

Vor Ideen übersprudeln

Strategien zur Kreativitätssteigerung

Anna arbeitet seit fünf Jahren als Journalistin. Sie war nach eigenen Aussagen eher zufällig an den Beruf geraten. Eigentlich hatte sie ein Lehrerstudium begonnen, blieb dann aber im Rahmen eines Praktikums in einer Zeitungsredaktion hängen, weil ihr das Texten so viel Spaß machte. Zunächst arbeitete Anna als freie Journalistin für verschiedene Zeitschriften. Nach drei Jahren bekam sie eine feste Stelle angeboten, die sie gern annahm. Als sie zu mir kam, dachte sie, dass ihre Kreativität versiegt wäre. »Solange die Ideen sprudeln, ist das ein toller Beruf. Aber jetzt habe ich ein richtiges Brett vor dem Kopf.«

Wenn die Einfälle ausbleiben

Annas Probleme tauchten vor einem Jahr mit ihrem neuen Chefredakteur auf. »Auf unseren Sitzungen sagt er häufig mit einem völlig genervten Gesichtsausdruck: ›Lassen Sie sich was einfallen, seien Sie doch einfach mal ein bisschen kreativ, mein Gott nochmal.‹ Und wenn man dann tatsächlich eine Idee hat und sie ihm unterbreitet, verdreht er die Augen und sagt sofort: ›Was haben Sie sich denn dabei gedacht?‹ Wann immer ich jetzt an einem Text arbeite, stelle ich mir vor, wie er meine Ideen vom Tisch wischt. Und das Schlimme ist: Ich texte in letzter Zeit wirklich nicht mehr so gut wie vorher.«

Unter Druck spontan und einfallsreich sein – wie quälend das sein kann, weiß jeder, der schon einmal in kürzester Frist eine spritzige Rede verfassen musste. Es gibt aber wirksame Mittel, um die Denkblockaden aufzuheben.

Ob in der Werbung oder im Management – so manche Karriere hängt heute davon ab, dass man im richtigen Moment die zündende Idee hat.

Stress erzeugt Blockaden im Kopf

Viele Menschen in kreativen Berufen leiden wie Anna häufiger unter versiegenden Ideenquellen. Ich kenne Werbeleute, die das Wort »Kreativität« nicht mehr hören können, obwohl dieser Begriff doch eigentlich nur positive Assoziationen auslöst. Aber das Problem kennt jeder: Soll man sich unter Zwang etwas ausdenken, verstecken sich die guten Ideen. Das hat etwas mit unserem Gehirnstoffwechsel zu tun. Termindruck, Angst vor Kritik oder sonstigen negativen Konsequenzen lösen in unserem Organismus und somit auch im Gehirn Stressreaktionen aus, die auch die Denkkapazität einschränken. Die innere Wahrnehmung verengt sich auf den Gedanken: »Wie schütze ich mich vor der drohenden Gefahr?«

Wenn man verzweifelt nach einer Idee sucht, betätigt sich die innere Stimme oft als gnadenloser Antreiber, der Panik auslöst und damit jeden produktiven Gedanken aus dem Gehirn verbannt. In solchen Fällen muss zunächst der lähmende Erfolgsdruck gemildert werden.

Ideen brauchen Freiräume

Kreativität ist jedoch meist das Produkt von geistiger Freiheit. Die Gedanken fließen am besten, wenn die Gefahr einer äußeren Bedrohung gebannt zu sein scheint. Diesen Effekt hatte Anna erlebt, als ihr zu Beginn ihres Berufslebens das Texten so viel Spaß machte. Denn sie empfand diese Tätigkeit als Befreiung von den formalen Zwängen des Studiums, als eine Form von Selbstverwirklichung.

Der neue Chefredakteur vermittelte ihr nun mit seinem unglücklichen Motivationsstil ein subjektives Gefühl von Bedrängung, was schon nach kurzer Zeit zu Kreativitätsblockaden führte, gegen die Anna verzweifelt ankämpfte. Aber gerade das war ein Fehler. »Stellen Sie sich vor, Sie sitzen mit ein paar Kolleginnen zusammen, um sich ein interessantes Thema für eine Reportage auszudenken«, forderte ich Anna auf. »Nun kommt alle fünf Minuten Ihr Chef herein und fragt jedesmal: ›Na, schon was gefunden?‹ Wie würde das auf Ihre Leistung wirken?« – »Das ist ein schrecklicher Gedanke – so würde uns mit Sicherheit gar nichts einfallen!« meinte Anna. »Genauso ergeht es Ihrem Gehirn, wenn es eine Idee entwickelt, und Sie denken dabei ständig verzweifelt: ›Was soll ich nur schreiben, was soll ich nur schreiben, mir fällt nichts ein.‹ Das Gehirn braucht Zeit, um die vielen Milliarden von eingespeicherten Erinnerungen zu sichten und sie dann zu neuen Bildern zusammenzufügen.« »Aber die Zeit habe ich nicht«, erwiderte Anna sofort.

Denkprozesse an das Unbewusste abgeben

»Und die Zeit, die Sie haben, vergeuden Sie«, konfrontierte ich Anna. »Sicher kennen Sie das Bild der ›schweifenden Gedanken‹. Mit Ihrer Verzweiflungstechnik hindern Sie die Gedanken daran, frei zu schweifen, und stoppen so permanent Ihren Kreativitätsprozess. Es dürfen ruhig einmal fünf Minuten ohne eine Idee vergehen. Das heißt nicht, dass Ihr Gehirn in dieser Zeit untätig ist. Es aktiviert nur seine ›unbewussten Schleifen‹.« Jeder kennt dieses Phänomen. Man möchte beispielsweise einer Freundin von seinem alten Deutschlehrer erzählen und erinnert sich plötzlich nicht mehr an dessen Namen. Wenn man nun angestrengt nachdenkt, passiert garantiert gar nichts. Abends beim Zähneputzen jedoch präsentiert das Gehirn plötzlich die Lösung: Heinrichs hieß er, genau: Dr. Heinrichs! Das Gehirn ist also in der Lage, einen Gedankenauftrag zu bearbeiten, während wir bewusst gerade etwas ganz anderes machen.

Wie groß der Zeitdruck auch sein mag – wenn Sie sich innerlich festgefahren haben, hilft eine Arbeitsunterbrechung mit ganz anderen Angeboten für die Sinne meist mehr als fortgesetztes Grübeln.

Die Aktivierung unbewusster Schleifen

Es gibt eine Möglichkeit, versiegende Kreativität wieder zum Sprudeln zu bringen: die Nutzung unserer brachliegenden Kraftquellen mit Hilfe der unbewussten Schleifen. Wenn wir unsere Gedanken frei schweifen lassen, haben wir einen Zugriff auf sämtliche im Unbewussten gespeicherten Möglichkeiten und Fähigkeiten, die in uns angelegt sind, aber bewusst nicht im vollen Umfang genutzt werden können. Denn im Alltag muss unser Bewusstsein mit voller Kapazität die aktuellen Tagesereignisse wahrnehmen und organisieren.

Eine Denkschleife des Mathematikers Archimedes endete mit dem Ausruf: »Heureka – ich habe es gefunden.« Auch Archimedes hatte schon länger nach der Antwort auf eine bestimmte Fragestellung gesucht. Er hielt nach einer Erklärung des Auftriebsprinzips Ausschau. Als er in der Badewanne saß, wurde er durch Zufall von seiner eigenen Entdeckung des hydrostatischen Grundgesetzes überrascht. Seitdem gilt »Heureka« als Ausdruck der Freude über eine überraschende Problemlösung.

Mentale Spaziergänge

»Ich möchte Sie also bitten, sich beim nächsten Mal das Arbeitsthema vom Ihrem Chefredakteur ruhig anzuhören und aufzuschreiben. Gehen Sie dann an Ihren Arbeitsplatz zurück, legen Sie Ihre Notizen beiseite, und beschäftigen Sie sich zunächst mit irgendeiner Routinearbeit. Sie können sicher sein: In dieser Zeit laufen die unbewussten Schleifen schon auf Hochtouren. Installieren Sie auf dem Monitor Ihres Computers einen Bildschirmschoner mit Ihrem Lieblingsmotiv. Dieses Motiv sollte schon nach 30 Sekunden auftauchen. Schauen Sie es an, und lassen Sie die Gedanken schweifen. Wenn dann der erste gute Einfall kommt, sagen Sie laut oder leise: ›Danke, liebes Gehirn‹ – als positives Feedback an die fleißigen Zellen.«

Ablenkung ist im Zusammenhang mit Arbeit ein negativ besetzter Begriff. Bei mechanisch ausgeführten Tätigkeiten mag das zutreffen, je mehr der Arbeitserfolg aber von guten Ideen abhängt, desto wichtiger wird eine anregende Gestaltung der Umgebung.

Das Geheimnis erfolgreicher Selbstorganisation

»Jetzt fällt mir wieder ein, dass ich früher unbewusst genau so vorgegangen bin. Ich habe mir gar keine Sorgen über mangelnde Ideen gemacht, sondern nur gedacht: ›Mir wird schon etwas einfallen.‹ Anstatt mich selbst unter Druck zu setzen, bin ich manchmal sogar spazieren gegangen und hatte dann plötzlich 1000 gute Einfälle. Das konnte ich mir auch leisten, weil ich damals noch häufig zu Hause gearbeitet habe. Jetzt bin ich von morgens bis abends im Büro. Ich muss also für einen Ersatz für das Spazierengehen sorgen – so, wie Sie es eben vorgeschlagen haben.«

Den Arbeitsplatz anregend gestalten

Viele japanische Unternehmen beziehen das Wissen über die unbewussten kreativen Schleifen ganz bewusst in die Arbeitsplatzgestaltung ein. Den kreativen Ideensuchern wird ein bequemer Arbeitssessel am Fenster aufgestellt, damit der Blick frei nach draußen schweifen kann. In Deutschland würde man so einen »Fenstergucker« sofort als Faulpelz disqualifizieren, in Japan hingegen weiß man genau, dass diese Person beim »In-die-Luft-Gucken« gerade sehr produktiv arbeitet. »Besorgen Sie Ihrem Gehirn auch im Büroalltag so viele Freiräume, wie es Ihnen möglich ist, ohne nach außen hin unangenehm aufzufallen«, empfahl ich Anna. »Aber vor sich selbst müssen Sie zu Ihren mentalen Spaziergängen stehen.«

Für visuelle Nahrung sorgen

Dann fragte ich Anna, was sich denn rechts von ihrem Arbeitsplatz befände. »Neben mir ist gleich eine Wand.« – »Und was hängt an dieser Wand?« – »Nur die Tapete«, war die Antwort. »Wenn Sie sich auf Ideensuche begeben, sollte die rechte Seite Ihres Wahrnehmungsraums besonders schön gestaltet sein. So können Sie beim Nachdenken immer wieder den Blick dorthin richten. Auf der rechten Seite nehmen die meisten Menschen im innerlichen Zeiterleben die Zukunft wahr. Und Ideen sollen sich ja in der Zukunft entfalten. Befindet sich rechts von Ihnen nur eine Wand, so wirkt das symbolisch wie eine Wand vor der Zukunft. Hängen Sie dort ein Bild hin, in das Sie sich quasi hineindenken können. Das regt die Kreativität mehr an.«

In kreativen Arbeitsteams wird erfolgreich die Technik des Brainstorming angewandt: Jeder äußert zunächst, was ihm spontan zu einem Thema einfällt. Alle Ideen werden gesammelt, ohne dass sofort eine Bewertung stattfindet.

Die Gedanken auf Abwege gehen lassen

Nach einer Woche war Anna schon viel zufriedener mit sich. »Die mentalen Spaziergänge und das Bild auf der rechten Seite helfen tatsächlich«, berichtete sie. »Und Sie hatten auch damit Recht: Fünf Minuten scheinbar ziellosen gedanklichen Umherschweifens bringen mehr als zehn Minuten krampfhaften Nachdenkens. Neulich sagte sogar der Chefredakteur zu einem Textentwurf von mir: ›Na also – es geht doch‹ – was bei ihm schon fast das höchste Lob bedeutet. Aber genau da habe ich immer noch Probleme. Ich muss bei der Arbeit ständig an seine bissigen Kommentare denken – das nimmt mir regelmäßig wieder den Schwung.«

Die Walt-Disney-Strategie

Daraufhin machte ich Anna mit der »Walt-Disney-Strategie« vertraut. Auch er musste sich ständig Geschichten ausdenken – wie jeder weiß. Disney sagte von sich selbst, dass er in kreativen Prozessen drei Personen in einer sei: Träumer, Kritiker und Realist. Sein Erfolgsgeheimnis bestand darin, dass er diesen drei Personen in seiner Gedankenwelt getrennte Räume zuwies. Wurde geträumt, war kein einziger kritischer Gedanke erlaubt. Nicht umsonst gibt es das Bild von der »reifenden Idee«: Beurteilt man eine Idee zu früh, ist es, als würde man eine grüne Kirsche kosten – sie schmeckt scheußlich und wird gleichzeitig durch das vorzeitige Pflücken für alle Zukunft zerstört.

Ideen reifen lassen

Erst, wenn Walt Disney seine Phantasie frei entfaltet hatte, erlaubte er sich, an den eigenen Ideen Kritik zu üben. Am Ende des kreativen Prozesses wurde er zum Realisten, der Traum und Kritik zu so berühmten Werken wie Micky Maus und Donald Duck verarbeitete. Es wird berichtet, dass Disney sich später sogar drei verschieden ausgestattete Räume einrichten ließ, die er mit seinen Mitarbeitern in den verschiedenen Phasen des kreativen Prozesses benutzte. Im »Träumerraum« war nur Phantasie erlaubt. Hatten alle ausgeträumt, ging das Team gemeinsam in den »Kritikerraum« usw.

Verschiedene Denkplätze einrichten

Die Entwicklung einer Idee und ihre kritische Überprüfung sollten in zwei verschiedenen Phasen ablaufen. Eine räumliche Trennung hilft dabei, die einzelnen Arbeitsschritte voneinander abzugrenzen.

»Da habe ich schon eine Idee, wie ich das bei meiner Arbeit umsetzen könnte. Der Computer ist mein Träumerplatz. Ich schreibe meine Gedanken einfach so auf, wie sie mir kommen. Dann drucke ich die Seiten aus, nehme die Papiere und stelle mich zum kritischen Durchlesen einfach hin. Vorher habe ich nämlich meinen Text am Bildschirm nochmals durchgelesen. Da sind dann mein ›Träumer‹ und mein ›Kritiker‹ durcheinander gekommen. Wenn ich alles kritisch durchdacht habe, setze ich mich an meinen Schreibtisch und fasse das Ergebnis zusammen. Zum Schluss gebe ich dann die Änderungen wieder in den Computer ein.«

Sinnesreize als Auslöser für gute Gefühle

Die Walt-Disney-Strategie half Annas Kreativität wieder vollends auf die Sprünge. »Ich wende sie jetzt sogar zu Hause an«, berichtete sie. »Ich habe mir einen Sessel für mein Wohnzimmerfenster gekauft, in dem nur geträumt werden darf. Dann steht in einer anderen Ecke des Zimmers ein ›Nörgelstuhl‹, auf den ich mich immer setze, wenn ich eine Sache kritisch überdenken muss. An meinem Schreibtisch ist dann mein ›Realistenplatz‹. Aber am besten gefällt mir mein ›Träumersessel‹. Zuerst habe ich mir nur erlaubt, ihn zu benutzen, wenn ich in guter Stimmung war. Weil ich das so konsequent gemacht habe, ist es jetzt umgekehrt: Schon wenn ich den Sessel sehe, bekomme ich gute Laune, und wenn ich mich dann auch noch hineinsetze, sprudeln die Ideen nur so aus mir heraus.«

Das Verankern von mentalen Zuständen

Den von Anna beschriebenen »Sesseleffekt« kennt man schon seit vielen Jahren aus der Lernpsychologie.

Sie können alle möglichen Sinnesreize als Anker für positive Zustände nutzen. Wichtig ist nur, dass Sie »sauber« ankern. So setzte sich Anna die ersten zehn Male nur in ihren Träumer- sessel, wenn es ihr wirklich rundherum gut ging. Auf diese Weise verknüpft sich dann der positive Zustand mit dem Sin- nesreiz. Nach zehnmaliger sauberer Verankerung war die innere Verknüpfung so stark geworden, dass Anna nun auch vom umgekehrten Effekt profitieren konnte: hineinsetzen und wohl fühlen.

Im Folgenden finden Sie noch einige weitere Beispiele für ge- eignete Positivanker, die Sie natürlich Ihren persönlichen Vor- lieben entsprechend erweitern können:

- Kaufen Sie sich ein neues Parfüm, das Sie zunächst nur auf ein Taschentuch sprühen. Schnuppern Sie ganz gezielt daran, wenn Sie sich wohl fühlen. Sie können sich auch ganz bewusst Ihren Lieblingsfilm auf Video ansehen, zuvor das neue Parfüm auftragen und an den besten Stellen den Duft einatmen. Ein Film reicht für eine gelungene Verankerung völlig aus.
- Berühren Sie jedesmal, wenn Sie sich wohl fühlen, ganz be- wusst ein Schmuckstück, das Sie täglich tragen.
- Lutschen Sie in besonders guten Momenten ein Bonbon mit einem charakteristischen Geschmack.
- Kaufen Sie sich ein kleines Windspiel mit Glockenklang. Wenn Sie sich wohl fühlen, bringen Sie die Glöckchen zum Schwingen.
- Sie können auch andere Menschen in guten Momenten »ankern«. Viele Eltern nehmen beispielsweise ihre Kinder ganz gezielt in den Arm, wenn sie weinen. Ich empfehle Ihnen zusätzlich, Ihr Kind auch dann besonders herzlich in den Arm zu nehmen, wenn es sich freut und sich wohl fühlt. So lernt es, Ihre Berührung mit einem positiven mentalen Zustand zu assoziieren.

Ein Anker ver- bindet einen äußeren Sinnes- reiz mit einem in- neren Zustand: So erinnert z. B. ein bestimmter Geruch, ein Ge- räusch oder ein Anblick spontan an eine vergange- ne Situation und ruft die damit verbundenen Gefühle wach.

ÜBUNG ➡

Strategien zur Kreativitätssteigerung

❶ Bestimmen Sie als Vorbereitung in Ihrer vertrauten Umgebung drei räumlich verschiedene Plätze für die verschiedenen Denkstrategien »Träumer«, »Kritiker« und »Realist«. Falls Sie sich häufiger an verschiedenen Orten aufhalten, wählen Sie an jedem dieser Orte drei Plätze aus. Denken Sie beispielsweise gern beim Spazierengehen nach, könnten Sie folgende Zuordnung wählen:

Gestalten Sie Ihre Denkplätze so, dass sie den verschiedenen kreativen Phasen gerecht werden, und betonen Sie auch optisch den unterschiedlichen Zweck.

Träumer:	Gehen	
Kritiker:	Stehen bleiben	
Realist:	Auf eine Bank setzen	

	Ort 1 (z. B. Büro)	Ort 2 (z. B. Wohnzimmer)
Träumer:	....	....
Kritiker:	....	....
Realist:	....	....

❷ Nun denken Sie an eine Aufgabe, für die Sie gute Ideen brauchen. Wählen Sie zum Üben wieder ein mittelwichtiges Thema:

- Sie suchen nach einem passenden Geschenk.
- Sie müssen einen Text formulieren.
- Sie möchten ein Zimmer neu einrichten.
- Sie wollen eine Party organisieren.
- ....

❸ Nachdem Sie das Thema aufgeschrieben haben, sagen Sie zu sich selbst in freundlichem Ton: »Liebes Gehirn, zu diesem Thema benötige ich gute Ideen.« Dann legen Sie den Zettel auf einen Tisch oder heften ihn an eine Pinnwand. Begeben Sie sich nun auf einen mentalen oder echten Spaziergang.

❹ Wann immer Ihnen eine Idee kommt, würdigen Sie diese innerlich, indem Sie zu sich selbst sagen: »Danke, liebes Gehirn.« Meldet sich ein kritischer Gedanke zu Wort, sagen Sie: »Das ist jetzt noch etwas früh, wir üben später noch ausführlich Kritik.« Auf diese Weise wird das Bedürfnis nach Kritik nicht verdrängt, sondern nur auf einen günstigeren Zeitpunkt vertagt.

❺ Schon ein paar Stunden, nachdem Sie die kreative Schleife gestartet haben, benutzen Sie Ihre drei verschiedenen Denkplätze, wie schon zuvor beschrieben. Schreiben Sie nur am Realistenplatz Lösungen auf. Wenn Sie zufrieden mit dem Ergebnis sind, bedanken Sie sich innerlich bei allen drei inneren Imaginationshelfern.

Hinweise zur Übung

- Nutzen Sie mentale und echte Spaziergänge zur Inspiration: Lassen Sie neue Eindrücke auf Ihr Gehirn wirken. Es gibt einen guten Ausspruch, der besagt: »Abwechslung ist Bodybuilding für das Gehirn«. Kaufen Sie also in einem neuen Supermarkt ein, den Sie noch nicht kennen. Gehen Sie in einem Park spazieren, in dem Sie sonst nur selten sind. Fahren Sie einmal mit einer anderen U-Bahn oder mit einem anderen Bus zur Arbeit. Denn die Inspirationen müssen thematisch überhaupt nicht zur gestellten Aufgabe passen. Es ist für das Gehirn schon Anregung genug, die gewohnte Alltagsumgebung gegen eine neue auszutauschen – und sei es nur für eine halbe Stunde.
- Achten Sie immer darauf, die Denkplätze »sauber« zu benutzen. Träumen Sie etwa gerade vor sich hin, und es schleicht sich plötzlich ein äußerst hartnäckiger kritischer Gedanke ein, dann wechseln Sie sofort auf den Kritikerstuhl.

Stellen Sie eingefleischte Gewohnheiten ruhig auch mal auf den Kopf – Sie werden sich wundern, wie viele neue Ideen Sie plötzlich haben.

Zur Entwicklung von kreativen Lösungen ist Ihr Gehirn auf neue Eindrücke angewiesen. Das muss nicht immer gleich eine Fernreise sein – oft genügt auch ein kurzer Spaziergang.

Stress und Ärger klein denken

Wie man sich von Alltagsproblemen befreit

Hubert arbeitet in der Altenpflege. »Als Schüler machte ich ein Praktikum in einem Pflegeheim und war von der Arbeit ganz begeistert. Daran hat sich nichts geändert: Ich habe mit Menschen zu tun, und die Arbeit gibt mir das Gefühl, etwas wirklich Nützliches zu machen. Mittlerweile habe ich eine Leitungsposition. Und seither kann ich nicht mehr schlafen. Ich denke sowieso schon ständig über die verschiedenen Probleme der Alten nach, und nun gehen mir auch noch die ganzen Mitarbeiterfragen durch den Kopf. Beispielsweise wird zur Zeit bei uns geklaut, und wir müssen befürchten, dass es jemand aus dem Team ist. Ich liege stundenlang wach und denke darüber nach, wie ich das Problem anpacken soll. Das Grübeln kostet mich viel zu viel Energie«, klagte Hubert. »Eigentlich müsste ich mich in meiner Freizeit erholen und auftanken. Wenn es wenigstens etwas bringen würde. Aber ich kann nachdenken, so viel ich will – ich drehe mich immer im Kreis. Es ist wie bei einer Platte mit einem Sprung: Man landet immer wieder an der gleichen Stelle.«

Ungelöste Probleme verfolgen einen häufig bis in den Schlaf, ohne dass man dabei einer Lösung näher kommt. In solchen Fällen gibt es bessere Strategien, als sich jeden Gedanken an das Problem zu verbieten.

Auch Gedanken kann man beeinflussen

Ich bat Hubert, einmal intensiv an das Problem mit den gestohlenen Gegenständen zu denken, und stellte dazu ein paar Fragen. »Wenn Sie an das Thema denken, denken Sie dann in Bildern?« – »Ja, ich sehe alles wie einen richtigen Film vor dem geistigen Auge.« – »Hören Sie innerlich auch etwas, was zu dem Film passt?« – »Ja, ich höre eine Kollegin empört sagen: ›Du musst jetzt endlich etwas unternehmen‹« – »Was tun Sie dann, um sich von diesen Gedanken zu befreien?« – »Ich sage mir immer: ›Nein, ich will nicht mehr daran denken, Schluss damit!‹« Daraufhin erklärte ich Hubert die Geschichte mit dem grünen Drachen: »Ein ›Nicht‹ oder ›Nein‹ reicht Ihrem Gehirn nicht aus, um Sie von den quälenden Inhalten zu befreien. Behalten Sie die Gedanken also thematisch bei. Ich möchte Sie aber bitten, auf meine Vorschläge hin die Qualität Ihrer Grübelbilder zu verändern. Nehmen Sie also Einfluss auf die Art und Weise, in der Ihr Gehirn die Sorgengedanken produziert.«

Grübelbilder umdenken

Zunächst befragte ich Hubert nach dem Körperecho seiner Sorgen: »Wo im Körper fühlen sich die Sorgen besonders unangenehm an?« – »Im Magen.« – »Wie viele Minuspunkte geben Sie diesem unangenehmen Gefühl auf der SSU-Skala?« – »Sieben.« – »Denken Sie nun wieder intensiv an Ihr Problem«, fuhr ich fort. »Machen Sie aus den Bildern einen Stummfilm. Sehen Sie das empörte Gesicht der Kollegin – jedoch ohne Ton. Nehmen Sie die Farben aus dem Film heraus, und fügen Sie den typischen Braunton alter Filme hinzu. Nun lassen Sie eine dramatische Klaviermusik zur Untermalung ertönen. Wie empfinden Sie die Szene jetzt?« – »Na ja, es wirkt fast wie ein alter Charly-Chaplin-Film. Mir ist jetzt viel leichter, wenn ich daran denke.« – »Und wie ist Ihr Körperecho?« – »Das Gefühl im Magen ist zwar noch da, aber ich bewerte es nur noch mit vier Minuspunkten.«

Probleme durch Verkleinerung entschärfen

Nun zeigte ich auf einen kleinen Würfel und ein leeres Glas, die auf meinem Tisch standen. »In einen dieser Gegenstände können Sie Ihr Problem hineintun. Welchen suchen Sie sich aus?« Hubert entschied sich für den Würfel. »Schließen Sie nun die Augen, und denken Sie an den Stummfilm. Stecken Sie dann die ganze Szene in einen Mentalfernseher mit kleinem Bildschirm. Öffnen Sie die Augen. Schauen Sie nochmals den Würfel an. Schließen Sie sie wieder. Nun verkleinern Sie den Mentalfernseher auf die Größe des Würfels. Sehen Sie sich Ihr Problem nun in diesem kleinen Würfel an. Wie ist das?« – »Ob Sie es glauben oder nicht: Ich habe spontan an etwas anderes, angenehmeres gedacht. Und mein Körperecho liegt jetzt bei null Punkten.« – »Auf diese Weise können Sie Sorgen also buchstäblich klein denken«, sagte ich. »Und Sie haben ja selbst erlebt, wie Ihre Gedanken dann wie von allein zu anderen, positiven Themen fließen.« Viele Klienten suchen sich zum Problemeverkleinern auch das leere Wasserglas aus, projizieren die unangenehmen Gedanken hinein und sehen dann dabei zu, wie die kleinen Bilder im Glas umherwuseln. Andere verzichten auf den Stummfilm und packen empörte Stimmen in den Würfel oder das Glas. Dabei entsteht ein Micky-Maus-Effekt: Man hört die Probleme als Comicstimmen im Glas piepsen.

Auch Ärger mit den Mitmenschen kann man durch Visualisierung »wegpacken«, wenn an der Situation momentan mit anderen Mitteln nichts zu ändern ist.

ÜBUNG ➡ ## Stress und Ärger klein denken

❶ Suchen Sie sich einen Würfel, ein leeres Wasserglas oder einen anderen Gegenstand, in den Sie Ihr Problem hineinprojizieren möchten. Legen Sie diesen Gegenstand zwei, drei Meter von sich entfernt auf ein Möbelstück, auf die Fensterbank oder auf den Fußboden.

Grundsätzlich gilt für diese Technik: Abdunkeln, Verkleinerung und Distanz schwächen ein negatives wie ein positives Bild ab, Aufhellen, Vergrößerung und Nähe verstärken es.

❷ Denken Sie an ein mittelwichtiges Problem, das Sie in Gedanken mehr beschäftigt, als Sie möchten.

❸ Bewerten Sie möglichst präzise das Körperecho, das die Gedanken an das Problem auslösen: Wie viele Minuspunkte geben Sie ihm auf der SSU-Skala?

....

❹ Konzentrieren Sie sich auf die Art Ihrer inneren Vorstellung: Denken Sie eher in Bildern oder eher in Worten? Probieren Sie nun einige Imaginationstechniken aus, um die Gefühlsintensität der inneren Problemwahrnehmung zu entschärfen. Hier einige Beispiele:

• Nehmen Sie die Farbe aus den Bildern, und fügen Sie stattdessen den typischen Braunton alter Bilder und Filme hinzu.

• Lassen Sie wie in Charly-Chaplin-Filmen alles schneller laufen, drehen Sie wie beim Stummfilm den Ton heraus, und unterlegen Sie das Ganze mit der für alte Filme charakteristischen Klaviermusik.

• Sollten Ihnen die schnellen Bilder nicht zusagen, probieren Sie es mit der Zeitlupe. Zur Zeitlupe passen dann vielleicht besser die verschiedenen Farbfilter: blau, rosa, grün usw. Sehr beruhigend wirkt ein Farbfilter in dunklem Lila. Oft wirken die Filter auch schon bei normaler Filmgeschwindigkeit »entschärfend«.

Diese Imaginationstechnik wirkt bei mir am besten:

....

Und diese wirkt am zweitbesten:

....

Dem Körperecho gebe ich jetzt nur noch .... Minuspunkte.

5 Verkleinern Sie nun in Gedanken die jeweiligen Szenen, indem Sie sie in einen Mentalfernseher mit winzigem Bildschirm packen. Die Bilder werden so klein, dass Sie sie nun in den Würfel oder einen anderen Gegenstand hineinpacken können.

6 Genießen Sie das angenehme Gefühl, jetzt gedanklich frei zu sein. Spüren Sie in sich hinein, und erleben Sie, wie die Minuswerte des Körperechos auf einen noch kleineren Wert zusammengeschmolzen sind. Denken Sie nun bewusst an etwas Angenehmes.

Hinweis zur Übung

- Einige Personen benutzen auch Wegschickgegenstände außerhalb des Raums, in dem sie sich gerade befinden. Manchmal bietet sich nämlich beim Blick aus dem Fenster ein Vogelhäuschen im Baum oder gar die Antenne auf dem Dach des Nachbarhauses an.

Ein Problem kann in der Vorstellung ganz unterschiedliche Dimensionen annehmen: Oft stellt es sich anfangs noch unüberwindlich dar, um mit der Zeit immer kleiner und unbedeutender zu werden.

Erfolg ist »Einstellungssache«

Das Wort »Einstellung« können wir in Bezug auf die sinnesgenaue Wahrnehmung in unserer inneren Welt buchstäblich auffassen. Wie im Film die Kameraführung, so nähern auch wir uns Ereignissen und Themen aus unserer subjektiven Sicht, aus einer ganz bestimmten Einstellung heraus an. So scheinen uns Probleme manchmal »über den Kopf zu wachsen«, und wir sind froh, wenn wir trotzdem wieder den »Überblick« bekommen.

Diese umgangssprachlichen Wendungen sind nur ein kleiner Ausschnitt aus den Sprachmustern, die unsere innere Welt abbilden. Offensichtlich verfügt das menschliche Gehirn über die Fähigkeit, wie eine Kamera durch entsprechende Einstellung Bilder auf der inneren Leinwand zu erzeugen, die den Zusammenhang zwischen einem Problem und der Gefühlswelt widerspiegeln. Durch ein entsprechendes Training kann aber auch der umgekehrte Prozess erreicht werden: Wir sind dann imstande, unserem Gehirn bewusst Anweisungen über Qualität und Aufbereitung unserer inneren Einstellung zu geben.

Die visuelle Vorstellung schulen

Trainingsprogramm für die Welt der inneren Bilder

Die Überflutung mit Bildern durch die Medien führt zu einer Abstumpfung der Vorstellungskraft. Vor dem geistigen Auge tauchen dann statt eigenen Bildkreationen klischeehafte Werbespots auf. Wandeln Sie solche Bilder gedanklich ab, bis der Bezug zur eigenen Wahrnehmung stimmt.

Wenn Sie sich in der Welt der inneren Bilder bereits zu Hause fühlen, dann können Sie dieses Kapitel beruhigt überspringen. Es gibt nämlich Menschen, die innere Bilder abrufen können wie Kinofilme: Sie sehen Erinnerungen und ausgedachte Szenen lebhaft vor sich und können kaum nachvollziehen, dass andere Menschen ihre Schwierigkeiten damit haben. Umgekehrt ist es genauso: Wem die Welt der inneren Bilder nicht so spontan zur Verfügung steht, kann oft auch nicht verstehen, warum der Kopf einer anderen Person voller Bilder ist.

Unterschiedliche Wahrnehmungsweisen

Jeder Mensch hat seine eigene Art, das zu produzieren, was man einen Gedanken nennt. Da gibt es vor allem die drei »Sinnestypen«:
● Der visuelle Typ denkt mit Vorliebe in Bildern. Will er sich den Geheimcode für seine Kreditkarte merken, sieht er die Zahlenfolge vor dem geistigen Auge und ruft sich so die Nummer auch wieder ab.
● Der auditive Typ denkt in Sätzen und Wörtern. Er ist sensibel für Stimmen und Geräusche. Will er seine Codenummer erinnern, sagt er sie sich innerlich vor. Er hört die Zahlenfolge vor dem geistigen Ohr.
● Der fühlende Typ neigt zum räumlichen und zum motorischen Gedächtnis. Bei der Tastenwahl erinnert er beispielsweise mit imaginären Fingerbewegungen die Lage der einzelnen Zifferntasten.

Sinnesbewusstsein – im Alltag wertvoll

Jede dieser Wahrnehmungstechniken hat Vor- und Nachteile, worauf später noch näher eingegangen wird. Viele Menschen denken in zwei oder in allen dieser Sinneskategorien, andere wiederum haben sich auf einen Sinneskanal spezialisiert. Wichtig ist zu wissen, dass keine dieser verschiedenen Strategien besser als die anderen ist. Dennoch wünschen sich auditive und fühlende Wahrnehmungstypen oft einen besseren Zugang zur Welt der Bilder. Das liegt daran, dass heutzutage so viel über Visualisieren und Vorstellungskraft gesprochen wird. Und viele Menschen meinen dann, man könne so etwas nur, wenn auch innere Bilder abrufbar sind.

Jeder kann innere Bilder abrufen

Kein Mensch ist auf seinen bevorzugten Sinneskanal festgelegt. Die Neigung zu einer bestimmten Wahrnehmungsart ist eher so etwas wie eine Vorliebe oder Gewohnheit. Wahrnehmungsweisen sind nicht so unveränderlich festgelegt wie beispielsweise die Augenfarbe. Wenn Sie mit Ihren Augen äußerlich sehen können, ist damit automatisch auch die Fähigkeit zum inneren Sehen angelegt.

Ist eine Person von Geburt an blind – wurden also dem Gehirn über die Sehnerven real noch nie Bilder zugespielt –, sieht die Sache natürlich anders aus. Doch bereits wenn jemand erst im Lauf seines Lebens erblindet, steht die innere visuelle Wahrnehmung aufgrund der im Gehirn gespeicherten Bilder zur Verfügung. Jeder Mensch, der sehen kann oder konnte, vermag also visuelles inneres Wahrnehmen zu trainieren wie das Einmaleins oder wie eine Sportart.

Kleines Gedankenspiel zum Einstieg

Beginnen Sie das Trainingsprogramm zur Schulung Ihrer visuellen Wahrnehmung mit einem Worttest. Was – glauben Sie – würde Ihnen beim Einstieg in das Training am leichtesten fallen:

- Visualisieren
- Sich etwas vorstellen
- An etwas denken
- Sich ein Bild von einer Sache machen
- Träumen

Wahrscheinlich haben Sie es schon bemerkt: Diese Begriffe meinen alle dasselbe, nämlich das innere Sehen. Doch Sie werden feststellen, dass Ihnen einige gefühlsmäßig sympathischer sind. Ich hatte eine ältere Klientin, die mir erzählte, sie könne nicht visualisieren. »Aber Sie können sich doch etwas vorstellen?« fragte ich. »Ja, das kann ich.« – »Das ist doch dasselbe«, sagte ich zu ihr. »Schon möglich – aber Visualisieren hört sich schwieriger an«, war ihre Antwort. Wählen Sie also einfach Ihren persönlichen Lieblingsbegriff:

....

Die folgenden Übungsschritte führen Sie durch ein aufbauendes Visualisierungstraining.

Die Abneigung gegen fachsprachliche Ausdrücke sollte Sie nicht davon abhalten, wirksame Strategien für Ihre Lebensführung kennen zu lernen. Taufen Sie unliebsame Begriffe einfach um, oder führen Sie auf ihren simplen Ursprung zurück.

ÜBUNG → ## Trainingsprogramm für die Welt der inneren Bilder

❶ In dieser Übung benutze ich den Begriff »Visualisieren«. Sie können in Gedanken dann immer Ihren auf Seite 77 gewählten »Sympathiebegriff« einsetzen. Wann immer Sie visualisieren, richten Sie Ihre Augen nach oben, wie Sie es bereits auf Seite 62 kennen gelernt haben. Dabei finden Sie bitte für sich selbst heraus, ob Sie beim Visualisieren die Augen lieber offen oder geschlossen halten. Denn viele Menschen schauen gern auf einen Fixpunkt im Raum, weiten den Blick und träumen mit offenen Augen.

Mit Imaginationsübungen können Sie stumpfsinnige Tätigkeiten angenehmer gestalten und lange Wartezeiten überbrücken. Zeit, die ansonsten verschwendet wäre, lässt sich so sinnvoll nutzen.

❷ Schauen Sie sich diese Buchseite an. Nun schließen Sie die Augen, und sehen Sie die Seite mit dem geistigen Auge vor sich. Sie können sich auch nur ein Wort vornehmen:

Auto

Prägen Sie sich die vier Buchstaben ein, schließen Sie die Augen, und rufen Sie diese Buchstaben auf einem geistigen Bildschirm ab. Vielleicht nehmen Sie sich auch nur einen Buchstaben vor:

A

Danach nehmen Sie das »U« hinzu. Als nächstes kombinieren Sie dann die beiden Buchstaben. Fahren Sie so lange fort, bis das Wort komplett ist.

❸ Wiederholen Sie diese Imaginationsübung im Alltag, wann immer es Ihnen einfällt.
• Im Restaurant z. B. schauen Sie zum Nebentisch, wenden sich dann ab und sehen im Geist die gleiche Menschengruppe vor sich. Dann blicken Sie wieder hin und überprüfen Ihr geistiges Bild.
• Wenn Sie morgens die Zeitung lesen, prägen Sie sich die Titelseite ein. Legen Sie die Zeitung dann beiseite, und versuchen Sie, sich an die genaue Position der Schlagzeilen und Fotos zu erinnern.
Trainieren Sie dieses Visualisieren von gerade eben gesehenen Bildern einige Tage lang.

4 Sind Sie im Visualisieren gerade eben gesehener Bilder sicher geworden, dann weiten Sie diese Technik auf erinnerte Bilder aus. Denken Sie an den gestrigen Tag, an den vorgestrigen und an letzte Woche. Welche Menschen haben Sie getroffen? Rufen Sie vor dem inneren Auge ihre Gesichter ab. Trainieren Sie gezielt mit Erinnerungen, die Ihnen angenehm sind. In dieser Trainingsphase ist Fernsehwerbung besonders zum Üben geeignet, da sie ganz gezielt auf das visuelle Erinnern hin konzipiert ist. Schreiben Sie sich beim Zuschauen die einzelnen Produkte auf, für die gerade geworben wird: Waschmittel, Fruchtjoghurts usw. Wenn die Werbeminuten vorüber sind, visualisieren Sie zu jedem Produkt auf der Liste den Werbespot. Widmen Sie sich auch diesen Übungen einige Tage lang.

Ein einprägsames Bild als Signal für den Einstieg in Imaginationsübungen funktioniert genauso wie ein Anker: Es stellt die bildliche Form einer Erkennungsmelodie dar, die uns auf eine bestimmte Tätigkeit oder ein Ereignis einstimmt.

5 In der nächsten Trainingsphase beginnen Sie damit, innere Bilder zu komponieren. Schauen Sie sich beispielsweise ein rotes Auto an, und überlegen Sie: Wie würde dieses Auto in Blau aussehen? Schauen Sie einen guten Freund oder eine gute Freundin an. Wie würde er/sie wohl mit grünen Haaren aussehen?

6 Finden Sie heraus, ob Sie irgendeinen größeren Gegenstand (mindestens DIN-A3-Format), den Sie mögen, besonders gut erinnern können: ein Gemälde, ein Haus, Ihr Auto, Ihren Hund o. Ä. Benutzen Sie das Bild von diesem positiven Gegenstand immer als Einstieg in die Welt der Imaginationen. Stellen Sie dann das Bild, das Sie erinnern oder ausdenken möchten, daneben.

7 Von nun an sollten Sie die folgenden drei Trainingseinheiten in wechselnder Reihenfolge wiederholen:
• Das Visualisieren von Gegenständen, die Sie im Hier und Jetzt wahrnehmen
• Das Visualisieren von erinnerten Szenen und Gegenständen
• Das Visualisieren von komponierten Bildern

Hinweis zur Übung

• Viele Klienten stellen zu hohe Anforderungen an ihre inneren Bilder: Sie erwarten gestochen scharfe Fotos. Vorstellungen dürfen aber ruhig auch einmal verschwommen oder vage sein.

IMMER WIEDER AUFTANKEN

Zum Thema »innere Kräfte wecken« gehört zu guter Letzt auch noch die Aufmerksamkeit für unseren Körper. Denn der Begriff »Imaginationstraining« ist bei vielen Menschen mit einem fatalen Irrtum verbunden. Man meint, dass Imagination etwas mit Gedanken zu tun hat – was grundsätzlich stimmt. Gleichzeitig besteht die Annahme, dass Gedanken so etwas wie Luft sind – was völlig falsch ist. Gedanken sind Körperreaktionen. Wann immer wir denken, verbraucht das Gehirn Energie in Form von Kalorien. Außerdem wird unser Denken durch eine Reihe von körpereigenen Substanzen ermöglicht, die sich Nervenbotenstoffe nennen. Sowohl Kalorien als auch Nervenbotenstoffe müssen vom Körper immer wieder aufgetankt bzw. neu gebildet werden. Nicht umsonst spricht man in diesem Zusammenhang von Nervennahrung. Denn nur gut ernährte Gehirnnerven können ihren Beitrag zu einem Imaginationstraining leisten.

Der menschliche Körper ist wie ein Orchester, das nur bei feiner Abstimmung harmonisch klingt. Jede Vernachlässigung eines seiner Teile zieht unweigerlich auch die Beeinträchtigung der anderen nach sich.

Im Einklang mit dem Körper

Glauben Sie also nicht, dass ein gutes Imaginationstraining dabei helfen könnte, die körperlichen Bedürfnisse zu überwinden. Wer beispielsweise mit den im Buch vorgestellten Mitteln versucht, ohne Schlaf auszukommen, wird ganz einfach scheitern. Imaginationstechniken greifen nur, wenn sie im Einklang mit den körperlichen Bedürfnissen ihre Wirkung entfalten dürfen. Wer versucht, gegen die eigene Biologie anzukämpfen, wird feststellen, dass dieser Gegner immer der stärkere ist. Erschöpfungszustände oder gar Krankheiten sind oft die Folge einer jahrelangen Missachtung der Kraftreserven des Körpers. Akzeptieren Sie also Ihr biologisch verankertes Bedürfnis, die Energievorräte immer wieder aufzutanken.

Imaginationstraining und Gesundheit

Das Sprichwort »Der Geist ist willig, doch das Fleisch ist schwach« beschreibt sicherlich eine Wahrheit. Man müsste nur noch ergänzen: »... also muss das Fleisch (der Körper) immer wieder gestärkt werden, wenn man seine Ziele erreichen möchte.« Im Folgenden habe ich Ihnen daher die wichtigsten Grundregeln für eine ausgewogene und gesunde »Gehirnernährung« zusammengestellt.

Genügend Wasser trinken

Durch ihren Gehalt an Tein entziehen auch schwarzer und grüner Tee dem Körper Wasser. Sie müssen auf diese sanften Muntermacher nicht verzichten, aber Ihren täglichen Flüssigkeitsbedarf können Sie nicht mit ihnen decken.

Ein erwachsener Mensch benötigt täglich durchschnittlich zwei Liter Wasser. Diese Flüssigkeit kommt vor allem der Gehirnleistung zugute. Sehr alte Menschen werden beispielsweise öfter in einem geistig verwirrten Zustand ins Krankenhaus eingeliefert. Führt man ihnen ausreichend Wasser zu, stellt sich ihre Geisteskraft meist nach kurzer Zeit wieder vollständig ein. Das Problem besteht nur darin, dass alte Leute oft vergessen, ausreichend und regelmäßig zu trinken. Jüngere Menschen verfallen bei Flüssigkeitsverlust nicht sofort in geistige Verwirrung, büßen aber gleichfalls vorübergehend einen Teil ihrer Gedankenkraft ein. Konzentrationsschwäche, Müdigkeit oder gar Kopfschmerzen sind die Folge. Sorgen Sie also schon aus diesem Grund immer für den erforderlichen Flüssigkeitsnachschub.

Alkohol und Kaffee nur in Maßen

Viele Menschen glauben, dass diese Getränke genau wie alle anderen zum Flüssigkeitshaushalt des Körpers beitragen. Das Gegenteil ist der Fall: Sie entziehen dem Organismus sogar Wasser. So entsteht paradoxerweise Durst beim Trinken. Aus diesem Grund wird in Ländern mit einer jahrhundertealten Kaffeekultur der Kaffee auch immer zusammen mit einem Glas Wasser gereicht. Nehmen Sie daher eines dieser Getränke in größeren Mengen zu sich, müssen Sie immer wieder kräftig mit Wasser, verdünnten Säften oder Kräutertees gegen den Flüssigkeitsverlust »antanken«.

Auf eine ausgewogene Ernährung achten

Sicherlich wissen Sie bereits, wie wichtig eine vitaminreiche und gesunde Kost für die allgemeine Gesundheit ist. Zu diesem Thema gibt es unzählige Ratgeber und Zeitungsberichte. Auf einige Aspekte möchte ich jedoch an dieser Stelle noch ganz besonders hinweisen: Die gesündeste Ernährung erzielt nur die halbe Wirkung, wenn sie unregelmäßig über den Tag verteilt eingenommen wird. Vor allem stundenlanges Hungern macht dem Gehirn sofort zu schaffen und führt häufig sogar zu vorübergehenden Stimmungstiefs. Viele Menschen lassen beispielsweise das Frühstück ausfallen, essen mittags nur einen Salat und schlagen dann abends so richtig zu. Sehr viele wichtige Nervenbotenstoffe müssen jedoch stündlich oder sogar minütlich aus der Nahrung neu gebildet werden. Wird diese – vor allem tagsüber – nur unregelmäßig aufgenommen, sinkt der Spiegel dieser wichtigen Gehirnstoffe rapide ab, was zu schlechter Stimmung und mentalem Leistungsabfall führt.

»Ein voller Bauch studiert nicht gern« lautet eine Volksweisheit, weil nach einer allzu üppigen Mahlzeit das Blut zu den Verdauungsorganen wandert und sich im Kopf eine dumpfe Leere breit macht. Mehrere leichte Mahlzeiten vertragen sich besser mit geistiger Arbeit.

Regelmäßig kleine Mahlzeiten zu sich nehmen

Britische Wissenschaftler führten mit Personen, die eine Diät hielten, Gedächtnistests durch. Sie fanden heraus, dass Hungern vergesslich macht. In diesem Fall hilft kein Imaginationstraining mehr, sondern nur noch regelmäßiges Essen. Nun halten viele Menschen dem entgegen, dass man gerade beim Fasten ein besonders gutes Stimmungs- und Leistungsniveau erreicht. Doch dieser Effekt basiert auf einem recht tragischen Mechanismus: Da es nichts zu essen gibt, glaubt unser Unbewusstes, wir müssten bald verhungern. Damit sich das nicht so grausam anfühlt, spendiert der Organismus dem Gehirn eine Extraportion Endorphin – ein körpereigener, dem Morphium verwandter Eiweißstoff, der schmerzstillend wirkt. Dieser »Notstandsrausch« bewirkt dann die vermeintlich gesteigerte Geisteskraft. Radikales Hungern hat noch weitere negative Folgen: Zwar verliert man schnell an Gewicht, aber der Körper baut statt Fett nur Muskulatur ab. Muskulatur ist jedoch das Gewebe, das die meisten Kalorien verbrennt. Fettgewebe hingegen verbraucht nur wenige Kalorien. Bildet sich also die Muskulatur zurück, sinkt auch der allgemeine Energieverbrauch. Als Folge wird man von weniger Essen schneller dick.

Kohlenhydrate richtig kombinieren

Viele Menschen meiden kohlenhydratreiche Nahrungsmittel wie Kartoffeln, Brot, Reis oder Nudeln, weil sie noch immer als Dickmacher gelten. Doch gerade diese Produkte stellen eine hervorragende Gehirnnahrung dar. Aus ihnen bildet das Gehirn beispielsweise den wichtigen Stoff Serotonin, der für gute Laune, ausgeglichene Stimmung und einen erholsamen Nachtschlaf zuständig ist. Natürlich sollten auch diese Lebensmittel in möglichst gesunden Varianten gegessen werden: Wählen Sie statt reinem Weißmehlbrot Vollkornbrot, statt weißem Reis Naturreis und statt Eiernudeln Teigwaren aus Hartweizengries. Müsli ist natürlich auch ein äußerst gesunder Kohlenhydratlieferant.

Schwimmen ist als Ausdauersport sehr zu empfehlen, weil es auch für Menschen mit Gelenkproblemen infrage kommt. Im Wasser werden die Knochen nicht durch das Körpergewicht belastet.

Wenn man regelmäßig über den Tag verteilt genügend von diesen Kohlenhydratlieferanten zu sich nimmt, macht das schlank: Serotonin hat nämlich die Eigenschaft, uns ein subjektives Gefühl der Sättigung zu geben. Dadurch isst man im Endeffekt weniger, als wenn der Serotoninspiegel ständig nur kurz über dem Nullpunkt liegt. Außerdem ermöglicht Serotonin ein »buntes«, kreatives und positives Denken, was für ein erfolgreiches Imaginationstraining von Vorteil ist.

Für genügend Bewegung sorgen

»In einem gesunden Körper wohnt ein gesunder Geist« sagten die alten Griechen und erfanden die Olympischen Spiele. Natürlich müssen Sie selbst keine Goldmedaillen gewinnen, wenn Sie Sport treiben. Es geht hier vielmehr um den Aspekt, dass Sport nicht nur den Körper fit hält, sondern auch eine wohltuende Wirkung auf die Psyche hat und somit den Geist aufhellt. Diese Wirkung kommt dadurch zustande, dass beim Sport überschüssige Stresshormone im Körper abgebaut werden. Diese Stresshormone – wie beispielsweise das bekannte Adrenalin – tummeln sich nämlich auch im Gehirnstoffwechsel und blockieren hier den Gedanken- und Ideenfluss. So entsteht der subjektive Eindruck, dass man mit seinen Überlegungen nicht weiterkommt. Sport bringt demnach nicht nur die Muskeln, sondern auch die Gedanken wieder in Bewegung, wenn die Stresshormone sich beim Laufen, Fahrradfahren usw. verflüchtigt haben.

Ausdauersportarten bevorzugen

Sportarten, die den Kreislauf anregen, sind zu diesem Zweck besonders gut geeignet. Man soll sich dabei nach neuesten Erkenntnissen nicht verausgaben, sondern sich nur so bewegen, dass man sich theoretisch nebenbei noch unterhalten könnte. Das hat sowohl für den Stress- als auch für den Fettabbau den durchschlagendsten Effekt. Die Annahme, dass ein heftiger Muskelkater gesund sei, gilt inzwischen als überholt: Stark schmerzende Muskeln zeigen nur an, dass es in den Muskelfasern zu feinen Verletzungen gekommen ist. Statt Schmerzen sollte man nur spüren, dass man etwas getan hat. Übrigens: Es gibt auch Bewegungsformen, die man landläufig nicht Sport nennt, die aber genauso positiv wirken: mit dem Hund toben, spazieren gehen, ein Beet umgraben oder auf einer Party tanzen.

Den Stress in Grenzen halten

Stress ist ein natürlicher Bestandteil des täglichen Lebens. Man unterscheidet in der Psychologie zwischen zwei Stressarten:

● Den Stress, der sich subjektiv unangenehm anfühlt, nennt man Disstress. Hiermit sind Ärger, Wut, Angst und auch Langeweile gemeint. Natürlich gehören diese Emotionen zum Leben dazu und sind nie völlig zu vermeiden. Denn oft genug sind stressreiche Phasen der Preis, den man für einen Erfolg zahlen muss.

● Der so genannte Eustress hingegen ist ein Ausdruck von Begeisterung und Lebensfreude. Gerade Dinge, die uns Spaß machen, rufen unsere Energiequellen wach: die Aussicht auf einen Erfolg, die Liebe, interessante Hobbys und schlichte Neugier. In der Literatur nennt man diese Form von Stressenergie oft auch Lebenshunger.

Beide Stressarten sind wichtige Bestandteile unserer psychischen Ausgeglichenheit. Dabei liegt die Betonung auf dem Begriff »Ausgleich«. Denn Stress – egal ob positiv oder negativ empfunden – verbraucht unsere körperlichen Energiereserven. Bei negativem Stress erscheint das selbstverständlich, aber auch positiver Stress kann dazu führen, dass wir auf zu vielen Hochzeiten tanzen und nicht mehr zur Ruhe kommen. Im Stress zeigt der Körper eine Reihe von typischen Reaktionen, wie Sie aus der folgenden Liste ersehen können:

Über Stress wird zwar viel geredet, im Endeffekt wird aber wenig dagegen getan. Der hohe gesellschaftliche Stellenwert der Arbeitsleistung führt dazu, dass mancher sein Gestresstsein wie einen Beweis der Tüchtigkeit vor sich her trägt. Echter Disstress mindert aber den Arbeitserfolg und lässt die inneren Kraftquellen versiegen.

Körperreaktionen bei Stress ...	... und bei körperlicher Entspannung
• Beschleunigter Herzschlag	• Langsamer, regelmäßiger Herzschlag
• Flacher und schnellerer Atem	• Ruhiger und tiefer Atem
• Teilweise verengte Gefäße	• Gleichmäßig weite Gefäße
• Schlechte Durchblutung	• Optimale Durchblutung
Negative Folgen	**Positive Folgen**
• Mangelhafte Sauerstoffversorgung des Körpers	• Gute Sauerstoffversorgung des Körpers
• Stoffwechselspitzen in der Körperchemie	• Ausgeglichene Stoffwechselleistungen

Die Seele baumeln lassen

Mäßige sportliche Bewegung hat immer auch einen beruhigenden und ausgleichenden Effekt. Mit den Verspannungen der Muskeln lockern sich auch Verkrampfungen von Geist und Seele, Probleme reduzieren sich auf ihre tatsächlichen Dimensionen, und das Selbstvertrauen in die eigene Tatkraft wächst.

Ausgleich bedeutet, dass wir zwischen den Stressphasen immer wieder körperlich entspannen müssen, damit sich der Körper regenerieren kann. Vor allem die regelmäßige Durchblutung von Muskeln, Haut und Organen ist wichtig für Gesundheit und auch Schönheit. Deshalb muss man sowohl von seinen Problemen als auch von schönen Aufgaben immer wieder einmal abschalten – was leider nur den wenigsten gelingt. Aber Entspannung lässt sich lernen. Ein Beispiel hierfür ist die Imaginationsübung »Stress und Ärger klein denken« auf Seite 74f. Eine Fülle von weiteren Möglichkeiten finden Sie dann noch im Kapitel »Selbsthypnose« (Seite 145ff.).

Das A und O – erholsamer Schlaf

Natürlich darf bei der Aufzählung der körperlichen Bedürfnisse auch der Schlaf nicht fehlen. Schlaf ist eines unserer wirksamsten Erholungs- und sogar Heilmittel. Nicht umsonst schlafen kranke Menschen viel mehr als gesunde, weil in diesem Zustand die körperliche Genesung besonders rasch voranschreitet. Auch psychische Gesundung stellt sich im Schlaf oft ganz von selbst ein. Kleine Kränkungen und Sorgen sehen am nächsten Morgen häufig schon ganz anders aus oder sind gar überwunden. Eine besondere Bedeutung für die Bewältigungsarbeit haben unsere Träume (siehe Seite 167ff.).

Immer wieder auftanken

1 Besorgen Sie sich ein durchsichtiges Trinkglas mit Wasser. Nehmen Sie sich mindestens zehn Minuten Zeit. Setzen oder legen Sie sich bequem hin. Das Glas steht in Seh- und Reichweite.

2 Betrachten Sie das Glas von außen. Sagen Sie dabei zu sich selbst: »Dieses Wasser wird gleich in meinem Körper sein. Schluck für Schluck werde ich die Flüssigkeit aufnehmen. Mein Körper freut sich darüber, weil dadurch die Zellen erfrischt und erneuert werden.«

3 Nun nehmen Sie das Glas und trinken es langsam leer. Spüren Sie, wie das Wasser die Kehle herunterrinnt, und sagen Sie sich: »Das tut gut, das ist angenehm.« Sie stellen das Glas zurück, schließen die Augen und lockern alle Muskeln. Atmen Sie tief und regelmäßig.

4 Stellen Sie sich vor, was nun mit dem Wasser in Ihrem Körper geschieht: Wie der Körper die Flüssigkeit aufnimmt und sie zu den Körperzellen transportiert, die sich schon auf die Erfrischung freuen.

5 Stellen Sie sich vor, wie es dort, wo das Wasser jetzt im Körper anlangt, heller und bunter wird. Vielleicht hören Sie mit dem geistigen Ohr, wie es sachte sprudelt, oder Sie spüren ein leises Kribbeln.

6 Spüren Sie, wie Sie sich immer wohliger fühlen, wenn Sie diesen Gedanken nachgehen. Nach ein paar Minuten können Sie auch zu anderen angenehmen Vorstellungen abschweifen.

7 Verbleiben Sie in diesem wohligen Zustand, solange es Ihnen gut tut. Tanken Sie auf. Zum Schluss atmen Sie tief durch, und strecken Sie sich, bevor Sie sich wieder nach außen orientieren.

Erinnern Sie sich noch, wie köstlich ein Glas Wasser in der Kindheit schmeckte, wenn man nach stundenlangem Toben in der Sommerhitze so richtig Durst hatte? Spüren Sie diesem Wohlbehagen nach, und lernen Sie wieder den Genuss ganz einfacher Dinge.

Hinweis zur Übung

• Obwohl Essen nicht so schnell körperlich wirkt wie Trinken, können Sie diese Übung auch mit jeder Mahlzeit durchgehen. Stellen Sie sich eine halbe Stunde nach dem Essen vor, wie jetzt die Nährstoffe in den Zellen verteilt werden und diese neu aufbauen und beleben.

FERNZIELE ERREICHEN

In den vorangehenden Kapiteln haben Sie die Grundlagen imaginativer Beweglichkeit kennen gelernt und trainiert. Die folgenden Übungseinheiten bauen auf dieser mentalen Basis auf. Daher sollten Sie sich bei der Beschäftigung mit den großen Lebensthemen immer wieder auf das Know-how der kleinen Schritte besinnen. So werden Sie beispielsweise auch in diesem Teil häufiger dazu aufgefordert, Ihr Körperecho im Zusammenhang mit den verschiedenen Imaginationstechniken zu spüren und einzuschätzen, oder es geht darum, Ihre positive Motivationsstimme ganz gezielt einzusetzen.

Beschränken Sie Ihre Zukunftsplanung nicht auf das Schaffen materieller Sicherheit, sondern lernen Sie, sich selbst in einer erfolgreichen Zukunft wahrzunehmen.

Wie man sich optimal motiviert

Gerade diese innere Stimme ist zum Überwinden von Durststrecken auf dem Weg zum Lebensglück weiterhin von entscheidender Bedeutung. Denn es nützt gar nichts, wenn Sie sich selbst mit ungeduldiger und aggressiver Stimme versichern: »Es geht mir jeden Tag in jeder Beziehung immer besser und besser.« Erst der freundliche Klang des inneren Dialogs setzt die Kräfte frei, die Sie zum Erreichen langfristiger Lebensziele benötigen.

Auch der »grüne Drache« ist im Zusammenhang mit diesen Fernzielen immer wieder ein Thema. Viele Menschen wünschen sich beispielsweise materiellen Reichtum, um ihre Existenzangst besser in Schach halten zu können. Wenn die Angst jedoch zum alles beherrschenden Handlungsmotiv wird, richtet man selbst in den unbedenklichsten Lebenssituationen all seine Energie auf die Vermeidung von Unsicherheitsmomenten. Diese Fixierung führt dazu, dass man blind für die bereits geschaffene Sicherheit ist und diese dann auch nicht genießen und würdigen kann. Innere Zufriedenheit wird durch so eingeschränkte Wahrnehmung verhindert. Wenn Sie sich ein Fernziel stecken, sollten Sie Ihr Augenmerk daher auf kraftvolle Visionen Ihres Zukunfts-Ich und nicht etwa Ihres Bankkontos richten.

Mit Blockaden konstruktiv umgehen

In den folgenden Kapiteln widmen wir uns daher der Kunst, das Leben zu genießen – und zwar nicht als Perspektive für die ferne Zukunft, sondern als Energiequelle im Hier und Jetzt. Sie lernen, die täglichen Blockaden abzubauen, die Sie auf dem kontinuierlichen Weg zu Ihren positiven Lebenszielen behindern, und erfahren gleichzeitig, wie Sie diese Blockaden in positive Zielenergie umwandeln können. Waren die vorgestellten Themen bisher inhaltlich sehr konkret, werden Sie nun mit allgemeinen Grundeinstellungen und Fähigkeiten vertraut gemacht, die für persönliche Erfolge wichtig sind.

Für das nötige Know-how sorgen

Die bewusste Planung von Fernzielen darf nicht darüber wegtäuschen, dass Rückschläge einfach nicht auszuschließen sind. Wenn Sie Unvorhersehbares einkalkulieren, werden Sie nicht so leicht entmutigt und aus der Bahn geworfen.

Zur Verdeutlichung dieser Aussage stellen Sie sich bitte einmal eine Fußballmannschaft vor, die aus einem Spiel unbedingt als Sieger hervorgehen möchte. Der Trainer kann nun alles Mögliche dafür tun, dass jeder Spieler in Topform ist, seine Spielzüge beherrscht und im richtigen Moment ausführen kann. Eines kann der Trainer jedoch nicht: den genauen Verlauf des Spiels voraussagen. Er kann nicht wissen, in welche Richtung der gegnerische Stürmer einen Vorstoß wagen wird, oder wann die gegnerische Abwehr die Abseitsfalle zuschnappen lässt. Zum Ausgleich sollte der Trainer dafür sorgen, dass seine Mannschaft von den Grundvoraussetzungen her auf Überraschungen gut reagieren kann und fit ist. Denn genau diese Fähigkeiten sichern den Weg zum Erfolg.

Erfolg kann man lernen

Fähigkeiten sind das wichtigste Potenzial für Ihre Lebenserfolge. Denn es kann auf dem langen Lebensweg immer wieder Pannen geben. Auch eine gute Fußballmannschaft kann einmal verlieren. Genauso kann eine mittelmäßige Mannschaft einmal Glück haben. Solche einmaligen Resultate sagen noch lange nichts über das Erfolgspotenzial aus. Erst die Summe aller Spiele in einer Saison ergibt ein reales Bild vom Können einer Mannschaft. Vielleicht kennen Sie in diesem Zusammenhang den bekannten Ausspruch: »Du kannst einem Hungrigen einen Fisch schenken – aber Du kannst ihm auch beibringen, wie man fischt!«

Ein positives Selbstbild aufbauen

Die Entwicklung eines hohen Grundkraftniveaus

Beginnen wir das Kapitel »Fernziele erreichen« mit Ihrer eigenen Person – denn um Sie selbst geht es ja bei Ihrer Lebensgestaltung. Es ist nämlich nicht so wichtig, sich für die Zukunft ein großes Haus, einen idealen Partner oder ein gut gefülltes Bankkonto vorzustellen, sondern es geht in erster Linie darum, sich selbst in einer erfolgreichen Zukunft wahrnehmen zu können. Was nützt Ihnen das tollste Haus, wenn Sie sich darin einsam fühlen? Was haben Sie vom liebevollsten Partner, wenn Sie sich selbst schon mit 40 oder 50 Jahren nicht mehr leiden mögen? Und wie wollen Sie Ihren Reichtum genießen, wenn Sie sich ständig nur ausgelaugt und erschöpft fühlen?

Innere Zufriedenheit ist nicht nur von den äußeren Umständen abhängig. Manche Menschen bewahren sich auch unter widrigen Umständen ihren Optimismus, während andere ewig jammern, obwohl es ihnen scheinbar an nichts fehlt.

Innere Stabilität schafft Erfolg

Fangen Sie also bei der Gestaltung Ihrer wichtigsten Lebensziele nicht mit äußeren Dingen, sondern mit sich selbst an. Sicher haben Sie schon einmal ein Stehaufmännchen gesehen: Man kann es nach unten drücken – aber sowie der Druck nachlässt, richtet es sich von ganz allein wieder auf. Unten hat es ein Gewicht, das ihm Stabilität verleiht. Dieses Stehaufmännchen-Phänomen kann auch das Seelenleben eines Menschen ausmachen: Es gibt dann zwar immer noch Unglückstage oder Augenblicke, in denen die Laune unter den Nullpunkt abrutscht, aber schon nach kurzer Zeit pendelt sich das seelische Gleichgewicht wieder im positiven Bereich ein. Man sagt dann, dass dieser Mensch Ausstrahlung oder Charisma hat.

Mit sich selbst im Einklang sein

Den ausgeglichenen Seelenzustand, der die Voraussetzung für eine positive Ausstrahlung ist, nennen wir in diesem Training das Grundkraftniveau eines Menschen. Sein Gefühlswert auf der SSW-Skala sollte bei zwei oder mehr Pluspunkten liegen. Die Ausstrahlung eines Menschen hängt nämlich nicht nur von momentanen Glückssträhnen ab, sondern von der inneren Standfestigkeit im Leben. Je höher das Grundkraftniveau, desto größer sind die unbewusste Ausstrahlung und die Überzeugungskraft einer Persönlichkeit.

Des eigenen Glückes Schmied

Lassen Sie in diesem Zusammenhang einmal die folgenden Sätze auf sich wirken:

- Ich bin glücklich.
- Ich habe Glück.
- Ich hoffe.
- Ich habe Hoffnung.

Die beiden Sätze auf der rechten Seite beinhalten die Hauptworte »Glück« und »Hoffnung«. Durch das Wort »haben« wird so getan, als ob man diese Dinge anfassen und herumtragen könne wie ein Pfund Kirschen oder einen Beutel Reis. Sie befinden sich also außerhalb der Person und können dementsprechend auch abhanden kommen, wie etwa der Satz »Ich habe die Hoffnung verloren« aussagt.

Bei manchen Menschen ist die Fähigkeit zur Lebensfreude verkümmert oder nur schwach ausgebildet. Es steht jedoch jedem frei, diese innere Kraft zu stärken und gezielt aufzubauen.

Die Sätze auf der linken Seite hingegen zeigen, dass Glück und Hoffnung eigentlich Energien sind, die ein Mensch von innen heraus lebt und die ein Teil seines Selbst sind. Hier ist das »Ich« das einzige Hauptwort und »glücklich« und »hoffen« sind Adjektiv bzw. Verb.

Rückschläge besser verkraften

Sagt man beispielsweise: »Das ist ein glücklicher Mensch«, so meint man damit nicht, dass die Person gerade im Lotto gewonnen hat. Man meint das zeitüberdauernde Grundkraftniveau der Person, auf das sich das seelische Gleichgewicht immer wieder einpendelt. Glückliche Menschen müssen nicht unbedingt mehr Erfolge im Leben verbuchen als andere. Sie erleiden genauso Niederlagen und Rückschläge. Doch für sie sind solche Tiefs nicht der Normalzustand, sondern eine Ausnahme. Diese Sicht der Dinge macht den entscheidenden Unterschied aus: Liegt das Grundkraftniveau eines Menschen im Null- oder gar im Minusbereich, so wird er Erfolge und schöne Momente im Leben als Ausnahmen registrieren.

Sie können lernen, über Ihr Selbstbild ein positives Grundkraftniveau aufzubauen. Ihr Selbstbild ist ein wichtiger Teil des Selbstbewusstseins. Wissen Sie eigentlich bewusst, wie Sie aussehen? Und was noch wichtiger ist: Wissen Sie, wie Sie auf andere wirken? Sie selbst sind der Mensch, mit dem Sie die meiste Zeit verbringen. Dafür sehen Sie sich relativ selten: täglich ein paar Minuten im Spiegel und ab und zu auf Fotos oder Videos. Welches dieser Bilder taucht auf Ihrem geistigen Bildschirm auf, wenn Sie an sich selbst denken?

Vorbilder für das Zukunfts-Ich

Suchen Sie einmal möglichst viele Fotos der letzten Wochen, Monate und Jahre heraus, die Sie abbilden. Wählen Sie sich daraus eine Reihe von Selbstbildern mit folgenden Eigenschaften:

- Sie mögen die Fotos selbst gut leiden.
- Die Bilder strahlen aus, dass Sie ein Mensch mit Ausstrahlung, sprich mit einem positiven Grundkraftniveau sind.
- Man gewinnt beim Anschauen dieser Fotos den Eindruck, dass Sie auch noch als alter Mensch eine positive Ausstrahlung haben werden. Die Punkte zwei und drei sind besonders wichtig. Denn in den Medien werden oft Menschen zum Vorbild stilisiert, die neurotisch, unreif oder traumatisiert wirken: Frauen mit hilflosem Augenaufschlag oder im dekadenten Heroinlook, finstere Gesichter von Männern, die scheinbar viel durchgemacht haben und nun niemandem mehr vertrauen. Diese Darstellungen sind darauf angelegt, geheimnisvoll zu wirken – was sie in der Tat tun. Denn man kann anhand der Bilder nicht erahnen, ob es diesen Personen gut oder schlecht geht. Machen Sie mit diesen Fotos den Alterstest, indem Sie fragen: »Wie würde dieser Ausdruck bei einem alten Menschen wirken?« Sie werden feststellen, dass diese Bilder dann schnell an Attraktivität verlieren: Alte Menschen wirken mit dem gleichen Gesichtsausdruck nicht interessant, sondern verbittert, und statt dekadent schlichtweg krank.

Viele Menschen mögen sich grundsätzlich auf Fotos nicht leiden. Meist steckt nicht übertriebene Eitelkeit dahinter, sondern ein negatives Selbstbild.

Für das eigene Selbstbild sind nicht die Fältchen im Gesicht entscheidend. Wichtig ist eine positive Grundeinstellung, die Sie auch noch im Alter attraktiv erscheinen lässt.

Besonders erstrebenswert – Lebensfreude

Der Jugend-lichkeitswahn unserer Gesell-schaft trübt oft unseren Blick für die positive Ausstrahlung eines alten Men-schen. Lösen Sie sich von der Vorstellung, dass das Älterwerden nur negative Folgen mit sich bringt.

Es gibt jedoch Physiognomien, die auch bei alten Menschen anzie-hend wirken: nachdenkliche etwa, freundlich wohlwollende oder wissende. Sie spiegeln die Schönheit der Psyche – »Lebensfreude« heißt hier das Schlüsselwort. Denken Sie einmal an einen blinden Menschen, der plötzlich wieder sehen kann. Selbst wenn sein Blick nach der Heilung zuerst auf einen Mülleimer fällt, würde er sich den-noch über die Tatsache, dass er sehen kann, freuen. Ebenso ergeht es einem Menschen, der voller Lebenslust ist: Er genießt sein bloßes Dasein genauso wie der geheilte Blinde das Sehen. Daran ändern auch Krisen und Probleme nichts. Diese Lebensfreude drückt das schöne Gesicht eines alten Menschen aus.

Betrachten Sie nun noch einmal die Fotos, die Sie nach den drei oben genannten Kriterien ausgewählt haben. Auf welchem dieser Bilder gefallen Sie sich am allerbesten? Verinnerlichen Sie dieses Foto als repräsentatives Selbstbild zur Stärkung Ihres positiven Grundkraft- oder Lebensfreudeniveaus. Bauen Sie dieses positive Selbstbild wei-ter aus, wie Sie es im ersten Teil dieses Buchs gelernt haben.

Das positive Selbstbild stärken

- Nehmen Sie das Foto mit Ihrem positiven Selbstbild in die Hand, und betrachten Sie es intensiv.
- Schließen Sie die Augen, vergrößern Sie das Bild in Gedan-ken, und machen Sie es anschließend dreidimensional.
- Sorgen Sie für angenehme Farben und gute Beleuchtung.
- Bringen Sie Bewegung in Gestik und Mimik.
- Hören Sie sich selbst sprechen, lachen und atmen.
- Blenden Sie vielleicht noch eine »Filmmusik« ein.
- Assoziieren Sie eventuell noch einen Geruch oder Ge-schmack, der besonders gut zu diesem Bild passt.
- Arbeiten Sie so lange mit diesem Selbstbild, bis Sie ganz deutlich ein positives Körperecho wahrnehmen: Der Gefühls-wert des Selbstbilds sollte bei zwei Punkten und mehr auf der SSW-Skala liegen.

Das Grundkraftniveau festigen

◀ ÜBUNG

1 Denken Sie an das Selbstbild, das Sie bei der Auswahl der Fotos verinnerlicht haben. Nehmen Sie seine positive Ausstrahlung wahr.

2 Nun denken Sie an Ihren nächsten runden Geburtstag: Überlegen Sie: Wenn Sie Ihr Grundkraftniveau bis dahin bewahrt haben, wie werden Sie dann aussehen? Bauen Sie dieses Selbstbild wieder aus, bis Sie ein positives Körperecho spüren.

3 Beschäftigen Sie sich nun mit dem nächsten runden Geburtstag: Das Selbstbild wirkt älter, aber das Grundkraftniveau ist noch in gleichem Maße da – oder hat sich sogar verstärkt.

4 Gehen Sie nun alle Jahrzehnte bis ins hohe Alter durch. Stellen Sie sich vor, dass sich das Grundkraftniveau von Jahr zu Jahr weiter stabilisiert.

5 Denken Sie nun an ein mittelwichtiges Ziel, das Sie in ungefähr zehn Jahren erreicht haben wollen:

....

6 Kommen Sie auf das Bild von Ihrem positiven Zukunfts-Ich zurück, und machen Sie sich einen Film davon, wie Sie dieses Ziel mit dem inneren positiven Grundkraftniveau erleben.

7 Nun kehren Sie wieder in die Gegenwart und genießen die Erinnerung an die Zukunft.

Zukunftsängste senken das Grundkraftniveau schon in der Gegenwart. Ersetzen Sie die Furcht vor körperlichem und geistigem Verfall durch positive Bilder vom Altern.

Hinweise zur Übung

• Je älter die Zukunfts-Ichs sind, desto länger braucht man oft, um sie sich lebhaft auszumalen. Die ältesten Ich-Imaginationen spenden Ihnen jedoch besonders viel Energie für Ihr heutiges Leben – die Mühe lohnt sich also. Sammeln Sie zur Inspiration Abbildungen von alten Menschen mit einer positiven Ausstrahlung.

• Wann immer Sie ein Ziel anstreben, imaginieren Sie Ihr positives Zukunfts-Ich, das dieses Ziel von innen heraus genießt.

95

Werte als Kraftquelle

Die Gestaltung einer inneren Wertehierarchie

Vielleicht haben Sie sich beim Lesen der vorigen Seiten gewundert, dass ich das Thema »Fernziele« nicht mit Themen wie Erfolg und Reichtum, sondern mit Glücklichsein und Lebensfreude begonnen habe. Vielleicht befürchten Sie sogar, dass ich Ihnen beispielsweise finanzielle Sicherheit oder gar Reichtum als etwas Verächtliches und Unwichtiges verkaufen möchte. Keine Angst – so weltfremd geht dieses Buch nicht vor. Natürlich sind auch die »weltlichen« Ziele wichtig für eine gute Lebensqualität. Sie entfalten jedoch nur ihre positive Wirkung, wenn sie auf der inneren Wertehierarchie einen strategisch günstigen Platz erhalten. Unabhängig davon, wie Ihre persönliche Wertehierarchie beschaffen ist, stellt sich nämlich die grundlegende Frage: So viele unterschiedliche Zielvorstellungen – wie kommen die eigentlich miteinander aus? Und was hat das für Auswirkungen auf Ihr Leben? Es gibt nämlich Werte, die in die gleiche Richtung zielen und sich daher gegenseitig fördern. Andere konkurrieren miteinander und setzen sich dann gegenseitig außer Kraft. Werte können an sich positiv sein – wenn sie im Leben den falschen Stellenwert haben, führen sie auf Dauer zu Erfolgsblockaden.

Machen Sie sich die Leitlinien Ihres Denkens und Handelns bewusst, und überdenken Sie sie von Zeit zu Zeit neu. Das festigt die eigene Position und erleichtert Entscheidungen.

Unbewusste Rangfolge

Bevor Sie weiterlesen, lassen Sie einmal die Werteliste im nachstehenden Kasten auf sich wirken. Sie werden erkennen, dass ich in diesem Training mit dem Begriff »Werte« nicht so altmodisch-sinnentleerte Worthülsen wie »Anstand« oder »Moral« meine. Sie finden hier alle möglichen Lebensinhalte wiedergegeben, die Menschen heutzutage anstreben, wobei jede Person eine andere Gewichtung dieser Werte in ihrem Leben vornimmt. Wir bringen also unbewusst eine Reihenfolge in unser inneres Wertesystem, was sich auch in unserer Sprache ausdrückt: »Das geht mir über alles« sagen wir beispielsweise, oder »Das ist für mich das Höchste«. Vielleicht erleben auch Sie schon beim Durchlesen, dass Sie einige der genannten Begriffe als völlig unwichtig empfinden, während Sie sich von anderen sofort emotional angesprochen fühlen.

Werte von A bis Z

Achtung	Harmonie	Redegewandtheit
Aktivität	Heiterkeit	Reichtum
Altruismus	Herkunft	Ruhe
Anerkennung	Höflichkeit	Ruhm
Ausgeglichenheit	Identität	Selbstverwirkli-
Bildung	Individualismus	chung
Charisma	Kameradschaft	Sexualität
Demokratie	Klugheit	Sicherheit
Distanz	Kompetenz	Sparsamkeit
Disziplin	Kreativität	Stärke
Ehre	Lässigkeit	Tapferkeit
Ehrlichkeit	Liebe	Toleranz
Einfluss	Macht	Treue
Erfolg	Menschlichkeit	Überlegenheit
Familie	Mitgefühl	Überzeugung
Freiheit	Mut	Umweltschutz
Freude	Nachkommen	Unabhängigkeit
Freundschaft	Nachsicht	Verantwortung
Frieden	Nähe	Vergnügen
Gastlichkeit	Objektivität	Vernunft
Gerechtigkeit	Offenheit	Vertrauen
Geschmack	Ordnung	Wahrheit
Geselligkeit	Persönlichkeit	Wechsel
Gesundheit	Pflichtbewusstsein	Weisheit
Glaube	Phantasie	Weitblick
Gleichheit	Pragmatismus	Zärtlichkeit
Glück	Pünktlichkeit	Zeitlosigkeit
Gute Laune	Rechtmäßigkeit	Zugehörigkeit

Diese Liste lässt sich natürlich durch Begriffe, die Ihnen persönlich wichtig sind, ergänzen. Wichtig ist nur, dass Sie sich mit dem Ergebnis voll und ganz identifizieren können.

Platz für eigene Werte: ....
....
....

Aus: Barbara Schott: Andere Wege wagen, 1994

Ihre persönliche Wertehitliste

Wir bitten unsere Klienten oft, sich aus dieser Liste die zehn für sie wichtigsten Werte herauszusuchen. Danach fordern wir sie auf, diese Werte in eine Reihenfolge zu bringen. Dabei hat es sich bewährt, die ausgewählten Begriffe auf Kärtchen zu schreiben – man kann sie dann hin- und herschieben, bis die Wertehierarchie erstellt ist. Sehen Sie hier als Beispiel die Wertehierarchie des 55-jährigen Johannes:

Wenn Werte miteinander konkurrieren, wird man leicht unschlüssig in seinem Handeln. Daher ist es wichtig, die eigenen Wertvorstellungen in eine Rangfolge zu bringen.

1. Erfolg
2. Liebe
3. Ordnung
4. Familie
5. Spaß
6. Gesundheit
7. Reichtum
8. Gerechtigkeit
9. Freundschaft
10. (Religiöser) Glaube

Diese Wertehierarchie lässt sich mit einer Hitliste vergleichen: Da gibt es tausende von Liedern und Songs. Kommt ein Stück unter die Top Ten, ist das eine Auszeichnung. So hat auch der Wert »Gerechtigkeit« durchaus eine große Bedeutung in Johannes' Leben – er steht eben nur nicht auf Platz eins. Die Hierarchie aber bewirkt nun Folgendes: Wenn in einer bestimmten Situation die Werte miteinander konkurrieren, hebelt der ranghöhere Wert den rangniedrigeren aus. Nehmen wir einmal an, Johannes wird von seinem Vorgesetzten befördert. Eigentlich findet Johannes, dass sein Kollege Horst viel qualifizierter ist als er, und wundert sich darüber, dass man sich trotzdem für ihn entschieden hat. Er könnte nun dem Vorgesetzten seine Gedanken mitteilen, um für Gerechtigkeit zu sorgen. Eine Person, bei der Gerechtigkeit den ersten Platz in der Wertehierarchie einnimmt, würde in der Tat so handeln. Für Johannes jedoch ist in diesem Moment der Erfolg der stärkere Handlungsmotor – und er behält seine Überlegungen für sich. Dennoch handelt er beispielsweise in der Kindererziehung gerecht: Er achtet immer darauf, seine drei Kinder gleich zu behandeln.

Die richtigen Schwerpunkte setzen

Aber seine Familie – seine Frau eingeschlossen – beschwert sich häufig über ihn. Er sei zu pingelig und würde dadurch oft den Familienfrieden stören. Kein Wunder, wenn man einen Blick auf seine Wertehierarchie wirft: Ordnung ist ja für Johannes ein noch höherer Wert als Familie. Im Zweifelsfall ist Johannes auch der Erfolg wichtiger als die Familie, die schon dreimal mit ihm umgezogen ist. Beim nächsten Mal wollen Frau und Kinder sich weigern. Das wird für Johannes schwierig, weil ja auch die Liebe hinter dem Erfolg kommt. Apropos Liebe: Niemals könnte Johannes eine Frau allein wegen ihres Reichtums heiraten, ohne sie zu lieben, denn der Wert Reichtum rangiert bei ihm weit unter der Liebe.

Bei Widersprüchen Werte umschichten

Wir stellten gemeinsam fest, dass Johannes' Werte für den Erhalt einer hohen Lebensqualität sinnvoller geordnet sein könnten. So hebelt beispielsweise der Erfolg auf Platz eins Werte wie Spaß, Gesundheit und Geselligkeit aus. Was nützt aber Erfolg, wenn man krank, depressiv und einsam ist? Johannes kam denn auch von selbst auf die Idee, den Begriff »Erfolg« durch »Anerkennung« zu ersetzen. »Denn um Anerkennung geht es mir eigentlich – die ist mir sehr wichtig. Ich möchte erfolgreich sein, aber ich wünsche mir auch, dass meine Frau und meine Freunde mich dann weiterhin anerkennen und nicht abwertend sagen: »Er hat zwar Erfolg ... aber rein menschlich kannst du ihn vergessen.« Man muss also ständig überprüfen, ob ranghöhere Werte rangniedrigere eher verhindern oder unterstützen:

Ausgeglichene, in sich ruhende Menschen können meist mit großer Klarheit definieren, was ihnen im Leben besonders wichtig ist, und sie missachten diese inneren Prioritäten nur sehr selten.

	Fall 1	Fall 2
Höherer Rang	Erfolg	Gesundheit
Niedrigerer Rang	Gesundheit	Erfolg

Wer wie im ersten Fall für den Erfolg die Gesundheit aufs Spiel setzt, riskiert, aus dem Rennen zu fliegen. Denn das wäre so, als würde ein Rennfahrer keinen Wert auf die Wartung seines Wagens legen. Besser fährt man mit der zweiten Variante: Eine gute Gesundheit schließt – oft lebenslangen – Erfolg mit ein.

Eine visuelle Darstellung finden

Vor diesem Hintergrund ordnete Johannes seine Werte neu, wobei er alle – bis auf den durch Anerkennung ersetzten Erfolg – in den Top Ten beließ. Statt Spaß gefiel ihm das Wort Lebensfreude besser. Ich bat Johannes dann, seine neue Wertehierarchie mit bunter Schrift auf ein Plakat zu malen. Er hängte sich dieses Plakat auf, um die neue Hierarchie mit ihren Begriffen zu verinnerlichen.

Stellen Sie Ihre Wertehierarchie auf einem Plakat dar: So prägt sie sich tiefer ins Bewusstsein ein und steht Ihnen bei schwierigen Entscheidungen schneller zur Verfügung.

Begründungen für die neue Reihenfolge

● Lebensfreude steht vor Gesundheit, da auch Lebensfreude für Johannes schon Gesundheit verstärken kann. Bei dieser Reihenfolge wird man beispielsweise kein verbissener Gesundheitsfanatiker.

● Über der Liebe stehen Gesundheit und Lebensfreude. Liebe ist zwar sehr wichtig für Johannes, aber er würde sich nicht aus Liebeskummer gesundheitlich aufreiben oder sich gar deshalb umbringen.

● Liebe steht über Familie, denn Johannes würde nicht wegen der Familie bei einer Partnerin bleiben, die er nicht mehr liebt.

● Die Ordnung bleibt zwar mit Platz zehn immer noch unter den Top Ten, soll aber in Zukunft auf keinen Fall mehr das halbe Leben ausmachen.

● Anerkennung steht nach wie vor über Reichtum. Johannes findet Geld zwar durchaus attraktiv, doch er würde dafür nicht »seine Seele verkaufen« oder wichtige Beziehungen aufgeben wollen.

● Jedoch darf nach Johannes' Meinung Reichtum auf keinen Fall in den Top Ten fehlen, denn dieser Wert ist wichtig, um die ranghöheren Werte zu unterstützen und zu fördern.

Die Wertehierarchie als Entscheidungshilfe

So oft es ihm einfiel, dachte Johannes an sein buntes Werteplakat. Er imaginierte die Begriffsreihenfolge immer wieder auf dem inneren Bildschirm. In schwierigen Situationen tauchte seine Wertehierarchie bald ganz von allein vor dem geistigen Auge auf. »Die Wertehierarchie ist auch eine enorme Hilfe in Konfliktsituationen«, sagt er heute. Im Folgenden finden Sie einige Imaginationshilfen für die Erstellung Ihrer persönlichen Wertehierarchie. Stellen Sie sich dabei einige fiktive Konfliktsituationen vor, in denen Werte konkurrieren. Fragen Sie sich: »Was mache ich, wenn es wirklich hart auf hart kommt?«

● Ihre Wohnung müsste dringend aufgeräumt werden. Da ruft eine Freundin/ein Freund an und lädt Sie spontan zum Essen ein. Würden Sie absagen, um aufzuräumen, oder würden Sie die Einladung annehmen? Konflikt: Ordnung/Pflicht kontra Spaß/Freundschaft

● Jemand bietet Ihnen einen hoch bezahlten Job an. Sie aber wissen genau, dass die damit verbundene Tätigkeit Sie anödet. Nehmen Sie trotzdem an? Konflikt: Lebensfreude kontra Reichtum

● Jemand macht eine Äußerung, die Ihrer Meinung widerspricht. Wie verhalten Sie sich? Konflikt: Ehrlichkeit kontra Harmonie usw.

In Konfliktsituationen stellt sich rasch heraus, wie gefestigt Ihre Wertehierarchie ist. Eine Entscheidung, zu der Sie auch im Nachhinein stehen können, vermittelt Ihnen das befriedigende Gefühl, sich selbst treu geblieben zu sein.

Eine Wertehierarchie ist nicht starr, sondern verändert sich im Lauf eines Lebens. Wie ein Baum treibt sie von Zeit zu Zeit neue Äste, während andere absterben.

101

ÜBUNG → ## Die Gestaltung einer inneren Wertehierarchie

1 Schreiben Sie sich die zehn für Sie wichtigsten Werte aus der abgebildeten Werteliste auf Kärtchen. Fügen Sie ruhig auch eigene Begriffe ein, die Ihnen wichtig sind.

2 Schieben Sie die Kärtchen so lange hin und her, bis Sie Ihre jetzige Wertehierarchie repräsentieren. Als Entscheidungshilfe begeben Sie sich in Gedanken in Wertekonkurrenzsituationen.

Lassen Sie sich Zeit beim Sortieren Ihrer Wertvorstellungen. Viele Menschen sperren sich zunächst dagegen, sich mit diesem Thema zu beschäftigen, weil es mit einer gründlichen Erkundung des eigenen Ich verbunden ist.

3 Betrachten Sie nun diese Liste, und lassen Sie die Anordnung auf sich wirken. Fragen Sie sich: Bin ich so zufrieden?

4 Überprüfen Sie Ihre Hierarchie mit Hilfe der Einschluss-/Ausschlussfrage, wie Sie es bereits am Beispiel der Werte »Erfolg« und »Gesundheit« kennen gelernt haben.

5 Nehmen Sie Veränderungen vor, wenn Ihnen eine andere Reihenfolge für den Erhalt oder die Steigerung Ihrer jetzigen Lebensqualität sinnvoll erscheint. Bedenken Sie: Rutscht ein Wert auf einen niedrigeren Rang ab, ist er immer noch unter den Top Ten und wird große Bedeutung in Ihrem Leben behalten.

6 Fertigen Sie sich mit bunter Schrift ein Plakat mit Ihrer neuen Wertehierarchie an, und hängen Sie es an einem gut sichtbaren Platz (z. B. am Kühlschrank oder am Kleiderschrank) auf.

7 Rufen Sie sich dieses Plakat immer wieder auf den geistigen Bildschirm, um Ihre jetzige Wertehierarchie zu verinnerlichen.

Hinweise zur Übung

• Selbstverständlich können Sie die neue Wertehierarchie nach einiger Zeit nochmals ändern, wenn Ihnen das sinnvoll erscheint.
• Ich empfehle Ihnen, Werte wie Lebensfreude, Glück und Gesundheit ganz weit oben in der Wertehierarchie anzusiedeln, damit Sie stets genügend Kraft zur Verfolgung Ihrer Lebensziele haben und diese dann auch möglichst lange genießen können.

Erfolge auf der Zeitlinie

Den Lebensweg visualisieren

Zeit ist etwas ganz Wichtiges in unserem Leben. Aber man kann Zeit weder sehen noch anfassen. Die Uhr teilt uns nur den genauen Zeitpunkt mit. Aber sie kann uns nichts über unser individuelles Zeiterleben sagen: Vergeht die Zeit gerade wie im Flug? Oder scheint sie fast stillzustehen? Sind um Jahre zurückliegende Ereignisse in unserem Leben schon ganz weit weg oder erscheint es uns immer noch so, als wenn sie erst gestern geschehen wären? Liegen sie hinter uns oder haben wir sie immer noch vor Augen?

Zeit in der subjektiven Vorstellung

Unsere Sprache macht deutlich, dass wir Menschen Zeit wie einen Weg erleben. Man sagt, jemand komme »gut voran« oder sei »zurückgeblieben«. Denn Zeit ist auch der Raum für Entwicklungen und Prozesse: »Gut Ding will Weile haben« lautet ein Sprichwort, und man behauptet sogar, dass »die Zeit alle Wunden heilt«. Manche Lebenswege scheinen auch Höhen und Tiefen zu haben: Da geht es mit jemanden »bergauf« und ein anderer ist leider »abgerutscht«. Um mit dem Phänomen Zeit imaginativ umzugehen, kann man sich die Zeit wie eine Linie durch die Welt der inneren Wahrnehmung vorstellen. Im westlichen Kulturkreis gilt unausgesprochen die Übereinstimmung, dass der zeitliche Ablauf parallel zur Schreibrichtung verläuft: Er bewegt sich linear von links nach rechts.

Das Zeiterleben in verschiedenen Kulturkreisen

Die Menschen im Orient hingegen denken Zeit der Tendenz nach von rechts nach links, und in der Vorstellung einiger asiatischer Völker verläuft sie gar von oben nach unten. Bei diesem Zeitgedanken handelt es sich natürlich um einen Trend und nicht um eine für jeden Menschen dieses Kulturkreises feststehende Gesetzmäßigkeit. Es gibt nämlich auch Menschen, die ihren inneren Zeitverlauf spontan noch ganz anders erleben: Die Vergangenheit liegt hinter ihnen, sie fühlen sich eins mit der Gegenwart, und die Zukunft breitet sich vor ihnen aus, so, als würden sie auf einem Weg gehen.

»Eins, zwei, drei im Sauseschritt/ eilt die Zeit – wir eilen mit«, schrieb Wilhelm Busch und gab damit einem Lebensgefühl Ausdruck, das heute weit verbreitet ist: ewige Unrast und der Eindruck, niemals hinterherzukommen.

Ein visuelles Modell – der Zeitstrahl

Erinnern Sie sich an ein positives Erlebnis in der vergangenen Woche. Dann vergegenwärtigen Sie sich den heutigen Tag. Zuletzt denken Sie an ein schönes Erlebnis, das in der kommenden Woche auf Sie wartet. Wenn Sie an alle drei Situationen gleichzeitig denken, müssen Sie diese innerlich ordnen. Die meisten werden das so tun:

Lernen Sie, zwischen verschiedenen Zeitwahrnehmungen zu wechseln. Mit etwas Übung können Sie durchaus Herr über Ihre Zeit werden und müssen sich ihr nicht hilflos ausgeliefert fühlen.

> **G e g e n w a r t**
> **Vergangenheit**   **Zukunft**

Mentale Probefahrt in die Zukunft

Wenn Sie eine persönliche Veränderung anstreben, ist der auf die klare Zieldefinition folgende Schritt die innere Platzierung des Zielvorgangs auf Ihrer Zeitlinie. Dabei unterscheidet man zwei Wahrnehmungsarten, die dissoziierte und die assoziierte.

Bei der dissoziierten Wahrnehmung erlebt man seinen Zeitstrahl von außen. Diese Wahrnehmungsart hat folgende Vorteile:
- Man behält den Zeitüberblick.
- Man kann sich aus sicherem Abstand und ohne allzu große gefühlsmäßige Beteiligung weit in die Zukunft hineindenken und so einen klaren Blick für weit reichende Konsequenzen haben.
- Auch die Vergangenheit ist gut im Blickfeld: Man kann viele Erinnerungen gleichzeitig wahrnehmen.

Wenn die innere Distanz zu groß ist

Die dissoziierte Wahrnehmung hat aber auch ihre Nachteile:
- Sie vermittelt das subjektive Gefühl, dass die Zeit schnell vergeht – weil man so viele Ereignisse auf einmal imaginieren kann. In unangenehmen Lebensmomenten ist das von Vorteil. Aber es fällt entsprechend schwer, die schönen Momente des Lebens zu genießen.
- Entsprechend oft entsteht ein Gefühl von Überforderung, weil man an alle demnächst bevorstehenden Aufgaben gleichzeitig denken kann. Man nimmt sich zu viel vor, weil man nicht gut nachfühlen kann, ob die Energie für die vielen Projekte überhaupt ausreicht.
- Weil die Vergangenheit immer mit im Visier ist, fällt es schwer, etwas hinter sich zu lassen oder auch zu verzeihen.

Mit dem Ziel gedanklich eins werden

Bei der assoziierten Wahrnehmung lebt man im Augenblick. Die Vergangenheit liegt im Denken schon ganz weit hinten und die Zukunft noch ganz weit vorn. Entsprechend sind die Vorteile:

● Man kann bei dieser Sichtweise Erlebnisse besser auskosten und in einem schönen Moment völlig aufgehen.

● Es fällt leicht, abzuschalten, weil man nicht ständig an zukünftige Aufgaben oder die Konsequenzen einer Handlung denkt.

● Die Vergangenheit kann gut bewältigt werden, da der Blick nie nach hinten, sondern immer nur nach vorn geht. Entsprechend leicht kann der assoziierte Zeittyp vergessen und verzeihen.

Wenn der Abstand fehlt

Sicherlich erahnen Sie nach diesen Ausführungen auch schon die Nachteile der assoziierten Wahrnehmungsweise:

● Sie erschwert ein vorausschauendes Planen, denn der Blick reicht nicht weit genug über die Gegenwart hinaus in die Zukunft. Dementsprechend oft wird man auch von den Ereignissen überrollt.

● Lebenskrisen und unangenehme Ereignisse treffen einen mit voller Wucht. Das kann zu unüberlegten Kurzschlusshandlungen führen, weil die Hoffnung am Horizont wortwörtlich nicht in Sicht ist.

● So schön das Vergessen bei Lebenskrisen sein mag – so bedauerlich ist es bei schönen Ereignissen, die für die Zukunft eine Kraftquelle sein können. Man läuft auch Gefahr, Fehler zu wiederholen, weil man aus ihnen nur klug wird, wenn man sie noch erinnert.

Wer sich spontan dem Augenblick hingeben kann, schöpft daraus viel Kraft für den Alltag. Vorausschauendes Planen ist aber nur möglich, wenn man auch die Konsequenzen seines Handelns für die Zukunft im Blick behält.

Das Erfolgsgeheimnis – Flexibilität

Vielleicht haben Sie es sich schon gedacht: Natürlich sind beide Arten von Zeiterlebnis wichtig für das Planen und Genießen von Lebenserfolgen. Deshalb ist es nützlich zu lernen, wie man zwischen diesen beiden Wahrnehmungen des individuellen Zeitstrahls hin und her wechseln kann. Für Ihr persönliches Training finden Sie in diesem Kapitel zwei Übungen, bei denen es schwerpunktmäßig um die mentale Erlebniswelt Ihres Lebenswegs geht. Die erste beschäftigt sich mit der imaginativen Gestaltung Ihres persönlichen Lebenswegs. In der zweiten Übung trainieren Sie den Wechsel zwischen assoziierter und dissoziierter Zeitwahrnehmung.

ÜBUNG ➡

1. Mein Zeitstrahl als Kraftquelle

❶ Stellen Sie sich Ihren Lebensweg als Zeitstrahl vor, der von links nach rechts verläuft. Schauen Sie nun von oben – bzw. von außen – auf seinen Verlauf. Wählen Sie als Wahrnehmungsort die Gegenwart: Rechts von Ihnen liegt die Zukunft, links sehen Sie die Ereignisse der Vergangenheit.

❷ Nehmen Sie genau wahr, wie der Zeitstrahl auf Sie wirkt:
• Sind die Zeitphasen schwarzweiß, grau oder bunt?
• Gibt es helle und dunkle Bereiche?
• Nehmen Sie Höhen und Tiefen wahr?
• Verläuft der Zeitstrahl in der Ebene oder bewegt er sich auf und ab?
• Wie sieht die Zeitphase ganz weit rechts von Ihnen aus – die Zeit des hohen Alters?

Junge Menschen können meist noch sehr anschaulich eine positive Zukunft visualisieren. In den mittleren Jahren wird der gedankliche Blick in die Zukunft oft durch Furcht vor dem Alter getrübt.

❸ Nehmen Sie wieder Ihr Körperecho beim Imaginieren Ihres Lebenswegs wahr. Reagiert es bei der Wahrnehmung der einzelnen Wegabschnitte immer gleich? Oder gibt es Schwankungen? Sollten Sie sich insgesamt vom Körperecho her wohl fühlen, gehen Sie weiter zu Punkt 5. Ansonsten arbeiten Sie zunächst mit Punkt 4 weiter.

❹ Sie haben nun die Möglichkeit, Ihren inneren Zeitstrahl in der subjektiven Wahrnehmung zu verändern und seinen Verlauf mit Ihren positiven Zukunftsbildern in Übereinstimmung zu bringen. Probieren Sie dazu die einzelnen Imaginationshilfen aus. Das Ziel ist eine Steigerung Ihres positiven Körperechos auf die Imagination. Arbeiten Sie so lange, bis Ihnen die Gestaltung wirklich gefällt. Ihr Körperecho sollte beim Gedanken an die Zukunft bei mindestens zwei Pluspunkten auf der SSW-Skala liegen.
• Sorgen Sie dafür, dass die Zukunft auf dem Zeitstrahl bis ins hohe Alter von einem angenehmen Licht beleuchtet wird. Malen Sie sich diesen Abschnitt im wahrsten Sinne des Wortes bunt aus.
• Einige Menschen erleben, dass der Zukunftsverlauf ihres Zeitstrahls irgendwann um eine Ecke biegt und sie dann die Zukunft aus den Augen verlieren. Begradigen Sie in diesem Fall den Verlauf so, dass Sie ihn auch noch in weiter Entfernung gut wahrnehmen.

• Manchmal bewegt sich der Zeitstrahl in der Vorstellung bergauf oder bergab. Überprüfen Sie, ob Sie mit dem Grad der Neigung zufrieden sind. Fällt die Zukunft zu stark ab, bringen Sie die Linie mehr in die Waagerechte. Steigt die Zukunft zu stark an, verfahren Sie ebenso.

5 Wann immer Sie nun an Ihre Zukunft denken, imaginieren Sie Ihren positiven Zeitstrahl. Sorgen Sie dafür, dass auch weiter vorn in der Zukunft schöne Farben und angenehmes Licht herrschen. Achten Sie zudem auf einen annähernd geraden Verlauf.

Hinweis zur Übung

• Bedenken Sie: Die Zukunft ist die einzige Zeitorte, die Sie selbst aktiv gestalten können. Machen Sie es sich nicht unnötig schwer, indem Sie sich Ihren Lebensweg schon in der Gegenwart grau und beschwerlich vorstellen. Wir können die Zukunft letztendlich erst bewerten, wenn sie bereits gelebte Vergangenheit ist. Freunden Sie sich also mit ihr durch dieses Zeitstrahltraining an, damit Ihre Zukunftsgedanken automatisch mit einem guten Gefühl verknüpft sind. Dabei geht es nicht um einzelne Tage, sondern um Ihre Grundeinstellung dem Gedanken Zukunft gegenüber.

Das bewusste Imaginieren der Zukunft ist auch dann eine sinnvolle Übung, wenn Sie gerade stark gefordert sind und massiv unter Stress stehen. Der innere Ausblick weitet die Perspektive und baut Spannungen ab.

Malen Sie sich Ihren Zukunftszeitstrahl in den schönsten Farben aus. Das gibt Ihnen schon in der Gegenwart die Kraft zum Durchhalten.

107

ÜBUNG →

2. Mein Zeitstrahl als Weg zum Erfolg

1 Denken Sie jetzt an ein Ereignis in den nächsten Wochen oder Monaten, von dem Sie sich ein gutes Ergebnis wünschen:
- Eine Unterredung
- Eine Prüfung
- Eine Party
- Eine sportliche Leistung o. Ä.
- ....

Vielen Imaginationsübungen liegt das Prinzip der sich selbst erfüllenden Prophezeiung zugrunde: Durch die Imgination eines zukünftigen Erfolgs entsteht positive Energie, die das Erreichen eines Ziels wahrscheinlicher macht.

2 Machen Sie eine Liste der zu erwartenden Schwierigkeiten. Benennen Sie mindestens drei mögliche Hindernisse:
....
....
....

3 Sehen Sie jetzt Ihren Zeitstrahl aus der Überblicksperspektive an: Sie schauen auf die Gegenwart, die Zukunft liegt rechts von Ihnen.

4 Nehmen Sie rechts von sich den Tag des von Ihnen gewählten Ereignisses wahr. Gestalten Sie ihn durch Ihre Imaginationskraft:
- Geben Sie ihm Ihre Lieblingsfarbe oder -farben.
- Beleuchten Sie ihn freundlich.
- Setzen Sie weitere Zeichen wie z. B. einen »guten Stern«.
- Assoziieren Sie eine Melodie, die zu einem gelungenen Tag passt.

5 Wenn Ihnen alles gut gefällt, begeben Sie sich auf den Weg. Durchleben Sie die Zeit assoziiert bis zu Ihrem Erfolgstag. Tauchen Sie nun ganz in das Ereignis ein, nehmen Sie die positiven Farben, das freundliche Licht und die Erfolgssymbole wahr.

6 Durchleben Sie das Zukunftsereignis, und lassen Sie sich dabei weiterhin durch die positive Imagination dieses Tages inspirieren.

7 Begeben Sie sich jetzt in Gedanken auf dem Zeitstrahl zum Tag danach: Das Ereignis liegt hinter Ihnen. Versetzen Sie sich ganz in das angenehme Gefühl, einen Erfolg für sich verbucht zu haben.

8 Stellen Sie sich vor, Sie würden jemandem von dem gelungenen Tag erzählen. Gehen Sie genau darauf ein, wie es zum Erfolg kam: Hatten Sie gute Einfälle, waren Sie besonders wach oder locker, mutig oder zurückhaltend, vielleicht auch besonders gut vorbereitet? Was war Ihr Anteil am Erfolg? Berichten Sie vor allem, wie Sie die unter Punkt 2 genannten Hindernisse bewältigt haben.

9 Nachdem Sie Ihren Erfolg nun in Gedanken »überholt« haben, kehren Sie in die Gegenwart zurück. Nun liegt das Ereignis wieder vor Ihnen. Spüren Sie, wie angenehm jetzt der Gedanke an diesen wichtigen Tag mit der »Erinnerung an die Zukunft« ist. Holen Sie sich aus diesem positiven Gefühl die Tatkraft für eventuell erforderliche Vorbereitungen. Verstärken Sie die Konzentration auf diese anstrengende Vorbereitungsphase zusätzlich mit der Übung »Strategie zur Erledigung unangenehmer Dinge« (Seite 40f.).

Hinweise zur Übung

Nachdem Sie mit Ereignissen geübt haben, die in naher Zukunft bevorstehen, können Sie diese Technik nun auch auf weiter entfernt liegende Lebensmomente richten. Solche Momente könnten sein:

- Ein eigenes Haus/eine eigene Wohnung haben
- Einen Karrierefortschritt machen
- In einer glücklichen Partnerschaft leben

Sehen Sie das Ereignis auf dem Zeitstrahl, und sorgen Sie wieder für eine positive Imagination dieses Ereignisses auf dem Lebensweg. Notieren Sie sich realistische Hindernisse. Überholen Sie nun wieder den Erfolg, und versetzen Sie sich in den »Ich-habe-es-geschafft«-Zustand. Stellen Sie sich auch hier vor, Sie erzählen einem anderen Menschen, wie der Weg zum Ziel war, und vor allem, wie Sie die Schwierigkeiten überwunden haben. Lassen Sie Ihrer Phantasie freien Lauf. Entwerfen Sie vor allem Erklärungen, die etwas mit Ihren Talenten und Fähigkeiten zu tun haben. Sagen Sie also nicht: »Da hat mir jemand geholfen«, sondern erzählen Sie, wie Sie die andere Person dazu motivieren konnten, Ihnen zu helfen. Alle Teile der Erfolgsstory sollten etwas mit Ihrer Ausstrahlung, Ihren Gedanken und Aktivitäten zu tun haben. Kehren Sie mit dieser »Erinnerung an die Zukunft« in die Gegenwart zurück, und setzen Sie sie in die Tat um.

Es ist wichtig, Ihre Erfolgsstory auf die eigenen Fähigkeiten aufzubauen. Je mehr Sie erwünschte Aktionen und Reaktionen anderer einplanen, desto abhängiger wird Ihr Ziel von Zufällen.

Sie können den Genuss eines zukünftigen Lebensmoments steigern, indem Sie ihn schon heute auf dem Zeitstrahl imaginativ verlängern.

● Zum Einstieg empfehle ich Ihnen, die persönliche Zeitlinie im Raum mit Hilfe von Markierungspunkten auch wirklich aufzubauen: Bestimmen Sie zunächst Ihre Zeitlinie im Raum, und »schneidern« Sie die angestrebten Zeitpunkte auf die Raummaße zurecht. Legen Sie entsprechend die Punkte für die Gegenwart und den Zeitpunkt des Zielerfolges fest. Bestimmen Sie als Vergleich im Vergangenheitsbereich einen Punkt für ein schönes Erlebnis im letzten Monat. Sie können diese Punkte mit Gegenständen sichtbar darstellen. Lassen Sie vor und hinter diesen Punkten etwas Platz.

Das Zeiterleben programmieren

Es gibt noch eine Fülle von Möglichkeiten, den Zeitstrahl zur Steigerung der Lebensqualität einzusetzen. Wie bereits erwähnt, ist unser subjektives Zeiterleben höchst unterschiedlich. Wenn man auf einer gelungenen Party zu Gast ist, vergeht die Zeit oft viel zu schnell. Wenn man es dagegen eilig hat und auf den nächsten Bus warten muss, erlebt man das berühmte Schneckentempo. Gestalten Sie daher schon in der Gegenwart zukünftige Highlights, indem Sie imaginativ schöne Lebensmomente strecken und weniger schöne verkürzen. Sehen Sie hier eine Reihe von Möglichkeiten:

Ein freies Wochenende
Mo Di Mi Do Fr   S a m s t a g   S o n n t a g   Mo Di ...

Der Jahresurlaub im August
Jan Feb März Apr Mai Juni Juli   A u g u s t   Sep ...

Ein erholsamer Feierabend
Morgens Mittags Nachmittags   F e i e r a b e n d   ...

Imaginieren Sie Ihren so gestalteten Zukunftsstrahl, wann immer Sie an die Zukunft denken. Wenn Sie schon in der Gegenwart damit anfangen, haben Sie Ihr subjektives Zeiterleben programmiert. Spätere Situationen werden Ihnen dann tatsächlich so wie ihre Darstellung auf dem Zeitstrahl vorkommen.

Der Blick zurück

Alte Ängste überwinden

In diesem Kapitel wollen wir uns mit der linken Seite des Zeitstrahls beschäftigen: mit der Vergangenheit. Sie können nämlich auch vergangene Erlebnisse symbolisch auf Ihrem Lebenswegzeitstrahl darstellen. Manche Menschen stellen sich schwierige Lebensphasen als graue oder gar schwarze Abschnitte auf dem Vergangenheitszeitstrahl vor. Andere sehen im Verlauf Klippen oder Berge. Man sagt nicht umsonst, dass jemand eine »dunkle Vergangenheit« oder ein »schwarzes Kapitel« in seinem Leben hat.

Frühere Kraftquellen wieder finden

Genauso gibt es auf jedem Lebensweg auch viele schöne Ereignisse. Das sind meist bunte oder helle Zeiten. Und manchmal werden auch Erhebungen auf dem Zeitstrahl als positiv empfunden: Das waren dann Höhepunkte im Leben. Entsprechend gibt es auch zwei Arten von mentalen Blockierungen, die aus der Vergangenheit herrühren:

• Zum einen befürchten viele Menschen, dass sich negative Lebensereignisse auch in der Zukunft wiederholen werden.

• Zum anderen glaubt so mancher, auf dem Lebensweg etwas verloren zu haben, beispielsweise die Hoffnung, die Freude, die Kreativität oder den Humor. Sie sind irgendwo unterwegs abhanden gekommen und können deswegen nicht in die Zukunft mitgenommen werden – so meint man.

Negative Erlebnisse in der Vergangenheit können sich als Hemmschuh erweisen, wenn man an jede neue Herausforderung mit der Erwartung herangeht, dass sich die schlechte Erfahrung zwangsläufig wiederholt.

Im Bann der Vergangenheit

Wenn Sie jetzt an Ihre persönliche Vergangenheit denken, tun Sie das zunächst aus der dissoziierten Sicht heraus. Lassen Sie dabei den Zeitstrahl wieder von links nach rechts verlaufen. Ich betone das, weil viele Menschen sich beim Blick in die Vergangenheit »rückwärts« auf den Lebensweg begeben: Sie sehen die Vergangenheit vor sich und haben die Zukunft im Rücken. Eine solche Sichtweise führt entweder dazu, dass man stets über erlittenes Unglück oder verpasste Chancen nachdenkt, oder dazu, dass man ständig davon erzählt, wie viel besser früher alles war.

Sich selbst erfüllende Prophezeiungen

Aber auch bei der Überblicksperspektive kann es schnell geschehen, dass vergangene negative Ereignisse ihre Schatten in die Zukunft werfen. Denn wenn wir einmal etwas Schlimmes erlebt haben, entsteht natürlich die Angst, dass sich das Ereignis wiederholen könnte. Wir projizieren die aus der Vergangenheit herrührende Angst in die Zukunft, wodurch wir selbst unbewusst die Wiederholung provozieren. So saß der Studentin Maria noch nach vier Jahren die Erinnerung an eine verpatzte Abiturprüfung in den Knochen. Wann immer sie jetzt eine Prüfung vor sich hatte, beschlich sie das damalige Gefühl – was natürlich ihrer Konzentration nicht gerade förderlich war.

Aus schlechten Erfahrungen lernen

Vergangenen Misserfolgen kann man nur den Schrecken nehmen, wenn man nüchtern überlegt, was man damals hätte anders machen können. So entwickelt man Strategien für eine ähnliche Situation.

Ich bat Maria, die Abiturprüfung auf dem Vergangenheitszeitstrahl mit irgendeinem Zeichen zu symbolisieren. Ganz spontan stellte sie sich an der Stelle des damaligen Unglückstags ein schwarzes Loch vor. Daraufhin forderte ich Maria auf, an eine wichtige Prüfung zu denken, die ihr in naher Zukunft bevorstand. Und wieder sah sie spontan ein schwarzes Loch. »Es hat schon seinen Grund, dass man bereits gemachte Erfahrungen nicht vergisst«, erklärte ich. »Denn Fehler sind zwar ärgerlich, aber in den meisten Fällen kann man aus ihnen auch etwas lernen. Gibt es z. B. irgendetwas, was Sie selbst damals in der Abiturprüfung anders oder besser hätten machen können?«

Veränderungschancen wahrnehmen

Maria dachte nach. »Na ja, das war damals eine mündliche Prüfung. Ich hatte mich zwar gut vorbereitet, bin aber in einer absolut provozierenden Aufmachung hineingegangen: blau gefärbte Haare, Sicherheitsnadeln in der Jeans, gelangweiltes Gesicht. Ich wollte zeigen, wie wenig ich mich um die Lehrer schere. Und das Gleiche haben die dann mit mir gemacht, als ich einen Black-out bekam. Von einer anderen Schülerin weiß ich, dass zwei der Lehrer sie bei ihrem Black-out beruhigten und ihr freundlich zuredeten. Das hat bei mir natürlich keiner getan.« – »Was könnten Sie also bei den nächsten Prüfungen anders machen?« – »Natürlich sollte ich nicht wieder mit einer so naiven Selbstüberschätzung hineingehen.«

Ereignisse umdeuten

Der Satz: »Was kann ich das nächste Mal anders machen?« ist hier die Zauberformel. Sie gibt Ihnen das Gefühl, Ihr Schicksal beeinflussen zu können. Sie haben jederzeit die Möglichkeit, dafür zu sorgen, dass beim nächsten Mal alles anders sein wird. Das muss nicht heißen »supertoll«, sondern es kann auch bedeuten »halb so schlimm«. Schon wenn das Körperecho auf der SSU-Skala nur noch ein oder zwei Minuspunkte hat, entsteht das Gefühl: »Es ist nicht schön, aber ich kann es schaffen.« Alte Ängste können nur überwunden werden, indem man ihnen eine neue Erfahrung gegenüberstellt.

Sie müssen sich einen vergangenen Fehlschlag nicht schön reden. Betrachten Sie ihn als einen ersten Versuch, der Sie in der Zukunft davor bewahren wird, in einer ähnlichen Situation das ungünstige Verhalten zu wiederholen.

Neue Gedächtnisspuren legen

Aus diesem Grund bat ich Maria, die nächste Prüfung nicht als schwarzes Loch, sondern mit einem anderen Symbol zu imaginieren, das Leistung und Erfolg gleichermaßen darstellt. Maria fiel dabei spontan ein Doktorhut ein. Als nächstes bat ich sie, das schwarze Loch auf dem Vergangenheitszeitstrahl zu verändern: »Finden Sie ein Symbol, das Ihnen sagt: ›Hier war etwas Schlimmes oder Unangenehmes – aber jetzt ist es vorbei.‹« – »Da fällt mir sofort ein, dass meine Mutter früher immer große Pflaster aufgeklebt hat, wenn wir uns verletzt hatten – sogar auf blaue Flecken! Das war rein medizinisch gesehen natürlich sinnlos, aber es hat uns ungeheuer beruhigt. Sofort tat es nicht mehr weh.«

Verschüttete Energien freisetzen

Danach fiel ihr noch ein, dass sie vor dem Abitur gar keine Prüfungsängste hatte. »Vor allem auf Sportprüfungen habe ich mich immer richtig gefreut. Ich habe in jeder freien Minute geübt und war dabei ganz sicher, dass ich es schaffen würde. Aber diese Zuversicht ist mir dann verloren gegangen.« Es wurde bereits gesagt, dass Hoffnung oder Zuversicht nicht verloren gehen wie ein Taschentuch oder eine Brille. Man aktiviert diese Energien nur nicht mehr in seinem Inneren. Es gibt aber die Möglichkeit, sich wieder an diese Kräfte zu erinnern. Trainieren Sie dafür die Übung 2 auf Seite 116f. Auch Maria fand dadurch ihre Zuversicht wieder. Oder besser gesagt: Sie wurde einfach wieder zuversichtlich.

1. Alte Ängste überwinden

❶ Denken Sie an ein mittelwichtiges Ereignis, das vor Ihnen liegt. Es sollte die folgenden Eigenschaften haben:
- Das Ereignis ist für Sie beruflich oder privat von so großer Bedeutung, dass Sie ihm nicht ausweichen können oder wollen.
- Gleichzeitig haben Sie aber Angst davor, weil Sie früher einmal mit einem ähnlichen Ereignis schlechte Erfahrungen gemacht haben. Dieses Ereignis könnte sein: eine Prüfung, eine Verabredung, ein neuer Arbeitsplatz, ein wichtiges Gespräch usw.

....

Vertrauen Sie auf Ihre Entwicklungsfähigkeit, und rufen Sie sich Situationen ins Gedächtnis, die bei ähnlichen Voraussetzungen völlig unterschiedlich verlaufen sind – besonders solche, in denen Sie den Eindruck hatten, aus Fehlern gelernt zu haben.

❷ Visualisieren Sie nun Ihren Zeitstrahl aus der Überblicksperspektive: Sehen Sie die Vergangenheit links, die Gegenwart auf Ihrer Höhe, die Zukunft rechts. Konzentrieren Sie sich auf die linke Seite.

❸ Nehmen Sie die negativen Erfahrungen der Vergangenheit wahr, die Ihre heutige Angst vor der Zukunft unterhalten. Vielleicht denken Sie sogar an ein oder zwei Schlüsselerlebnisse.

....

....

❹ Symbolisieren Sie diese Ereignisse spontan auf dem inneren Lebensweg: Stellen Sie sich ein Loch, eine schroffe Felsklippe, eine graue oder schwarze Zeitphase o. Ä. vor.

❺ Denken Sie nun an den Zaubersatz: »Was könnte ich selbst machen, damit das zukünftige Ereignis anders wird?« Das könnten sein: Handlungen, Gedanken oder Vorbereitungen.
Das könnte ich anders machen als damals:

....

❻ Symbolisieren Sie nun das zukünftige Ereignis rechts in der Zukunft. Sorgen Sie hier für ein im Vergleich zur Vergangenheit deutlich anderes Symbol, das Wichtigkeit und Zuversicht gleichzeitig ausdrückt. So imaginieren Sie die Chance, dass die Zukunft jederzeit anders als die Vergangheit verlaufen kann.

7 Nun »versorgen« Sie noch die Vergangenheit. Bedecken Sie die negativen Erinnerungen mit einem Symbol, das für Sie bedeutet: »Es war schlimm, aber es ist vorbei.« Vermeiden Sie dabei ein optisches »Wegmachen«, denn dann kann Ihnen die Vergangenheit nicht mehr als Erfahrungsschatz dienen. Es gibt folgende Möglichkeiten, negative Erinnerungen zu neutralisieren:

- Man klebt ein Pflaster darüber.
- Man bedeckt sie mit einem Tuch in einer bestimmten Farbe.
- Das Ereignis wird »blass« gemacht.
- Klippen oder Hügel werden etwas abgeflacht usw.

8 Arbeiten Sie so lange, bis Ihr Körperecho auf der SSU-Skala beim Gedanken an das zukünftige Ereignis nur noch bei ein bis zwei Minuspunkten liegt. Das ist zwar immer noch unbehaglich, aber doch so erträglich, dass man sich sagen kann: »Das schaffe ich schon irgendwie«. Sollte sich das Körperecho sogar in den Plusbereich der SSW-Skala hinein entwickeln, ist das selbstverständlich erlaubt!

Es gibt kein Schema F mit Wiederholungszwang! Imaginieren Sie deshalb ein negatives Erlebnis der Vergangenheit und ein bevorstehendes ähnliches Ereignis mit deutlich unterschiedlichen Symbolen.

9 Wann immer Sie an das zukünftige Ereignis denken, rufen Sie sich diesen Zeitstrahl, so wie Sie ihn jetzt gestaltet haben, vor Augen.

Hinweise zur Übung

- Wiederholen Sie diese Übung, wann immer Ihnen ein vergangenheitsbelastetes Ereignis bevorsteht. Auf diese Weise bereiten Sie den Boden für die großen Ziele des Lebens. Je mehr alte Ängste durch neue, positive oder auch halb so schlimme Erfahrungen real ersetzt wurden, desto mutiger gehen Sie insgesamt Ihren Lebensweg.
- Bei dieser Übung lohnt es sich, mit Stiften und Papier zu arbeiten.
- Diese Übung hilft nur bei Vorbelastungen aus der Vergangenheit, die ein gewisses Ausmaß nicht überschreiten. Es gibt Menschen, die haben auf ihrem Lebensweg regelrechte Traumata erlebt: Unfälle, Naturkatastrophen, unzumutbare Familienverhältnisse. Die Vorstellung, ein imaginatives Pflaster über derart gravierende Ereignisse zu legen, wäre eine Verharmlosung. Auch die Frage: »Was hätte ich anders machen können« ist hinfällig, wenn Menschen objektiv völlig chancenlose Opfer der Ereignisse waren. In solchen Fällen hilft nur eine Psychotherapie, um das Trauma zu verarbeiten.

ÜBUNG ➡ ## 2. Frühere Kraftquellen wieder finden

1 Denken Sie jetzt an ein großes Ziel in Ihrem Leben: Gesundheit, Karriere, eine glückliche Partnerschaft usw. Wichtig ist, dass Sie sich ein paar Jahre Zeit dafür genommen haben.

....

2 Welche Fähigkeit oder Eigenschaft könnte Ihnen helfen, dieses Ziel zu erreichen? Sagen Sie hier nicht »perfekt Englisch sprechen«, sondern »Durchhaltekraft zum Englisch lernen«. Es geht also um den inneren Antrieb. Solche Eigenschaften könnten sein: Mut, Freude, Selbstsicherheit, Gelassenheit, Kreativität usw.

....

Suchen Sie nach einem Foto, das Sie in einer erfolgreichen Situation zeigt: nach einer bestandenen Prüfung, nach einem sportlichen Erfolg o. Ä. Hängen Sie es gut sichtbar auf, und zehren Sie in schwierigen Lebensphasen von diesem positiven Lebensmoment.

3 Denken Sie nun an Ihren Zeitstrahl. Konzentrieren Sie Ihre Aufmerksamkeit auf die Vergangenheit. Suchen Sie nach Erlebnissen, bei denen Sie genau diese Fähigkeit oder Eigenschaft schon einmal hatten: beim Sport, im Umgang mit bestimmten Freunden. Der Zusammenhang, in dem die Fähigkeiten damals auftraten, kann ruhig ein ganz anderer sein als das angestrebte Ziel. Durchhaltekraft haben beispielsweise auch Kinder beim intensiven Spiel. Irgendwann geht diese Energie dann scheinbar verloren.

4 Sie können aber wieder einen Zugang zu diesen scheinbar verschütteten Kraftquellen finden: Wenn Sie einen vergangenen Lebensmoment gefunden haben, in dem Sie die gewünschte Energie verspürt haben, machen Sie eine Reise in die Vergangenheit. Umgehen Sie dabei störende Lebenserinnerungen: Machen Sie einen großen Bogen darum, oder fliegen Sie darüber hinweg.

5 Wenn Sie bei dem positiven Lebensmoment angekommen sind, werden Sie mit der Erinnerung eins. Nehmen Sie genau wahr:
- Was gibt es in der Erinnerung zu sehen?
- Was gibt es zu hören?
- Was zu fühlen?
- Gibt es vielleicht sogar etwas zu riechen und zu schmecken?
- Nehmen Sie auch das Körperecho wahr.

6 Wackeln Sie nun nacheinander mit Ihren zehn Fingern. Sie werden von dem Ergebnis überrascht sein: Bei mindestens einem der Finger verstärkt das Wackeln die Kraft der Erinnerung. Verstärken Sie das Wackeln, wenn Sie Ihren »Zauberfinger« gefunden haben.

7 Kehren Sie nun auf dem gleichen Weg in die Gegenwart zurück: Umgehen Sie dabei wieder die Zeitlinie. In der Gegenwart angekommen, wackeln Sie wieder mit dem »Zauberfinger«, und schon erinnert sich Ihr Unbewusstes an die damalige Energie, die Sie nun wieder gefunden und in die Gegenwart gebracht haben.

8 Wann immer Sie nun an Ihr Fernziel denken, wackeln Sie – natürlich nur für sich selbst erkennbar – mit Ihrem »Zauberfinger«. Sie werden sofort wieder einen Hauch Ihrer früheren positiven Energie spüren und können diese als Kraftquelle für die Zielarbeit nutzen.

Hinweis zur Übung

● Individuelle Körperbewegungen können Anker für eine gute innere Verfassung sein. Wenn Sie in bester Stimmung sind, registrieren Sie gezielt Ihre unbewussten Bewegungen. Testen Sie dann die beobachteten Bewegungen bewusst aus. Sie werden schnell merken, welche körpereigene Motorik Sie in den Kraftquellenzustand versetzt.

Das Wackeln mit den Fingern kann als Erinnerungsstütze den berühmten Knoten im Taschentuch ersetzen – mit dem Vorteil, dass Sie Ihre Finger überall und jederzeit zur Verfügung haben.

Innere Kraftquellen fangen nicht nur zufällig zu sprudeln an – mit der richtigen Technik kann man sie auch ganz gezielt freisetzen.

117

»Freu dich nicht zu früh …«

Inneren Erfolgsblockaden die Wirkung nehmen

Viele Menschen stellen es sich wunderschön vor, ihre wichtigsten Lebensziele erreicht zu haben. Doch geht ein Traum in Erfüllung, passiert oft etwas Seltsames: Anstatt den lang ersehnten Lebensmoment zu genießen, werden einige der Glücklichen unruhig und nervös. Tatsache ist, dass wir uns einerseits Erfolge wünschen, andererseits aber fest davon ausgehen, dass die Freude darüber eigentlich nicht rechtens ist. Denn es gibt da etliche Sprichwörter, die nicht gerade Mut zum Glück machen und Selbstzweifel wecken:

- »Freu dich nicht zu früh – das dicke Ende kommt bestimmt«
- »Den Vogel, der morgens singt, holt abends die Katz« usw.

Vom zweifelhaften Wert alter Weisheiten

Der Tenor lautet hier, dass es einem Menschen auf keinen Fall zu gut gehen darf – sonst passiert sicher bald etwas Schlimmes. Der Wunsch nach Lebensglück ist unbewusst mit der bangen Frage gepaart, »wie lange das wohl gut geht«. Leider überprüfen wir diese »Weisheiten« viel zu selten auf ihre Tauglichkeit als Lebenshilfe. Wir nehmen sie so auf, wie unsere Eltern und Großeltern sie uns verkündeten. Einmal im Gehirn an der richtigen Stelle angekommen, setzen sich diese Aussagen fest und werden zu so genannten Glaubenssätzen. Und da der Glaube bekanntlich ohne Beweise auskommt, hält man sie unkritisch für wahr und richtig.

Der angebliche Preis des Erfolgs

So unterstellen die zwei oben genannten Glaubenssätze, dass Lebensglück immer bezahlt werden muss – als gäbe es eine Schicksalsbuchführung, bei der eine höhere Macht darüber wacht, dass die Bilanz aus schönen Lebensmomenten einerseits und Pech, Schmerz und persönlichen Opfern andererseits ausgeglichen ist. So beschleicht einen schon beim Freuen ein unheimliches Gefühl, weil ja gleich danach das »dicke Ende« droht. Damit entsteht eine unbewusste Scheu, Phantasien und Sehnsüchte zu realisieren. Man lässt Chancen vorübergehen, aus Angst, sich die Finger zu verbrennen.

Viele Sinnsprüche aus alter Zeit sind heute zwar aus der Mode gekommen, in unseren Gehirnen aber noch recht lebendig. Ohne dass es uns bewusst ist, bilden sie Leitmotive für unser Denken.

Der »Weisheits-TÜV«

Vor allem in der kognitiven Verhaltenstherapie und auch beim Neurolinguistischen Programmieren versucht man, die Gedanken von der Fessel dieser negativen Glaubenssätze zu befreien, indem man sie durch positive Formulierungen ersetzt, die den Lebensmut wecken. Durch die Technik des präzisen Fragens lässt man aus den stets schwammig formulierten blockierenden Glaubenssätzen die Luft heraus, wie das folgende Beispiel zeigt.

Negative Glaubenssätze hinterfragen

Denken Sie noch einmal an den Satz: »Freu dich nicht zu früh – das dicke Ende kommt bestimmt.« Fragen Sie sich nun selbst:
- »Was heißt hier eigentlich ›zu früh‹? Wer sagt denn, dass jetzt nicht genau der richtige Moment für meine Freude ist?«
- »Was bedeutet denn ›bestimmt‹? Ist denn die Reihenfolge von frühem Freuen und dickem Ende ein Naturgesetz – so wie die Reihenfolge von Frühling und Winter? Wohl kaum. Denn wie oft haben sich schon Menschen früh gefreut, und das dicke Ende blieb aus?«
- »Und außerdem: Wer bestimmt denn so etwas? Wer hat das Recht, solche Regeln auszugeben? Und wer kontrolliert deren Einhaltung?«

Sachverhalte neutral sehen

Dieser »Weisheits-TÜV« wird übrigens nicht nur in der Psychologie, sondern auch in anderen Bereichen von Menschen eingesetzt, die sich nicht durch bloße Sätze einschüchtern lassen wollen. So sagte z. B. die Schriftstellerin Marie von Ebner-Eschenbach: »Der Klügere gibt nach – das ist wohl auch der Grund dafür, dass die Welt nur von den Dummen regiert wird.« Dieser Satz ist ein schönes Beispiel für das Ergebnis von präzisem Fragen nach der Gültigkeit von »luftigen« Aussagen. Sie müssen nicht Schriftsteller oder Psychologe sein, um sich ebenfalls an diese Technik zu gewöhnen. »Allein der Gedanke daran, dass dieses Hinterfragen erlaubt ist, hat mir ungeheuer geholfen«, erzählte mir eine Klientin. »Meine Freundin sagte zu mir: ›Wer A sagt, muss auch B sagen‹. Schon, als ich das ›muss‹ hörte, antwortete ich wie von selbst: ›Wer sagt denn, dass man nicht auch erkennen kann, dass es nicht gut war, A zu sagen?‹«

Machen Sie einmal eine Liste von Redensarten, die Sie als Kind häufig hörten, oder die Sie selbst gern verwenden. Prüfen Sie dann, ob sie eher hemmend oder ermutigend auf Sie wirken.

119

Positive Leitsätze finden

Ich möchte Sie auffordern, sich einmal eine Sprichwortsammlung anzusehen und sich dabei Sätze herauszusuchen, die Sie bei Ihren wichtigsten Zielen unterstützen. Ich selbst mag besonders gern so humorvolle, paradoxe Sprüche wie: »Bescheidenheit ist eine Zier – doch weiter kommst du ohne ihr«. Sie geben mir Kraft, meinen Zielen treu zu bleiben. Menschen haben ganz offensichtlich das Bedürfnis, ihr Leben unter ein Motto zu stellen. Lassen Sie deshalb nicht nur aus einschränkenden Sätzen die Luft heraus, sondern ersetzen Sie diese dann durch positive und ermutigende Glaubenssätze.

Das Bedürfnis nach prägnanten Leitsätzen drückt sich auch in den unzähligen Aufklebern, Ansteckern und Grußpostkarten aus, die mit witzigen oder kämpferischen Parolen um unsere Aufmerksamkeit werben.

Glaubenssätze müssen nicht unbedingt Sprichwörter sein. Auch ganz allgemeine Aussagen wie: »Frauen verstehen nichts von Technik« können sich schnell zu Leitsätzen entwickeln, von denen man sich negativ beeinflussen lässt. Finden Sie selbst für sich heraus, welche inneren Sätze Sie auf dem Weg zu Ihren Zielen blockieren könnten. Weigern Sie sich, diese Sätze als allgemeingültig anzuerkennen, und seien Sie offen für Gegenbeispiele für diese angeblichen Wahrheiten.

Angstwörter entschärfen

Bei manchen Menschen lösen auch Allerweltsworte in einem bestimmten Kontext Blockaden aus. Meist sind diese Worte mit einem negativen Erlebnis in der Vergangenheit verbunden. So wurde einer Klientin beim Wort »Mathematik« regelrecht schlecht. Sie hatte offensichtlich früher nicht allzu ermutigende Erfahrungen mit diesem Schulfach gemacht. In ihrer Vorstellung sah sie die Buchstaben des Wortes wie aus Stein gehauen vor sich. Sie erschienen in dramatischem Gewitterlicht. Sie hatte zuvor nie über ihr inneres Bild des Wortes »Mathematik« nachgedacht. Jetzt war es für sie nachvollziehbar, warum sie das Wort nicht mit neutralen Gefühlen hören konnte.

Aber Sie können Angstwörtern den Schrecken nehmen, indem Sie sie in Ihrer Vorstellung »verzaubern«. Sie können dabei die gleiche Technik verwenden, die in der folgenden Übung am Beispiel der negativen Glaubenssätze trainiert wird.

»Freu dich möglichst früh – so hast du Kraft fürs Ziel«

❶ Denken Sie an ein Fernziel, das Sie gern erreichen möchten.

....

❷ Überlegen Sie: Gibt es in Ihrem Leben einen oder mehrere auto-matische Glaubenssätze, von dem oder von denen Sie sich blockiert fühlen? Solche Glaubenssätze wären z. B.:

- »In unserer Familie hat es noch niemand so weit gebracht«
- »Da bin ich nicht der Typ dazu«
- »Freu dich nicht zu früh …«
- »Erfolgreiche Menschen werden immer unglücklich«
- »Es ist egoistisch, zu viel an die eigenen Wünsche zu denken« usw.

Meine blockierenden Glaubenssätze sind:

....

....

....

Kaum eine Familie kommt ohne Glaubens-sätze aus, weil diese unbewusst das Gemein-schaftsgefühl stärken. Wer sie nicht bestätigt, gilt als Abtrün-niger und braucht viel Mut und Selbst-vertrauen.

❸ Stellen Sie sich den Glaubenssatz geschrieben oder gesprochen vor. Was genau ist daran beängstigend?

❹ Nun stellen Sie sich vor, Ihr blockierender Glaubenssatz würde als gestickter Spruch in Uromas Küche hängen. Nehmen Sie wahr, wie der Satz bei dieser Vorstellung seinen negativen Zauber einbüßt. Er wirkt nun wie ein verstaubtes Relikt aus längst vergangener Zeit. Man schaut es wie ein Museumsstück interessiert an – aber es hat keine Bedeutung mehr für das heutige Leben. Sie können auch ande-re Imaginationshilfen verwenden:

- Stellen Sie sich den negativen Glaubenssatz gedruckt als Schlag-zeile in einer alten vergilbten Zeitung vor.
- Sehen Sie ihn geschrieben als Spruch in Ihrem Poesiealbum.
- Hören Sie, wie der Satz von Störgeräuschen begleitet aus dem Lautsprecher eines alten Radios klingt.

❺ Wann immer Sie in Ihren Gedanken weitere blockierende Sätze entdecken, machen Sie aus ihnen auf die gleiche Weise ein leicht antiquiertes Erinnerungsstück.

6 Suchen Sie sich einen oder mehrere positive Glaubenssätze heraus, die Sie bei Ihrer Zielarbeit unterstützen:

....

7 Verfahren Sie nun umgekehrt: Geben Sie diesem Satz in Ihrer Vorstellung eine glaubwürdige Darstellung. Gestalten Sie ihn nach Ihrem Geschmack positiv, anziehend und attraktiv. Achten Sie dabei auf aktuelle Bezüge. Hier einige Imaginationshilfen:
- Ein Flugzeug schreibt Ihren positiven Glaubenssatz als Kondensstreifen in den Himmel.
- Er ist mit Ihrer Lieblingsfarbe auf ein riesiges Plakat gedruckt.
- Stellen Sie sich vor, der Satz würde von einer tragenden weiblichen oder männlichen Stimme in einer großen Halle ausgesprochen und klänge dann wie ein »Götterhall« nach.
- Hören Sie vor dem geistigen Ohr, wie ein berühmter Nobelpreisträger Ihren Satz auf einer Pressekonferenz verkündet, während die Menschen im Publikum mit strahlenden Augen zu ihm aufblicken.
- Sehen Sie den Satz als Neonreklame in fließender Schreibschrift.
- Stellen Sie sich einen fröhlichen Chor von ausgelassenen, offenbar hüpfenden Kindern vor, die Ihren Satz vor sich hinträllern.

Rufen Sie sich Ihre eigenen positiven Leitsätze so oft wie möglich in Erinnerung: Schreiben Sie sie als Motto in Ihren Kalender oder heften Sie sie an die Pinnwand.

8 Arbeiten Sie so lange mit diesen »Verstärkern«, bis Sie beim Gedanken an den Satz ein freudiges und starkes Gefühl haben.

9 Wann immer Sie jetzt auf einen Satz stoßen, der Ihnen Kraft geben könnte, verwandeln Sie diesen mit Hilfe der unter Punkt 7 aufgeführten Imaginationstechniken in einen Glaubenssatz.

10 Wenn Sie jetzt an Ihr Ziel denken, sehen oder hören Sie gleichzeitig Ihre positiven Glaubenssätze.

Hinweise zur Übung
- Arbeiten Sie auch bei dieser Übung mit dem Körperecho. Schwächen Sie den Gefühlswert des negativen Glaubenssatzes ab, und verstärken Sie den des positiven.
- Schauen Sie sich gezielt Fernsehwerbung an, um sich für Ihre inneren Spots inspirieren zu lassen.

Erfolge säen und ernten

Über die tägliche Erfolgspflege

Stellen Sie sich vor, eine Familie geht im Urlaub an einem Bauernhaus vorbei, das über und über mit Blüten berankt ist. »Das wollen wir bei uns zu Hause auch machen«, denken sich unsere Urlauber. »Das sieht ja wunderschön aus.« Sie besitzen zwar nur ein kleines Reihenhaus am Stadtrand – aber immerhin. Zu Hause angekommen, erzählen sie Freunden und Nachbarn von ihrer Idee. Sie schildern die Blütenpracht so plastisch, dass sie allen bereits vor Augen steht.

Tagträume allein sind noch keine Garantie für Erfolg. Man sollte auch praktische Überlegungen in seine Gedanken einbeziehen, um einem Ziel näher zu kommen.

Hoffnung allein versetzt noch keine Berge

»Aber wie kommen denn nun die Blumen an unser Haus?« fragt das kleinste Kind. »Wir müssen nur fest daran glauben«, sagt der Vater. »Je intensiver wir es uns vorstellen, desto eher geht es in Erfüllung.« Also sitzt die ganze Familie im Wohnzimmer, schließt die Augen und stellt sich eine prächtig gedeihende Ranke vor. »Komm, lasst uns hinauslaufen und nachsehen – es hat sicher schon gewirkt!« sagt die Mutter. Aber an der Hauswand zeigt sich noch keine einzige Blüte. »Natürlich nicht«, werden Sie als Leser sagen. »Die haben doch überhaupt nichts dafür getan!« Die Familie hätte mehr Erfolg, wenn sie sich in Sachen Rankpflanzen sachkundig machen würde.

Wenn der Wunsch Vater des Gedankens ist

»Inspiration« heißt hier das Zauberwort. Eine weniger romantische Formulierung wäre, dass man sich schlichtweg Kenntnisse und Fähigkeiten aneignen muss, um seine Lebensziele zu erreichen. Wie oft höre ich z. B. von Klienten, dass sie sich irgendwann einmal selbstständig machen möchten, weil sie sich das besonders befriedigend vorstellen. »Ich sehe mich schon in meinen eigenen Räumen sitzen und anderen Menschen helfen«, erzählte mir neulich meine Klientin Tanja von ihrem Heilpraktikertraum. »Wie viel müssen Sie denn monatlich mindestens verdienen, um zurechtzukommen?« fragte ich sie. »Also, darüber habe ich mir bisher noch keine Gedanken gemacht«, war die Antwort. Zu diesem Zeitpunkt hatte sie bereits mit der recht kostspieligen Ausbildung begonnen.

Die drei Denkarten

Das Vorstellungsdenken

Diese Denkart öffnet Ihnen gleich zwei Türen: Zum einen können Sie mit ihrer Hilfe Ideen für eine positive Zukunft entwerfen, zum anderen macht sie es Ihnen leichter, sich auf die konkreten Vorstellungen von Lebenszielen zu konzentrieren – vor allem, wenn deren Verwirklichung noch in ferner Zukunft liegt. Je lebhafter Sie die Zielvorstellung in der Phantasie ausgestalten, desto stärker wird das positive Körperecho im Hier und Jetzt. Und daraus können Sie dann immer wieder neue Motivation und Durchhaltekraft schöpfen.

Wer ein großes Lebensziel erreichen will, benötigt dazu drei verschiedene Denkarten. Sie sind bei den meisten Menschen unterschiedlich entwickelt und müssen entsprechend trainiert werden.

Das Wissensdenken

Es sichert Ihnen das nötige Können für ein gesetztes Ziel. Denn jeder Lebenserfolg erfordert auch ein bestimmtes Knowhow: sei es nun die Ausbildung für den Heilpraktikerberuf, Grundkenntnisse in Gärtnerlatein oder das Wissen über die Grundregeln einer gelungenen Kommunikation. Leider gibt es viele Menschen, die alles Mögliche sein oder haben wollen, aber stets einen großen Bogen um das Können schlagen. Hierzu möchte ich nur ein schönes Sprichwort zitieren: »Ausbildung verhindert Einbildung«. Ziele ohne Wissen werden nie über das Stadium der Einbildung hinauskommen.

Das Praxisdenken

Ziele ausdenken und Ziele realisieren sind zweierlei. Wissen haben und Wissen anwenden desgleichen. Zu jeder praktischen Umsetzung gehören konkrete Fragen wie: »Wann wird die Pflanze von wem wo besorgt? Wer gräbt sie ein und wann? Haben wir zu diesem Zweck einen Spaten? Wer begießt die Pflanze und wie oft?« Auf all diese Fragen müssen Antworten gefunden werden, und auf diese sollten dann Taten folgen. Ohne diese Taten wird die Pflanze niemals wachsen, frei nach der Devise: »Es gibt nichts Gutes – außer man tut es.«

Klare Voraussetzungen schaffen

Ich stellte Tanja nun eine Reihe von Praxisfragen und bat sie, sich diejenigen zu notieren, auf die sie noch keine Antwort hatte. Hier sind einige dieser Fragen:

- Waren Sie schon einmal selbstständig?
- Wenn nicht: Haben Sie ein Existenzgründungsseminar besucht?
- Besitzen Sie Grundkenntnisse in Buchführung?
- Wie viel möchten Sie verdienen?
- Reicht das aus, um die laufenden Kosten zu finanzieren?
- Haben Sie andere Heilpraktiker nach ihren Erfahrungen gefragt?
- Mit welcher Anlaufzeit muss man in diesem Beruf rechnen?
- Wie wollen Sie diese Anlaufzeit finanzieren?

Praktische Informationen sammeln

Die ganze Zeit über rutschte Tanja unruhig auf ihrem Stuhl hin und her. »Also, ich finde diese Fragen irgendwie … unromantisch. Sie lenken mich von meinen schönen Zukunftsvisionen ab.« – »Stellen Sie sich vor, Sie fahren mit dem Auto in den Urlaub«, bat ich Tanja. »Sie kommen gut voran und genießen die Fahrt. Da fällt Ihr Blick auf die Tankanzeige: Die Nadel steht auf Reserve. Würden Sie jetzt denken: ›Ach, ich fahre gerade so schön, das beachte ich einfach nicht?‹« Tanja grinste und sagte: »Schon verstanden«. Um nicht auf der Strecke zu bleiben, muss man eben manchmal selbst die schönste Gedankenfahrt für das »Tanken« von Praxiswissen unterbrechen.

Das Ziel nicht aus den Augen verlieren

Von nun an widmete sich Tanja der »täglichen Erfolgspflege«, indem sie in wechselnder Reihenfolge die drei Arten des Erfolgsdenkens einsetzte. Weil das Praxisdenken bisher ein wenig zu kurz gekommen war, intensivierte sie diese Denkart. Der Umgang mit allen drei Denkarten hat generell einen großen Vorteil: Man kann sich auf diese Weise täglich das Erlebnis verschaffen, an seinem Ziel gearbeitet zu haben. Diese tägliche Motivation sorgt für das subjektive Gefühl, dass es voran geht. Gerade bei zeitlich weit entfernten Zielen ist ein häufiger imaginativer Zielkontakt besonders wichtig, um die innere Verbundenheit mit der eigenen positiven Zukunft zu pflegen.

Praktische Erwägungen stellen nur solange ein Hindernis dar, wie man ihnen aus dem Wege geht. Jede neue Information lässt Ihr Ziel klarer und damit auch erreichbarer erscheinen – selbst wenn Sie dann einen anderen Weg einschlagen müssen, als zunächst geplant.

ÜBUNG ➡

Die tägliche Erfolgspflege

Vorbereitung

(A) Bestimmen Sie ein Ziel, das für Sie sehr wichtig ist und das Sie in den nächsten Monaten oder Jahren erreichen möchten.

....

Halten Sie Ihre Gedanken schriftlich fest – das hilft Ihnen dabei, Ziele klar und deutlich zu definieren. Außerdem werden die einzelnen Schritte, die zum Erfolg führen sollen, auf diese Weise greifbar und konkret.

Bis wann möchten Sie es erreicht haben?

....

(B) Richten Sie sich für die Arbeit an diesem Ziel ein besonderes Heft oder einen Ordner ein. Unterteilen Sie die Seiten in drei Abschnitte: Vorstellungsdenken, Wissensdenken und Praxisdenken. Unterstreichen Sie diese Überschriften jeweils in einer anderen Farbe.

(C) Legen Sie jeweils Listen an, die diese abstrakten Überschriften mit konkretem Inhalt füllen:

● Vorstellungsdenken: Versuchen Sie, Gefühle, Bilder, Gespräche, Begegnungen und Situationen im Zielerleben zu durchdenken und vorwegzuempfinden. Entwerfen Sie dabei wie ein Regisseur verschiedenste Szenen.

● Wissensdenken: Schreiben Sie auf, welche Kenntnisse oder Fähigkeiten Sie erwerben müssen, um Ihr Ziel zu erreichen. Legen Sie schriftlich fest, wann Sie auf dem Weg dorthin ein bestimmtes Teilziel errreicht haben möchten.

● Praxisdenken: Notieren Sie sich Ideen zur praktischen Umsetzung Ihres Ziels. Fragen Sie sich: Wer hat in einer ähnlichen Frage schon Erfahrungen gesammelt? Wen kann man um Rat fragen? Wo kann man zu diesem Thema etwas »be«sichtigen? Was muss man besorgen oder kann man jetzt schon in die Wege leiten? Setzen Sie auch hier schriftlich zeitliche Teilziele.

❶ Sie können sich jeden Tag aufs Neue aussuchen, mit welcher »Denkbrille« Sie sich heute Ihrem Ziel widmen wollen: in der Vorstellung, mit dem Wissen oder mehr in »anpackender« Weise. Die Zeitspanne kann zwischen fünf Minuten (z. B. drei Englischvokabeln lernen) und einer Stunde variieren.

126

2 Sie haben zuvor jeder der drei Überschriften eine Farbe gegeben. Wenn Sie an einem bestimmten Tag gerade einen »Vorstellungstag« haben, bekommt dieser Tag auf dem Kalender den entsprechenden Farbpunkt. Ebenso verfahren Sie mit den anderen Denkarten.

3 Gehen Sie bei der Erfolgspflege zunächst spontan vor, und schauen Sie nach zwei Wochen den Kalender im Überblick an. Wenn Sie nun fast nur »Vorstellungspunkte« sehen, wissen Sie, dass in der nächsten Woche mehr Praxis- oder Wissensdenken angesagt wäre. Auf diese Weise reguliert sich die richtige Aufteilung von selbst.

4 Wenn Sie nach einem Monat auf den Kalender schauen, genießen Sie den Anblick der vielen bunten Punkte. Sie geben Ihnen das Gefühl, auf dem richtigen Weg zu sein.

Ledergebundene Zeitplaner sind nicht nur als Statussymbole in Mode gekommen. Viele Menschen haben entdeckt, wie motivierend diese Form von Selbstorganisation wirken kann.

Hinweise zur Übung

● Sie können auf dem Kalender auch Zwischenziele eintragen, die Sie auf dem Weg zum großen Ziel erreichen wollen. Dieses Aufteilen in kleine Häppchen erhöht die Motivation.
● Wählen Sie für die großen Ziele jeweils ein eigenes Kalenderblatt.
● Natürlich können Sie auch mal »Zielurlaub« machen und ein oder zwei Tage aussetzen.

	1	2	3	4	5	6	7	8	9	10	11	12	13	14	15
Jan.	Sa ◐	So ◐	Mo ◐	Di ◐	Mi	Do	Fr ◐	Sa ◐	So ●	Mo ●	Di ●	Mi ○	Do ●	Fr	Sa ◐
Feb.	Di ○	Mi ○	Do ○	Fr ◐	Sa ◐	So ●	Mo ○	Di ●	Mi ◐	Do ○	Fr	Sa ○	So ◐	Mo ◐	Di ●
März	Mi ◐	Do ●	Fr ◐	Sa	So ◐	Mo ○	Di	Mi	Do	Fr ◐	Sa ●	So ◐	Fr ◐	Sa ●	So ●
April	Sa ○	So ●	Mo ○	Di ○	Mi	Do ◐	Fr ◐	Sa ●	So	Mo ●	Di ○	Mi ○	Do ◐	Fr	Sa ○
Mai	Mo ●	Di ○	Mi ○	Do ◐	Fr ◐	Sa	So ○	Mo ◐	Di ●	Mi ●	Do ◐	Fr	Sa	So ●	Mo ○
Juni	Do ◐	Fr ◐	Sa	So ○	Mo ◐	Di ●	Mi ◐	Do ●	Fr ●	Sa ◐	So ●	Mo ○	Di ○	Mi ○	Do ◐

◐ *Vorstellungs-*
   denken
● *Wissensdenken*
○ *Praxisdenken*

DIE ERFOLGSBILANZ

Sicher kennen Sie das Sprichwort: »Wer wagt, gewinnt«. Diese Redewendung ist durchaus zutreffend – aber nur für Personen, die gut rechnen und haushalten können. Denn ein Gewinn stellt sich auch beim Kaufmann nur dann ein, wenn das unternehmerische Risiko realistisch beurteilt wird und die Einnahmen am Ende die getätigten Ausgaben überwiegen. Viele Menschen sind jedoch von ihren Lebensträumen derart fasziniert, dass sie sich überhaupt nicht mit der Sollseite der Lebensbilanz auseinandersetzen. Sie wollen nicht wahrhaben, dass Leidenschaften, denen man sich allzu blind hingibt, zuweilen einen hohen Preis fordern. So beschäftigen sich passionierte Raucher liebend gern mit Fallbeispielen von anderen Rauchern, die trotz ihres Lasters uralt geworden sind.

Sammeln Sie möglichst viele Informationen zu einem Vorhaben, und beziehen Sie die Erfahrungen anderer Menschen in Ihre Planung ein – so können Sie viele unangenehme Überraschungen vermeiden.

Wer wagt, gewinnt nicht immer

Berichte von wirklich erschreckenden Forschungsergebnissen über den Zusammenhang von Rauchen und schweren, teilweise sogar todbringenden Krankheiten werden jedoch geflissentlich übersehen, überhört und überfühlt. Gerade Menschen, die ihre eigene Gesundheit oder gar ihr Leben fahrlässig aufs Spiel setzen, müssen oft die bittere Erfahrung machen, dass sie nachher – wenn sie bereits krank sind – plötzlich doch sehr am Leben hängen. Es ist recht einfach, seine Gesundheit für unwichtig zu erklären und mit ihr Schindluder zu treiben, wenn man sich noch pudelwohl fühlt. Stellt sich dann aber ein Leiden ein, würde man alles Erdenkliche dafür tun, um wieder gesund zu werden.

Es gibt kein Sprichwort, das besagt: »Wer wagt, muss blind sein«. Menschen, die jeden Gedanken an die möglichen negativen Konsequenzen ihrer Träume konsequent verdrängen, verhalten sich wie die berühmten drei Affen, die immerhin ein uraltes Symbol für den gut funktionierenden Verdrängungsmechanismus der Menschen sind.

129

Unsicherheitsfaktoren ausschalten

Viele Menschen haben sich frei nach dem Motto: »Wer wagt, hat das Nachsehen« in recht unglückliche Lebenssituationen manövriert. Man denke nur an die Millionen von verschuldeten Haushalten, die für einen Auto- oder Hauskauf Kredite in schwindelnder Höhe aufgenommen haben. Für die betroffenen Personen hatten ihre Träume eine derartig starke Anziehungskraft, dass sie vor den negativen Konsequenzen einfach die Augen verschlossen. Denken Sie hier nochmals an den anfangs erwähnten Begriff »Imagineering«. Auch im Ingenieurwesen wird nichts erbaut, bevor man nicht alle – vorteilhafte wie nachteilige – Eventualitäten gut durchdacht hat.

Ohne Netz und doppelten Boden arbeiten nur Effekthascher – echte Artisten rechnen mit Unvorhersehbarem und minimieren so das Risiko.

Die Erfahrungen anderer Menschen nutzen

Bevor Sie ein wichtiges Ziel in Angriff nehmen, sprechen Sie mit möglichst vielen Menschen, die bereits ähnliche Ziele erreicht haben:

● Wünschen Sie sich mehrere Kinder, unterhalten Sie sich mit Eltern, die einen entsprechend zahlreichen Nachwuchs haben.

● Wird Ihnen ein Auslandsjob in China angeboten, suchen Sie Kontakt zu Personen, die dort gelebt und gearbeitet haben.

● Möchten Sie ein Haus bauen, besprechen Sie die Finanzierung nicht nur mit Banken, sondern erkundigen Sie sich bei Familien mit vergleichbarem Einkommen, die den Hausbau schon hinter sich haben.

● Haben Sie einen bestimmten Berufswunsch, suchen Sie das Gespräch mit erfolgreichen Vorbildern.

● Zum Schluss noch ein wichtiger Tipp: Manchmal wäre der Kontakt zu viel beschäftigten und gut verdienenden Personen als »Inspiration« eine unschätzbare Hilfe. Denken Sie nicht, dass man an diese Größen des Wirtschaftslebens ja sowieso nicht herankommt. Fragen Sie vielmehr an, was eine Stunde Beratung bei einem so wichtigen Menschen kostet. Viele »Vorbilder« sind über eine solche Anfrage zunächst erstaunt, gehen dann aber doch darauf ein.

Innerlich vorbereitet sein

Wenn Sie alle Informationen gesammelt haben, die Sie zu Ihrem Projekt zurzeit bekommen können, ist Ihre Motivation hoch genug, um auch etwas zu wagen: Sie können Ihre nächsten Schritte mit gutem Gewissen tun, denn Sie haben jetzt die bewusste Verantwortung für die Risiken auf Ihrer Reise in die Zukunft übernommen. Sie haben sich vergewissert, dass Ihr Ziel in der Bilanz Gewinn für Sie und Ihr Leben bedeuten wird. Und selbst wenn durch unvorhersehbare Ereignisse etwas schief geht, ersparen Sie sich etwas ganz Bedeutsames: Sie werden nie das Gefühl haben, mit sich selbst unverantwortlich umgegangen zu sein. Sie können sich im Spiegel ansehen und sagen: »Das konnte ich einfach nicht ahnen«. Denn niemand kann in die Zukunft sehen. Wenn Sie aber statt des Unmöglichen das Menschenmögliche getan und gedacht haben, können Sie auch mit Pannen selbstversöhnlich umgehen.

Auch der Erfolg kann unangenehme Kehrseiten haben, auf die man besser gefasst ist. So bringt es der Traum vom eigenen Haus oft mit sich, dass man auf vieles verzichten muss, um die Kosten abzutragen.

Ein Grundkurs in Schwarzmalerei

Ihr persönliches Ziel mag Ihnen noch so erstrebenswert erscheinen – es gibt unter Garantie irgendwelche negativen Begleiterscheinungen, an die Sie bisher noch nicht gedacht haben. Machen Sie sich mindestens drei Konsequenzen bewusst, mit denen Sie unter Umständen zu kämpfen haben, wenn Sie Ihr Traumziel erreichen. Hier ein paar Schlüsselfragen, die Ihnen beim Aufspüren möglicher negativer Konsequenzen helfen könnten:

● Werde ich all meine Freunde behalten – oder werden einige mit Neid und Verärgerung reagieren?
● Werde ich noch genug Zeit für mich selbst haben?
● Wie wird sich der Erfolg gesundheitlich auswirken?
● Kann ich mich in Extremsituationen noch sinnvoll verhalten? (z. B.: Werde ich bei einem gesteigerten Selbstwertgefühl größenwahnsinnig und schätze Gefahren nicht mehr richtig ein?)
● Kann ich mich auch mal daneben benehmen oder Fehler machen?
● Werde ich mir selbst treu bleiben?
● Wird man mich noch lieben?

Überlegen Sie bei jeder negativen Konsequenz schon jetzt, was Sie vorbeugend tun können, um damit konstruktiv umzugehen.

 **ÜBUNG →**   ## Die Erfolgsbilanz

Vorbereitung

Sammeln Sie alle möglichen Informationen über ein wichtiges Ziel in Ihrem Leben. Erstellen Sie in Ihrem »Projektheft« zwei Listen mit den positiven und negativen Aspekten Ihrer Materialsammlung.

So manche Freundschaft fußt auf gemeinsamer Erfolglosigkeit. Wenn sich das Blatt beim einen plötzlich wendet, muss er beim andern oft mit Neid rechnen.

1 Nun denken Sie wieder an die Skalen für subjektives Erleben. Für diese Übung richten Sie jedoch Werte zwischen −100 und +100 ein:

SSU	neutral	SSW
− 100	**0**	**+ 100**

2 Denken Sie nun über den ersten Pluspunkt auf Ihrer Liste nach. Beziehen Sie vor allem auch den Zeitaspekt mit ein: Schaffen Sie z. B. einen Berufsabschluss, könnte das bedeuten, ein Leben lang ausreichend Geld zur Verfügung zu haben. Spüren Sie Ihr Körperecho, und geben Sie ihm dann einen Wert auf der SSW-Skala.

3 Nun denken Sie über den ersten Minuspunkt auf der anderen Liste nach. Auch hier ist der Zeitaspekt besonders wichtig. So könnte man voller Grausen an das morgendliche Duschen denken, das aber nur fünf Minuten dauert. Demgegenüber steht das wohlige Gefühl, sich am Tag viele Stunden lang frisch und sauber zu fühlen. Entsprechend müsste der SSU-Wert auch die kurze Zeit mit einbeziehen.

4 Zum Schluss rechnen Sie die empfundenen Körperechowerte aus. Wenn Ihre Bilanz dann einen voraussichtlichen Gewinn anzeigt, steigen Sie mit allen Kräften in die Verwirklichung Ihres Ziels ein.

Hinweis zur Übung

● Die Arbeit mit der Skala ist äußerst wichtig, da man die verschiedenen Aspekte nicht einfach zahlenmäßig einander gegenüberstellen darf. So kann es sein, dass ein einziger positiver Aspekt 90 Pluspunkte bekommt, wogegen fünf Negativaspekte zusammen nur zehn Minuspunkte erhalten. In diesem Fall wäre man bereits mit nur einem Positivaspekt im Gewinnbereich.

Neue Wege beschreiten

Die Angst vor Unbekanntem überwinden

Nun kann es gut sein, dass Ihre Erfolgsbilanz grünes Licht für die Zukunftsfahrt gibt. Doch viele Menschen machen eine überraschende Entdeckung, wenn der Erfolg sich einzustellen »droht«: Plötzlich lässt die Euphorie nach. So hatten sich Manuela und Dennis schon lange auf eine gemeinsame Zukunft gefreut. Sie studierten an unterschiedlichen Orten und führten jahrelang eine Wochenendbeziehung. Während der gesamten Zeit sparten beide auf eine gemeinsame Wohnung. Sie machten gleichzeitig ihren Abschluss. Gleich danach wurde Dennis in einer anderen Stadt eine gute Stelle angeboten, und Manuela boten sich am gleichen Ort auch gute Berufschancen.

Veränderungen sind unheimlich

Doch schon bei der Wohnungssuche in der neuen Stadt bekam Manuela einen Katzenjammer. »Ich kenne doch dort gar keinen Menschen, und ich weiß nicht, wie es ist, jeden Tag mit Dennis zusammen zu sein. Wahrscheinlich bin ich auch keine gute Lehrerin. Und ich vermisse jetzt schon meine Wohngemeinschaft – obwohl ich weiß, dass alle nun woanders hingehen – es ist schrecklich. Dabei ist es noch nicht mal so, dass ich Dennis nicht mehr mag – ganz im Gegenteil. Ich weiß wirklich nicht, was mit mir los ist.«

Das Misstrauen gegenüber dem Neuem kommt in vielen Sinnsprüchen zum Ausdruck: »Besser den Spatz in der Hand, als die Taube auf dem Dach« heißt es da, oder »Es lebt sich leichter mit dem Teufel, den man kennt«.

Die Macht der Gewohnheit

In einem kurzen Gespräch wurde die Ursache für Manuelas inneres Chaos schnell gefunden. Ich erzählte ihr die Geschichte von dem australischen Ehepaar, das vier Millionen Dollar im Lotto gewonnen hatte und morgens wie eh und je für drei Dollar Stundenlohn Zeitungen austrug. Ein solches Verhalten ist keineswegs mit krankhaftem Geiz zu erklären. Vielmehr gehört dieses Ehepaar zu den Menschen, die Dinge tun, weil sie sie schon immer getan haben – und aus keinem anderen Grund. Sie fragen nie: »Ist das eigentlich sinnvoll?« und antworten auf kritische Fragen nur: »Das war schon immer so«. Und diese Tatsache reicht ihnen aus, um jede noch so aberwitzige Gewohnheit bis in alle Ewigkeit weiter zu betreiben.

Offen sein für Fremdes

Wer Neues wagt, verändert sich oft in einer Art und Weise, die für andere schwer nachvollziehbar ist. Deshalb kann man von seinen Mitmenschen meist nicht viel Unterstützung für einen größeren Schritt erwarten.

Genau darin liegt der Haken: Viele Menschen finden Vertrautes unkritisch gut und Fremdes unkritisch schlecht. Oft ist aber auch das Vertraute schlecht und das Fremde und Neue gut – oder sogar sehr gut. Man denke nur an Galileo Galilei, der gegen die herrschende Meinung behauptete, dass die Erde rund sei. Obwohl seine Überlegungen überwältigend stimmig und schlüssig waren, wurde er zum Schweigen verurteilt. Das Gehirn der damaligen Menschen war derartig mit dem »Scheiben-Denken« vertraut, dass das fremde »Kugel-Denken« Angst und Schrecken auslöste.

Ausgetretene Pfade verlassen

»Genauso ergeht es Ihnen jetzt«, erklärte ich Manuela. »Der Umzug ist an sich eine gute Sache und bringt viele Vorteile mit sich – aber er erfordert ein neues Denken und Erleben. Und das ist Ihnen umheimlich.« Manuela schaute unbehaglich drein: »Dann bin ich ja genau wie meine Eltern«, sagte sie und wurde richtig rot. »Wie oft habe ich denen vorgeworfen, dass sie nie über ihren Tellerrand hinausgucken. Ich dachte, ich sei die aufgeweckte, fortschrittliche Studentin – dabei bin ich innerlich genauso festgefahren und unbeweglich wie sie. Das muss sich ab sofort ändern!«

Erleben Sie neue Ideen als Herausforderung. Auch was zunächst Befremden auslöst, kann für Ihr Leben eine Bereicherung sein.

Die Angst vor Unbekanntem überwinden

1 Denken Sie an ein bevorstehendes Ereignis, das in Ihrer Vorstellung eine unheimliche Veränderung mit sich bringt.

2 Spüren Sie nach: Gibt es gute Gründe für das ungute Gefühl? Wenn ja, durchlaufen Sie nochmals die Übung »Imaginationsbilanz«. Wenn Sie keine guten Gründe finden, gehen Sie zu Punkt 3.

3 Suchen Sie nach einer Referenzerfahrung: Haben Sie in Ihrem Leben schon einmal etwas Neues gedacht oder getan, was Ihr Leben erheblich bereichert hat? Solche Erfahrungen könnten sein:
- Der erste Tag im Kindergarten
- Ein Urlaub in einem fremden Land
- Die Bekanntschaft mit einem Menschen, der Ihnen zuerst sehr fremd war und der Ihnen danach etwas sehr Wichtiges gegeben hat

4 Versetzen Sie sich in das damalige Erlebnis hinein. Wackeln Sie dabei mit dem rechten Daumen.

5 Denken Sie nun an eine Sache in Ihrem Leben, die Sie Ihrer Meinung nach viel zu lange gedacht oder getan haben, und von der Sie heute sagen: »Hätte ich doch viel früher damit aufgehört«.

6 Versetzen Sie sich auch in diese Erinnerung hinein. Wackeln Sie dabei mit dem linken Daumen.

7 Nun denken Sie an den wichtigen Schritt, den Sie in Ihrem Leben machen möchten. Falten Sie dabei die Hände, legen Sie die Daumen aneinander, und wackeln Sie mit beiden beim Nachdenken langsam hin und her. So erinnern Sie automatisch das Erlebnis, dass Fremdes gut und Vertrautes auch einschränkend sein kann. Das hilft Ihnen beim inneren Sprung ins kalte Wasser.

Hinweis zur Übung
- Diese Übung ist speziell für das innere Zögern vor einer wichtigen anstehenden Veränderung gedacht.

Wenn Veränderungen anstehen, erscheinen viele Dinge plötzlich in einem rosigeren Licht. So stellt man bei der anstrengenden Wohnungssuche häufig fest, dass die bisherige Bleibe doch gar nicht so übel ist.

135

Entscheidungen treffen

Über den Umgang mit richtig und falsch

Neulich lud mich eine Freundin ins Kino ein. Natürlich wollte ich von ihr wissen, welchen Film wir denn sehen würden. Sie beschrieb mir die Handlung ausführlich und las mir anschließend noch eine sehr positive Filmkritik aus der Zeitung vor. »Aber deswegen weiß ich noch lange nicht, ob der Film auch mir gefällt«, gab ich zu bedenken. »Mit Kritiken ist es immer so eine Sache.« Daraufhin berichtete mir meine Freundin noch von verschiedenen Leuten, die den Film schon gesehen hatten und ihn toll fanden. »Das nützt mir auch nicht viel«, insistierte ich. »Was denen gefällt, muss noch lange nicht mein Geschmack sein. Kannst du mir nicht das Drehbuch besorgen, damit ich mir ein besseres Bild machen kann? Wenn ich nämlich Geld dafür ausgebe, will ich vorher genau wissen, woran ich bin.«

Probieren geht über studieren

Sie haben sicher gleich erraten, dass diese Geschichte nicht so ganz ernst gemeint ist. Denn natürlich kann man nicht wissen, ob einem ein neuer Kinofilm zusagen wird – das findet man nur heraus, indem man ihn sich ansieht. Und selbst wenn der Film sich dann wirklich als Flop erweist, war es deswegen noch lange kein Fehler, ihn anzusehen. Das Denken in den Kategorien »richtig« und »falsch« ist der vielschichtigen Realität eines Menschenlebens überhaupt nicht angemessen. Es handelt sich dabei um ein künstliches Schwarzweißdenken, das alle Zwischentöne unberücksichtigt lässt.

Das Leben ist voller Möglichkeiten

Viele Menschen führen ein ereignisloses Dasein, weil sie vor jedem Lebensexperiment ganz genau wissen wollen, ob es richtig oder falsch ist, diese Sache auszuprobieren. Dabei gibt es Situationen, in denen es zehn verschiedene Entscheidungsmöglichkeiten gibt und alle zehn sind »richtig«. Setzt man jedoch voraus, dass es nur eine einzige richtige Möglichkeit gibt, entsteht ein fürchterlicher Druck: »Was ist, wenn ich die falsche wähle?« fragt man sich verzweifelt und tut gar nichts vor lauter Angst, einen Fehler zu begehen.

»Wer sich nicht entscheidet, über den wird entschieden« – mit dieser Perspektive werden Entscheidungen zum Privileg einer selbstständigen Persönlichkeit, statt zu einem quälenden Zwang.

Lebendigkeit oder »Der Weg ist das Ziel«

Wenn Sie in einer Situation mehrere Entscheidungsmöglichkeiten haben, überprüfen Sie jede einzelne mit Hilfe der »Erfolgsbilanz«. Sollten Sie feststellen, dass alle Möglichkeiten gleich gut sind, so ist das kein Grund, jetzt vor lauter Unsicherheit gar nichts zu tun. Entscheiden Sie sich in diesem Fall einfach dafür, zu leben. Man hat nämlich herausgefunden, dass alte Menschen immer dann mit ihrem Leben besonders zufrieden sind, wenn sie es rückblickend als sehr ereignisreich einstufen. »Die Hauptsache ist, dass man vieles ausprobiert und erlebt hat – dann ist man zum Schluss mit sich und seinem Leben glücklich«, erzählte mir neulich eine 80-jährige Frau.

Bei schwierigen Entscheidungen kann es hilfreich sein, die verschiedenen Optionen mit einer unbeteiligten Person zu besprechen. Oft klärt sich die eigene Position, wenn man mit einer fremden Sichtweise konfrontiert wird.

In Bewegung bleiben

Es ist also sogar besser, in dieser Situation zu würfeln, als in Starre zu verfallen. Vergleichen Sie das Leben einmal mit einem Jahrmarkt: Der eine genießt es, dass es überhaupt so etwas wie einen Jahrmarkt gibt, und freut sich über jede Bahn, mit der er fahren könnte. Der andere verdirbt sich den Spaß mit dem zwanghaften Glauben, er müsse herausfinden, welche Bahn die beste ist. Schlimmer noch: Er denkt, es gäbe nur eine »richtige« Bahn und alle anderen seien »falsch«. Bedenken Sie immer: Es ist nie ein Fehler, sich für eine gute Lebensmöglichkeit zu entscheiden. Es kann höchstens ein Fehler sein, diese Möglichkeit dann nicht zu leben und auszubauen.

Alles ist richtig

An dieser Stelle fällt die Übung ganz einfach aus: Wann immer Sie in Ihrem Leben mit Entscheidungen konfrontiert sind, durchlaufen Sie mit allen Möglichkeiten die Übungsschritte der »Imaginationsbilanz«. Erscheinen danach alle Möglichkeiten gleich gut, dann sind auch alle »richtig«, und alle sind es wert, ausprobiert zu werden. Der Unsicherheitsfaktor des Neuen ist in jeder Möglichkeit enthalten. Da Sie nicht alle Möglichkeiten gleichzeitig leben können, entscheiden Sie sich – und sei es durch Würfeln – für irgendeine davon, und sagen Sie sich: »Ich entscheide mich nicht nur für diese Möglichkeit, sondern ich entscheide mich dafür, zu leben.«

»Wer weiß, wozu es gut war …«

Wie man das Weisheitsdenken erlernt

Neulich war ich zu einem Essen eingeladen. Die Gastgeber haben eine fünfjährige Tochter. Kurz nachdem wir kamen, schien es diesem Kind sehr schlecht zu gehen. Es weinte laut und anhaltend, verkrampfte dabei den ganzen Körper und wälzte sich zwischendurch sogar auf dem Teppich. Die Eltern ließ dieses Drama des eigenen Kindes jedoch völlig kalt. Sie unterhielten sich mit uns Gästen und ignorierten ihren leidenden Nachwuchs völlig. Nun könnte man sich fragen: »Warum sind manche Eltern nur derart grausam?«

Ein Erlebnis umzudeuten, heißt nicht, es zu verfälschen. Meist genügt schon eine Verschiebung des Blickwinkels, damit ein Ereignis eine völlig neue Bedeutung bekommt.

Die andere Seite der Medaille

Ich habe die Geschichte aber noch nicht ganz zu Ende erzählt: Kurz bevor wir kamen, hatte das Mädchen sich selbst den Fernseher eingestellt. Als die Eltern das entdeckten, schalteten sie das Gerät wieder aus und sagten ihrer Tochter, dass sie für heute genug vor der Glotze gesessen hätte – worauf die Kleine natürlich zu jammern begann. Die Eltern blieben hart, luden ihre Tochter aber stattdessen mit an den Tisch ein – was diese wütend ablehnte. Nun ist die Frage: Hat dieses Mädchen wirklich so grausame Eltern, wie es auf den ersten Blick schien? Oder hat es sogar besonders gute Eltern, die keine Mühe scheuen, um ihr Kind möglichst gut – und gesund – zu erziehen?

Warum es mehr als eine Wahrheit gibt

Die Wirkung dieser Geschichte beruht auf der Technik, beim Schildern einer Begebenheit mit eingeschränkten Wahrnehmungsfiltern zu arbeiten, wobei man aber bei der vollen Wahrheit bleibt. Denn dem Kind ging es ja tatsächlich schlecht. Erweitert man dann aber die Wahrnehmungsperspektive, erscheint das leidende Kind in einem neuen Beurteilungsrahmen, der auch einen positiven Aspekt in diesem Elend sichtbar werden lässt. In der Psychologie nennt man das Wahrnehmen eines Erlebnisses in einem neuen Rahmen umdeuten. Die Umgangssprache kennt Redewendungen für solche Umdeutungserlebnisse, wie beispielsweise den Ausspruch: »Ach, von dieser Seite habe ich das noch gar nicht gesehen!«

Glück im Unglück

Ältere Menschen berichten oft über Umdeutungserlebnisse vor dem Hintergrund ihrer Lebenserfahrungen. So erlebt jeder Mensch im Lauf seines Lebens eine Reihe von Pannen und Unglücksmomenten. Hat man zu diesen Ereignissen aber einen zeitlichen Abstand gewonnen, geschieht oft etwas Erstaunliches: Man entdeckt, dass in diesem Unglück auch die Chance für eine positive Weichenstellung enthalten war. Negative Erfahrungen müssen dann nicht mehr verdrängt werden, sondern erweisen sich im Nachhinein als lehrreich.

»Ich wollte mit 25 Jahren nach Amerika auswandern«, erzählte mir ein 70-jähriger Rentner, »das war mein großer Lebenstraum. Ich hatte dort sogar schon einen Job. Zwei Tage vor der Abreise rutschte ich bei Glatteis auf der Straße aus und holte mir einen komplizierten Beinbruch. Für mich brach die ganze Welt zusammen. Und dann lernte ich meine Frau kennen – sie war damals auf meiner Station Krankenschwester. Ich kann Ihnen gar nicht sagen, wie dankbar ich auch heute noch für diesen Beinbruch bin.«

Suchen Sie in Ihrer Erinnerung nach vermeintlichen Fehlschlägen, die sich im Nachhinein als positiv entpuppt haben. Aus der zeitlichen Distanz sehen viele Dinge ganz anders aus.

Fluch oder Segen?

Eine 40-jährige Frau kam völlig verzweifelt zu mir, weil ihr Mann sie wegen einer anderen verlassen hatte. Schon nach einem halben Jahr fand sie jedoch im Skiurlaub einen neuen Verehrer, den auch ihr zehnjähriger Sohn auf Anhieb mochte. Plötzlich sah sie auch die Schattenseiten ihrer Ehe, die sie im ersten Schmerz ganz aus ihrem Bewusstsein getilgt hatte: »Manchmal war mein Mann einfach unerträglich – cholerisch, ungeduldig mit dem Kind.« – »Wie hätte er denn reagiert, wenn Sie zuerst die Trennung gewollt hätten?« fragte ich. Sie guckte zuerst verblüfft und lachte dann: »Wissen Sie was? Den wäre ich nie im Leben losgeworden. Der hätte mir schon aus verletztem Stolz das Leben zur Hölle gemacht. So besehen, kann ich der anderen Frau ja richtig dankbar sein!« Inzwischen ist sie mit dem neuen Partner auch nach drei Jahren immer noch glücklicher, als sie es in der Ehe jemals war. Vielleicht hätte sie ihn nie kennen gelernt, wenn ihr Mann nicht zu seiner Freundin gezogen wäre. Meine Klientin erlebte eine Versöhnung mit dem Schicksal, wie sie es unmittelbar nach der Trennung nie für möglich gehalten hätte.

Der Versöhnungszustand

Der Dichter Eugen Roth schrieb einmal zu diesem Thema: »Ein Mensch bleibt steh'n und schaut zurück und sieht: sein Unglück war sein Glück!« Hat man öfter eine entsprechende Lebenserfahrung gemacht, führt das bei vielen – meist älteren – Menschen zu einer gewissen Gelassenheit in schwierigen Lebenssituationen. Obwohl etwas Negatives passiert ist, sagt man abwartend: »Wer weiß, wozu es gut ist!« Das führt keinesfalls dazu, dass man in Krisen nicht mehr leidet. Aber man hat nicht das Gefühl, dass nun alles zu Ende ist.

Gehen Sie mit dem Gedanken: »Wer weiß, wozu es gut ist« durchs Leben, behalten Sie auch bei Pannen den Blick für neue Lebensmöglichkeiten und -qualitäten. So steigen dann auch real die Chancen, Wege aus der Krise zu finden.

Innere Gelassenheit gründet auf der Einsicht, dass man trotz intensiver Bemühungen nie alle Fäden in der Hand behalten kann. Das bedeutet jedoch keinesfalls, dass man dem Schicksal machtlos gegenübersteht.

Beispiele für Umdeutungen

Ein Messer ist gefährlich, weil man damit jemand anderen oder sich selbst verletzen kann.	Ein Messer ist nützlich, weil man damit Brot und andere Dinge schneiden kann.
Peter ist taktlos.	Peter ist ehrlich.
Anna ist langweilig, weil sie nie etwas sagt.	Anna kann gut zuhören – das ist sehr angenehm.
Einer Frau fährt der Bus vor der Nase weg – das ist ärgerlich.	Kaum ist der Bus weg, kommt überraschend eine Freundin um die Ecke, die sie seit ewigen Zeiten nicht mehr gesehen hat – das ist erfreulich.
Neulich hat ein starker, großer Mann im Wasser einen kleinen, schmächtigen k.o. geschlagen – das war gemein.	Der große Mann war Rettungsschwimmer und musste so handeln, um den kleinen lebend an Land zu bringen – das war natürlich sehr gut.

Das Weisheitsdenken einschalten

← ÜBUNG

1 Denken Sie an drei Pannen oder Krisen in Ihrem Leben, über die Sie heute rückblickend sagen würden: »Inzwischen weiß ich, dass dieses Ereignis mir auch etwas Gutes gebracht hat.«

....

....

....

2 Nehmen Sie jetzt ganz intensiv den heutigen positiven Aspekt des ersten Ereignisses wahr. Während Sie daran denken, atmen Sie bewusst mindestens dreimal hintereinander ganz tief durch. Verfahren Sie dann ebenso mit dem zweiten und dem dritten Lebensereignis.

3 Wann immer Sie von nun an in eine Krise geraten oder eine Panne erleben, atmen Sie dreimal ganz tief durch, und sagen Sie sich: »Wer weiß, wozu es gut ist – man muss das Ergebnis abwarten.«

Das Weisheitsdenken hilft Ihnen, auch in Krisensituationen einen klaren Kopf zu behalten. Es macht sich die Erfahrung zunutze, dass viele vermeintliche Katastrophen im Nachhinein auch positive Aspekte zeigen.

Hinweise zur Übung

● Diese mentale Technik ist natürlich keine gezielte Vorstellungsübung, da sie sich nicht mit der Gestaltung von Zukunftsbildern beschäftigt. Die Vorstellungskraft wird hier vielmehr auf die Rahmengröße der Zukunftsbilder gelenkt, um diese im mentalen Erleben möglichst weit und groß zu gestalten. Insofern könnte man sie als »Antischeuklappenübung« bezeichnen.

● Mit dem »Weisheitsdenken« bringen Sie sich auch körperlich in eine Verfassung der »vorsorglichen Versöhnung«. Dieser Versöhnungszustand lässt einen optimalen Gedankenfluss zu – was für eine Lösungsfindung ja die Voraussetzung ist. Der Problemzustand dagegen kann Gedankenblockaden zur Folge haben. In einer solchen Verfassung stehen Sie nicht nur sich selbst im Weg, sondern sind auch ein schlechtes Vorbild. Gerade wenn etwas schief gelaufen ist, helfen Sie allen am besten durch eine positive Ausstrahlung von Gelassenheit und ungebrochener Kreativität. Sie macht aus Ihnen den »Fels in der Brandung«. Das Weisheitsdenken soll nicht dazu führen, die negative Seite eines Ereignisses zu tilgen. Aber es hilft Ihnen dabei, die Sache ruhig von allen Seiten zu betrachten.

Den Moment leben

Auftanken im Hier und Jetzt

Kinder können sich ganz dem Augenblick hingeben und werden deshalb von Erwachsenen gern als naiv und unverantwortlich eingestuft. Ihr selbstvergessenes Spiel ist aber auch eine positive Hinwendung zum Leben.

Zum Abschluss dieses Kapitels möchte ich Ihnen noch ans Herz legen, sich in Ihrem Leben nicht ausschließlich mit »Imagineering« zu beschäftigen. Dieses Vorstellungstraining hilft Ihnen zwar beim Planen und Gestalten einer schönen Zukunft. Aber wie wollen Sie jemals von einem Erfolg profitieren, wenn Sie nicht auch den Augenblick genießen können? Wer immer nur an die Zukunft denkt, verliert irgendwann den Kontakt zur Gegenwart. Und gerade die Gegenwart ist die »Zeitsorte«, die Ihnen Kraft für zukünftige Erfolge schenkt.

Alltägliche Freuden genießen

Man hat herausgefunden, dass glückliche Menschen sich nicht darauf beschränken, auf die ganz großen Augenblicke im Leben zu warten, sondern dass sie die Kunst beherrschen, auch die kleinen Höhepunkte wahrzunehmen, die jeder Tag bereithält: das Lachen des eigenen Kindes, ein gelungenes Essen mit Freunden, das Erlebnis eines Sonnenuntergangs oder der Anblick einer blühenden Wiese. Wenn Sie sich die Fähigkeit erhalten, solche Glücksmomente zu empfinden, wirken die großen Erfolge besonders berauschend auf Ihr Erleben und werden so wiederum zu Kraftquellen für den Alltag.

Carpe diem – Nütze den Tag! Dieses Sprichwort sollten Sie über all den interessanten und aufregenden Plänen für Ihre Zukunft nicht vergessen.

Ziele neu überdenken

Aus diesem Grund möchte ich Sie dazu ermutigen, Lebensprojekte, die Ihnen im Hier und Jetzt keine Luft mehr zum Atmen lassen, ruhig auch einmal aufzugeben. Ich finde es bedenklich, immer wieder zu lesen oder zu hören, dass erfolgreiche Menschen stets zu Ende bringen, was sie angefangen haben. Denn es kann im Leben immer wieder passieren, dass sich auch bei der allersorgfältigsten Vorbereitung – einschließlich intensiver Imaginationstechniken – Dinge anders entwickeln, als man es anfangs vorhergesehen hat: sei es nun der Hausbau, die Partnerschaft, ein Job, eine Freundschaft oder ein Lernprojekt. Werden die Durststrecken länger, die Entbehrungen härter als ursprünglich angenommen, fallen viele Menschen einem fragwürdigen Aberglauben zum Opfer: »Nun habe ich schon so viel investiert und erlitten – da muss doch einfach irgendwann die Belohnung kommen.« Ich kann Ihnen nur versichern, dass Schmerz und Stress keinesfalls so etwas wie eine Investition in das Schicksal sind, die sich dann irgendwie auszahlt, wenn man nur genügend Geduld hat.

Sicherlich ist es verfehlt, bei der ersten Schwierigkeit gleich die Flinte ins Korn zu werfen. Wenn man jedoch auf dem Weg zum Ziel in eine Sackgasse geraten ist, sollte man es sich besser eingestehen.

Ein guter Verlierer sein

Machen Sie also auf dem Weg zu einem wichtigen Lebensziel allzu viele freud- und glücklose Zeiten durch, stecken Sie nicht den Kopf in den Sand, sondern sehen Sie den Tatsachen ins Auge. Setzen Sie sich hin und erstellen nochmals ganz bewusst eine Erfolgsbilanz. Passen Sie dabei die ursprünglich verteilten Minuspunkte den jetzigen Erfahrungen – von denen Sie damals noch nichts wissen konnten – an, und fragen Sie sich ehrlich: »Lohnt es sich noch?« Oft gehört zum Aufhören dann sogar mehr Mut als zum Weitermachen.

Denken Sie dabei an den Spruch: »Man kann durch Erfahrung lernen, dass es nicht gut war, A zu sagen. Deshalb sage ich jetzt auch nicht B.« Ein Erfolg im Leben kann nämlich auch der Moment sein, in dem Sie in den Spiegel schauen und sich sagen: »Ich habe zwar nicht B gesagt, aber ich bin stolz auf mich, denn ich habe es auf jeden Fall versucht. Und als es nicht mehr ging, habe ich den Mut gefunden, rechtzeitig aufzuhören.« Sollten Ihre höchsten Lebenswerte Glück und Gesundheit sein, können Sie eine solche Entscheidung sich selbst und anderen gegenüber jederzeit mit gutem Gewissen vertreten.

ERFOLG DURCH SELBSTHYPNOSE

In diesem Kapitel erfahren Sie, wie Sie die bisher erlernten Strategien mit einem inneren Zustand intensiven Einprägens verknüpfen können. Wir nennen die Mentaltechnik, welche diesen intensiven Lernzustand hervorruft, Selbsthypnose. Zu Beginn dieses Buchs haben Sie einiges über die Funktion des menschlichen Gehirns erfahren. Sie haben gelernt, dass unsere 100 Milliarden Gehirnzellen durch unzählige Verknüpfungen miteinander verbunden sind. Diese komplexe Verkabelung auf elektrochemischer Basis ergibt einen enorm leistungsfähigen Informationsspeicher. Wann immer Sie in Ihrem Leben Neues hinzulernen, wachsen neue Verbindungen zwischen den Gehirnzellen – und das bis ins hohe Alter. Die Selbsthypnose bewirkt im Gehirn einen Zustand, der das Entstehen und Zusammenwachsen solcher Verknüpfungen begünstigt.

Trance zur Gehirnaktivierung

Im Zustand der Trance und der gezielten Entspannung steigert unser Gehirn seine Aktivitäten gegenüber dem Wachbewusstsein erheblich: Vielleicht haben Sie schon einmal in einer Sportsendung gesehen, dass sich beispielsweise Eisbobfahrer kurz vor dem Start in einen leichten Trancezustand versetzen, in dem sie dann mental die Abfahrt durchgehen. Man hat herausgefunden, dass dieses mentale Vorwegnehmen in den Nervenzellen, die für die Bewegungskoordination verantwortlich sind, eine Erregung verursacht. Diese Erregung sorgt dann später auch real für eine besonders gute und reaktionsschnelle Leistung des Sportlers. Weiter vorn habe ich Ihnen dieses »Warmlaufen« der Gehirnzellen bereits als so genannte Bahnung vorgestellt. Dies funktioniert in der Selbsthypnose besonders effektiv.

Der Begriff »Hypnose« wird von vielen mit einem Zustand der Willenlosigkeit gleichgesetzt und löst daher Misstrauen aus. Das Gehirn ist aber gerade im Trancezustand hoch aktiv, und auch der freie Wille ist keineswegs außer Kraft gesetzt.

Der Nutzen von Tagträumen

Eine Studentin in der Prüfungsvorbereitung ärgerte sich darüber, dass ihre Gedanken während des Lernens so oft abschweiften. Ich erklärte ihr, dass ihr Gehirn beim gelegentlichen Tagträumen einen Impuls zur Erholung gibt. Als sie so dazu ermutigt wurde, das Abschweifen als etwas Nützliches zu betrachten, hatte sie plötzlich nur noch positive Erlebnisse mit diesem Phänomen. Nachdem es keinen inneren Kampf mehr gab, hörten die Tagtraumphasen nach spätestens fünf Minuten ganz von allein wieder auf, und sie konnte merklich erfrischt und konzentrierter weiterarbeiten. Ich bat sie, diese spontanen »Traumreisen« voller Genuss mitzuerleben. Bald erkannte sie das scheinbare Abschweifen als eine innere Eselsbrücke zu Gedanken, die sich jeweils aus dem aufgenommenen Lehrstoff ergaben. Das ist ein deutliches Zeichen für eine unbewusste Speichertätigkeit des Gehirns. Schon nach einer Woche fühlte die Studentin sich insgesamt ruhiger und konzentrierter.

Tagträume sind keine unliebsamen Ablenkungsmanöver des Gehirns, sondern wichtige Erholungsphasen, die neue Impulse für die Bewältigung des Alltags geben.

Zukünftige Ereignisse programmieren

Mit Hilfe der Selbsthypnose können Sie also Gedanken, Zustände, Emotionen und Reaktionen in sich hervorrufen, die Sie bei zukünftigen Ereignissen gern real denken, fühlen, empfinden oder zeigen würden. In der Verhaltenstherapie unterscheidet man in diesem Zusammenhang zwei Begriffe:

- In senso bezeichnet das innere Vorwegnehmen einer Empfindung oder Reaktion in einer zukünftigen Situation.
- In vivo wird die Reaktion oder der Zustand dann im realen Ereignis gezeigt oder empfunden.

Die Selbsthypnose ist demnach eine In-senso-Strategie, die Ihr Gehirn auf gewünschte »Programme« in vivo einstellt. Mit anderen Worten: Ihr Gehirn hat sich in der Selbsthypnose schon so intensiv mit einer zukünftigen Situation vertraut gemacht, dass es diese später real wieder erkennt. Haben Sie dann in der Selbsthypnose die zukünftige Situation mit einem erwünschten positiven inneren Zustand oder einer wünschenswerten Verhaltensweise verknüpft, wird Ihr Gehirn dieses Verhalten oder Befinden automatisch auch mit der realen Situation verknüpfen und im gegebenen Moment aufrufen.

Was ist Hypnose?

So natürlich wie Laufen und Sprechen

Es gibt wohl kaum einen Begriff aus der Psychotherapie, der in der öffentlichen Meinung so stark mit Magie und Aberglauben verbunden wird wie die Hypnose. Dabei zählt dieses Verfahren mit zu den am besten erforschten und erprobten Methoden in der modernen Psychotherapie. Aus der Schmerztherapie oder der Behandlung von Angststörungen und Depressionen ist die klinische Hypnose heutzutage nicht mehr wegzudenken. Fast jeder Psychotherapeut und auch eine Reihe von Zahnärzten wurden in diesem Verfahren ausgebildet. Weltweit existieren Fachgesellschaften, die sich der Verbreitung, der Anwendung und der weiteren Erforschung der Hypnose widmen.

Die Hypnose als Therapie kann vor allem bei der Behandlung von Suchtkrankheiten oder nervösen Störungen hilfreich sein. Man sollte aber stets einen darauf spezialisierten Arzt oder Therapeuten aufsuchen.

Völlig unbegründet – die Angst vor Missbrauch

Der Laie hat jedoch anstelle der klinischen Anwendung oft spontan die Bühnenhypnose vor Augen, wo Menschen wie ein Huhn gackern und nicht mehr wissen, wer sie sind. Oder er denkt voller Grauen an jene Spionagethriller, bei denen Menschen durch Hypnose in willenlose Tötungsmaschinen verwandelt werden. Gerade zum letzten Beispiel muss gesagt werden, dass ein Mensch unter Hypnose zwar sehr intensive Erlebnisse haben kann, dass diese Tatsache jedoch nichts an seinen Wertevorstellungen zu ändern vermag. Empfindet ein Mensch beispielsweise Stehlen als Unrecht, wird an dieser Einstellung auch die Hypnose nichts ändern können. Umgekehrt bedarf es nicht der Hypnose, um einen Menschen zu Straftaten zu bewegen.

Kein fauler Zauber – die klinische Anwendung

Und was ist mit der Bühnenhypnose? Hier ist oft die charismatische und autoritäre Ausstrahlung des Showhypnotiseurs die eigentliche Suggestion – und nicht die Hypnose selbst. Während die Bühnenhypnose sich vieler Tricks und Requisiten bedient, kommt die klinische Hypnose völlig ohne Showeffekte aus. Hier wird nicht nach jedem Satz, den der Therapeut sagt, ein Tusch gespielt, denn der »Star«, um den sich hier alles dreht, ist der Klient mit seinen Problemen und Wünschen – und nicht der Therapeut.

Trancen – etwas ganz Alltägliches

Die Hypnose hat also keinerlei Einfluss auf die Persönlickeitsstrukur. Das Empfinden für Recht und Unrecht bleibt in der Hypnose vollständig erhalten. Sie reagieren auch in einem tranceartigen Zustand nur auf Vorstellungen, die mit Ihrem persönlichen Wertesystem übereinstimmen. Sie können sich dessen sicher sein, weil Sie ja selbst schon unzählige Male eine spontane Trance erlebt haben. Sie glauben das nicht? Wahrscheinlich liegt das daran, dass Sie diesen natürlichen Hypnosezustand anders benennen: tagträumen, mit den Gedanken woanders oder abwesend sein.

Jeder kennt es – »Weggetreten-Sein«

Die Trance ist ein Zustand, in dem man vollkommen abschaltet, während das Gehirn auf Hochtouren arbeitet. Wie einen Tagtraum kann man sie willentlich herbeiführen und auch jederzeit wieder abbrechen.

Man spricht hier von der so genannten Alltagstrance, in die Menschen zu den verschiedensten Anlässen verfallen: beim Blick aus dem Fenster, während der Zugfahrt, beim Spazierengehen. Es kann sein, dass in einem solchen Moment jemand laut und deutlich zu Ihnen spricht – aber Sie hören es nicht. Plötzlich schütteln Sie sich und sagen zu Ihrem Gesprächspartner: »Kannst du das noch einmal sagen, ich war eben ganz woanders.« Diese spontanen Trancen sind häufig so intensiv, dass wir alles um uns herum vergessen.

Mittel zur Bewältigung der Informationsflut

Wir Menschen brauchen diese spontanen Trancen wie Essen und Trinken. Sie ermöglichen es uns, die vielen Eindrücke zu verarbeiten, die minütlich auf uns einstürmen. Denken Sie zum Vergleich an einen Großeinkauf: Man kommt nach Hause und stellt erst einmal die Tüten ab. Doch damit ist die Sache noch nicht erledigt – nun folgt nämlich das Einsortieren in die Schränke. Ihrem Gehirn geht es oft ganz ähnlich: Es hat mehrere »Tüten« voller Sinneseindrücke »eingekauft«, und damit kein heilloser Wirrwarr entsteht, muss zwischendurch »aufgeräumt« werden, um Platz für weitere »Einkäufe« zu schaffen. Dieses innere Aufräumen geschieht beim Tagträumen. Einige dieser »Tüten« enthalten auch Dinge, von denen man noch nicht weiß, wo sie hingehören. Das sind unerledigte Aufgaben, die wir mit uns herumtragen. Zwischendurch versucht das Gehirn immer wieder, auch für diese Inhalte gute Aufbewahrungsorte zu finden.

Wirksame Entspannungstechnik

Leider ist es in unserer Kultur Sitte, den Tagträumer aus seinem Zustand unsanft herauszureißen. Man glaubt offensichtlich, dass dieser Mensch nichts Sinnvolles tut. Tatsächlich hat man aber in der Gehirnforschung Hinweise dafür gefunden, dass unser Gehirn in diesem Zustand hoch aktiv ist und für neue Aufmerksamkeitskapazitäten sorgt. Tagträume sind also für die Selbsthypnose eine ideale Voraussetzung. Lernen Sie daher, zu Ihren Tagträumereien zu stehen, denn Hypnose ist auch nur ein willentlich herbeigeführter Tagtraum.

Die Hypnose ist Ihnen also schon so vertraut wie das Laufen oder das Einmaleins. Wie beim Tagträumen erleben Sie in diesem Zustand kein völliges Black-out, sondern unternehmen eher eine bunte Gedankenreise, die Sie oft in weite Ferne führt. Obwohl man in diesen Momenten ganz woanders ist, hat man dennoch das Gefühl, alles, was um einen herum geschieht, mitzubekommen. Sie können die Hypnose auch mit dem Zustand kurz vor dem Einschlafen vergleichen, in dem das Wachbewusstsein langsam in den Traum übergeht. Dieses Träumen wird meist als ein körperlich leichter Zustand erlebt, weswegen viele Menschen die Hypnose als erholsam beschreiben.

Je verbissener Sie sich um die Lösung eines Problems bemühen, desto schwerer fällt Ihnen oft die Lösung. Erlauben Sie Ihren Gedanken dann einfach, abzuschweifen – auch das ist sinnvolle Gehirnarbeit, die neue Ressourcen schafft.

Anzeichen eines Trancezustands

- Die Mimik ist entspannt und symmetrisch.
- Die Augen sind geschlossen oder in die Ferne gerichtet.
- Die Muskulatur ist insgesamt locker.
- Man verspürt das Bedürfnis, zu schlucken (dieses Bedürfnis stellt sich immer dann ein, wenn der Körper von Stress- auf Ruheprogramme umschaltet).
- Man hört Magen- und Darmgeräusche (beim Umschalten auf Ruheprogramme entspannen sich auch die Verdauungsorgane, was oft »hörbare« Folgen hat).
- Der Atem ist ruhig und regelmäßig.
- Die Gedanken fließen.
- Man hat ein verändertes Zeitgefühl (Minuten erscheinen wie eine Ewigkeit, oder die Zeit vergeht wie im Flug).

Trancezustände gezielt nutzen

Der feine Unterschied zum bisher Vertrauten ist bei der Hypnose nur der gezielte Einsatz von Trancen. Sie selbst sagen: »Jetzt geht es los« und »Jetzt hört es auf«. Und was passiert dazwischen? Stellen Sie sich vor, ein Arzt erzählt Ihnen: »Ich setze bei meiner Arbeit Medikamente ein.« Sie würden sich wahrscheinlich genauer erkundigen: »Und was für ein Wirkstoff ist darin enthalten? Wofür bzw. wogegen setzen Sie die Mittel ein?« Dieses genaue Nachfragen ist auch bei der Hypnose angemessen. Denn »Hypnose einsetzen« heißt nur, dass man mit Trancezuständen arbeitet. Wozu dieser besonders intensive Verarbeitungsmodus des Gehirns genutzt werden soll, hängt ganz allein von Ihnen ab. Im Folgenden stelle ich Ihnen einige Selbsthypnosetechniken vor, mit denen Sie einige der im unten stehenden Kasten erwähnten Bereiche mit der eigenen Mentalkraft bearbeiten können. Es geht hier vor allem um die Stärkung von positiven inneren Zuständen und Empfindungen. Für rein therapeutische Themen möchte ich Ihnen jedoch raten, speziell ausgebildete Therapeuten aufzusuchen. Einige Adressen finden Sie auf Seite 202.

Mit Selbsthypnose kann man sich auch gut auf eine wichtige Prüfung oder ein Vorstellungsgespräch vorbereiten. Die Konzentration und Selbstsicherheit, mit der Sie das Ereignis vorwegnehmen, werden Sie dann auch im entscheidenden Moment empfinden.

Einsatzbereiche von Hypnose

Hypnosetechniken haben sich bewährt
- Als Erinnerungshilfe
- Als Vergessenshilfe
- Zum Einprägen von Lernmaterial
- Bei der Suche nach kreativen Lösungen für eine Aufgabe oder ein Problem
- Zum Auffinden von unbewussten Motiven für ein vom Bewusstsein her unerwünschtes Verhalten
- Zur Schmerzlinderung
- Zur allgemeinen Entspannung
- Zur gezielten Ansprache brachliegender Talente
- Zur inneren Vorwegnahme von erwünschten Zuständen in zukünftigen Situationen
- Als Motivationshilfe zum Erreichen von Fernzielen

Tagträumen als Kurzentspannung

1 Setzen oder legen Sie sich bequem hin. Das Liegen ist dabei die angenehmere Position, weil dabei die Hände nicht einschlafen können. Lockern Sie – so weit wie möglich – Ihre Muskeln.

2 Lassen Sie nun den Blick im Raum umherschweifen. Dann schließen Sie die Augen. Denken Sie nach: Was haben Sie eben gesehen? Ein Möbelstück, eine bestimmte Farbe, ein Bild? Benutzen Sie das eben Gesehene als Tagtraumeinstieg, indem Sie dazu einige Ideen assoziieren.

Auch Tagträume werden durch Reize aus unserer Umgebung ausgelöst. Das Gehirn knüpft daran Assoziationen und schickt uns so »auf die Reise«.

Hier ein paar Beispiele:

● Ein bestimmtes Möbelstück besteht aus Holz, das einmal zu einem Baum gehörte. Sie könnten sich nun fragen, wo dieser Baum gestanden hat, und wie viele Sommer und Winter er wohl erlebt hat.

● Eine Farbe erinnert Sie an einen bestimmten Urlaub, wo diese Farbe vorgeherrscht hat. Beim Anblick einer türkisblauen Büroklammer könnten Sie beispielsweise an einen Strandurlaub auf einer Mittelmeerinsel oder in der Karibik denken.

● Beim Anblick eines Bildes könnten Sie sich fragen, wo Sie es eigentlich herhaben: Haben Sie es selbst gekauft? Und wenn ja: Wo war das? Oder ist das Bild ein Erbstück von einem alten Onkel? Welche Erinnerungen haben Sie noch an diesen Onkel? Wie mögen wohl die Zeiten gewesen sein, in denen er geboren wurde?

3 Halten Sie die Augen geschlossen, und lauschen Sie nun auf alles, was Sie in Ihrer Umgebung hören können. Nutzen Sie wieder die Eselsbrückentechnik, indem Sie die verschiedenen Töne, Klänge und Geräusche als Stichwortgeber für weitere Gedankenreisen nutzen. Solche Assoziationen könnten sein:

● Ein Auto fährt vorüber. Wer mag wohl am Steuer sitzen? Wohin fährt die Person? Und was ist wohl ihr Lieblingsurlaubsziel? Eine Insel auf den Malediven? Oder die Toskana?

● Eine Uhr tickt. Wie wurden Uhren eigentlich erfunden? Wie haben die Menschen sich ihre Zeit eingeteilt, als es noch keine Uhren gab?

● Sie hören Stimmengewirr. Das erinnert Sie möglicherweise an einen sonnigen Ferientag im Freibad, irgendwann in Ihrer Kindheit.

4 Machen Sie nun auch aus anderen Empfindungen, die Sie wahrnehmen, »Fühlgeschichten«:

- Ich fühle die Luft, die ich atme. Wenn die Luft in meine Nasenlöcher hineinströmt, fühlt sie sich kühl an, wenn ich sie ausatme, fühlt sie sich warm an. Was macht die Luft in meinem Körper? Sie versorgt meine Körperzellen mit Sauerstoff … usw.

- Meine Füße werden von Baumwollsocken gewärmt. Baumwolle wächst doch an Büschen. Wie mag das wohl aussehen? Die Büsche blühen in warmen Ländern. Wie sieht es in diesen Ländern aus?

Das westliche Denken ist stark durch die empirische Wissenschaft geprägt und misst der Intuition nur wenig Bedeutung bei. Mit Trancetechniken kann man seine intuitiven Fähigkeiten trainieren und so das Bewusstsein erweitern.

5 Sie können jetzt natürlich – wenn Sie wollen – auch noch Geschmacks- oder Geruchsgeschichten entwerfen. Denken Sie dabei nicht nur an käuflich zu erwerbende Wohlgerüche wie Parfüms, sondern auch an Dinge wie ofenfrisches Brot oder gemähtes Gras. Entdecken Sie Ihre persönlichen Vorlieben: verschiedene Früchte, Getränke und Aromen wie Pfefferminze, Vanille usw.

6 Spüren Sie, wie Ihr Körper entspannt, wenn Ihre Gedanken ins Schweifen kommen. Sie verdanken dieses Entspannungsgefühl der Tatsache, dass Sie nicht gegen die Außenwahrnehmungen angehen, sondern diese als Stichwortgeber für Ihre inneren Reisen nutzen. Das gedankliche Umherschweifen hilft Ihnen, sich sanft von der Außenwahrnehmung zu lösen.

7 Wenn Ihnen der gelöste Zustand angenehm genug ist, legen Sie langsam die Fingerspitzen beider Hände aneinander. Auf diese Weise ist der leichte Trancezustand jetzt an die Berührung der Fingerspitzen gekoppelt.

8 Gehen Sie jetzt in Gedanken an einen Ort, an dem Sie sich schon einmal sehr wohl gefühlt haben. Nehmen Sie ihn wieder mit allen Sinnen wahr, und tanken Sie auf: mit dem inneren Sehen, Hören, Fühlen, Riechen und Schmecken.

9 Geben Sie sich nun weitere fünf bis zehn Minuten diesem gezielten Tagträumen hin. Danach können Sie bereits deutlich die Auswirkungen Ihrer Kurzerholung wahrnehmen.

❿ Sie recken und strecken sich, ballen und öffnen die Fäuste mindestens dreimal, stehen auf und bewegen sich im Raum. Die Bewegung hilft, mit den Sinnen in die Außenwelt zurückzukehren.

Hinweise zur Übung

- Sie dürfen bei jeder Trance alles tun, um es sich noch bequemer zu machen: sich anders hinlegen oder -setzen, an der Nase kratzen usw.
- Diese Übung eignet sich auch hervorragend als Einschlafhilfe.
- Geben Sie, wann immer es Ihnen möglich ist, Ihrem natürlichen Impuls zum Tagträumen nach. Betrachten Sie dieses Phänomen als ein ebenso selbstverständliches Bedürfnis wie das Essen und Trinken. Richten Sie sich Zeiten ein, die Ihnen das ungestörte Tagträumen erlauben: Stellen Sie den Wecker zehn Minuten früher, und träumen Sie morgens vor dem Aufstehen noch vor sich hin. Lesen Sie im Bus oder in der Bahn nicht Zeitung, sondern schauen Sie auf einen Fixpunkt und lassen die Gedanken schweifen.
- Beim gezielten Tagträumen mit offenen Augen hilft als Einstieg der so genannte periphere oder auch weite Blick: Schauen Sie auf einen Punkt im Raum, und weiten Sie dabei den Blickwinkel. Nehmen Sie – obwohl Sie geradeaus gucken – auch noch wahr, was sich seitlich von Ihnen befindet. Dabei »defokussiert« Ihr Blick, und Sie geraten automatisch in eine leichte Trance.

Sie müssen keine besondere Position einnehmen, um in Trance zu verfallen. Auch beim Sitzen im Bus oder beim Warten in einer Schlange können Sie sich in diesen Entspannungszustand versetzen.

Tagträume helfen Ihnen, sich kurzfristig zu entspannen. Nach so einer kurzen Ruhephase lassen sich die Probleme des Alltags viel besser bewältigen.

Vom Sinn des Sinnierens

Tagträume als Erfolgskino

Sie haben eben die Übung »Tagträumen« kennen gelernt. Diese Übung ist ein ideales Hilfsmittel, um sich selbst in einen leichten Trancezustand zu versetzen. Wenn Sie diesen Trancezustand nicht nur zur Erholung, sondern auch zum Bearbeiten wichtiger Lebensthemen nutzen wollen, fahren Sie so lange mit der Eselsbrückentechnik fort, bis Sie sich insgesamt entspannt fühlen und tief und regelmäßig atmen. Alle Außenwahrnehmungen werden nun vom Gehirn sofort in intensive innere Bilder umgesetzt. In diesem leichten Trancezustand können Sie jetzt das »Sinnieren« einsetzen, um Ihre Verhaltens- und Denkmöglichkeiten zu erweitern.

Wir Menschen haben die Chance, uns ständig zu ändern, und diese innere Flexibilität gibt uns Standfestigkeit im Leben. Denken Sie an die Wolkenkratzer, die besonders beweglich konstruiert sind, damit sie einem Sturm standhalten können. Viele Menschen halten jedoch an alten Verhaltensmustern fest, obwohl eine Veränderung dringend erforderlich wäre. Erst die Fähigkeit zur Anpassung ermöglicht uns jedoch gesunde Reaktionen auf äußere Einflüsse. Und diese Fähigkeit entwickeln wir beim Sinnieren.

Das gedankliche Durchspielen von Situationen kennt jeder. Statt dabei das Verhalten anderer abzuwandeln, sollten Sie besser Ihre eigenen Handlungsmuster variieren.

Verschiedene Situationen durchspielen

Das Wort »Sinnieren« ist übrigens sehr passend, denn im leichten Trancezustand sind die Sinne ganz besonders offen für das Erleben einer inneren Welt. Sie können in diesem Zustand vergangene und zukünftige Ereignisse wie im Kino vor sich ablaufen lassen und so zum Regisseur Ihres eigenen Erfolgsfilms werden.

Wichtig beim Sinnieren ist nicht das permanente Wiederholen von Gedanken, sondern das Variieren von möglichen Verläufen einer Situation. Wann immer Sie über eine Situation in Ihrem Leben sinnieren, sollten Sie sich vornehmen, mindestens drei verschiedene Denkvarianten im Geist durchzugehen.Benutzen Sie beim Drehen Ihres mentalen Erfolgsfilms auch die Sprache eines Regisseurs: »Nochmal das Ganze – diesmal mit mehr Temperament« oder »Wir fangen nochmal von vorn an und lassen jetzt einfach diesen einen Satz weg«.

Drehen Sie Ihren persönlichen Erfolgsfilm

Gehen Sie die verschiedenen Szenen Ihres inneren Films mit den folgenden Denkkriterien durch:

- Sollte ich mich hier aktiver oder passiver verhalten?
- Ist es angenehmer, die Szene als außenstehender Beobachter oder persönlich beteiligt zu betrachten?
- Angenommen, diese Szene ist eine Lerngeschichte. Was kann ich auf jeden Fall daraus für meinen Erfahrungsschatz lernen?

Weitere Varianten könnten sein:

- Sie arbeiteten an den gesagten Sätzen – vor allem an Ihren eigenen.
- Sie verlassen die Szene.
- Sie halten die Situation länger durch.
- Sie betrachten die Szene durch die »Loriot-Brille« und entdecken die komische Seite daran usw.

Mut zum Experiment

Variieren Sie beim Drehen Ihres Erfolgsfilms stets Ihre eigene Denkweise oder Reaktion, und beobachten Sie dann, was diese verschiedenen Verhaltens- oder Sichtweisen für einen Effekt haben. Verschwenden Sie nicht allzu viel Energie auf den Gedanken, was Ihre Mitmenschen anders machen könnten – überlegen Sie vielmehr, was Sie tun könnten, um sie zu einer Verhaltensänderung zu bewegen. Das Gute an dieser Technik ist: Sie dürfen alles ausprobieren, was Ihnen als Wahlmöglichkeit einfällt – und wenn Sie in Gedanken Ihrem Chef eine Torte ins Gesicht werfen. Manche Menschen trauen sich nicht, bestimmten Vorstellungen nachzugehen, weil sie befürchten, diese Vorstellungen würden beim Darüber-Nachdenken automatisch real werden. Doch tatsächlich ist es mit Gedankenmodellen nicht anders als beim Autokauf: Sie können sehr wohl in ein Autohaus gehen und eine Probefahrt vereinbaren. Danach steht es Ihnen völlig frei zu sagen: »Das Modell gefällt mir nicht – ich möchte mich erst noch weiter umschauen.« Ebenso verhält es sich mit Gedanken, die auch nichts anderes als eine mentale »Probefahrt« sind.

Auch rachsüchtige Gedanken haben ihre positive Seite: Sie können z. B. Aggressionen abbauen, weil oft schon die bloße Vorstellung eines »Vergeltungsschlags« der Wut den Stachel nimmt.

ÜBUNG → ## Den eigenen Erfolgsfilm drehen

1 Versetzen Sie sich mit der Eselsbrückentechnik in eine leichte Trance. Legen Sie wieder die Fingerspitzen aneinander, wenn Sie sich entspannt fühlen und der Atem regelmäßig geht.

2 Sinnieren Sie über ein vergangenes Erlebnis, mit dessen Verlauf Sie nicht besonders zufrieden waren:

Klappe 1: Gehen Sie in Gedanken die Szene durch, wie Sie sie spontan erinnern.

Klappe 2: Gehen Sie die Szene durch, indem Sie sich aktiver als tatsächlich geschehen verhalten.

Klappe 3: Gehen Sie die Szene durch, indem Sie sich passiver als tatsächlich geschehen verhalten.

Klappe 4: Schauen Sie sich die Szene von außen an.

Klappe 5: Erleben Sie alles bewusst assoziiert.

Klappe 6: Entwerfen Sie einen Text nach dem Motto: »Und die Moral von der Geschicht …«. Fragen Sie sich dabei: »Was habe ich aus dieser Erfahrung gelernt?«

Gehen Sie die »Klappen« immer wieder durch, bis sich das Erlebnis neutral oder sogar positiv anfühlt.

3 Sinnieren Sie auf gleiche Weise über ein zukünftiges Erlebnis. Gehen Sie die Szene durch, so wie Sie spontan darüber nachdenken. Dann variieren Sie die Szene wieder mit den obigen Denkkriterien. Benutzen Sie die gleichen Denkkriterien, um sich lebhaft ein für Sie wichtiges Fernziel vorzustellen.

4 Sie recken und strecken sich, ballen die Fäuste und bewegen sich dann im Raum. So kehren Sie wieder in die Außenwelt zurück.

Hinweis zur Übung

• Versetzen Sie sich auch einmal in Situationen, in denen sich andere Menschen befinden oder befunden haben: Romanfiguren, Nachbarn, Fernsehhelden. Gehen Sie die jeweiligen Szenen mit mindestens drei Denkkriterien durch, und erleben Sie diese Gedankenmomente mit allen Sinnen – so lange, bis Sie mit dem Endergebnis zufrieden sind.

Leichte Muskelanspannung und etwas Bewegung helfen dabei, sich wieder aus der Trance zu lösen. Auch wenn Sie durch äußere Umstände jäh aus diesem Zustand herausgerissen werden, sollten Sie nicht auf kurze Lockerungsübungen verzichten.

Trance und Modelllernen

Wie man Selbstsicherheit »klauen« kann

Die meisten unserer Klienten wünschen sich in verschiedenen Situationen ihres Lebens mehr Selbstsicherheit, Gelassenheit und Souveränität. Gerade hier bietet die Selbsthypnose eine besonders gute Imaginationsstrategie an: das »Klauen« von Kompetenzen und Talenten anderer Menschen. Anstatt sich ewig darüber zu grämen, dass einem selbst wichtige Fähigkeiten fehlen oder zu schwach ausgebildet sind, sollten Sie lieber Ihren Wahrnehmungsfokus auf Ihre Mitmenschen lenken: Wer kann genau das, was ich mir wünsche? Wer hat dieses sichere Auftreten, diese Gelassenheit, diese Souveränität?

Die eigenen Möglichkeiten entfalten

In den meisten Fällen können Sie von der Prämisse ausgehen: »Was der/die kann, das kann ich auch. Ich muss es nur üben.« Selbst wenn Ihr Vorbild sich in wichtigen Punkten von Ihnen unterscheidet, gibt es die Möglichkeit, sich von dieser Person eine Scheibe abzuschneiden: die Art sich zu bewegen, einen bestimmten Blick, eine Geste. Wir scheuen oft davor zurück, uns Dinge von Menschen abzugucken, die völlig verschieden von uns wirken. Wenn Sie jedoch Ihr Verhaltensrepertoire erweitern wollen, sollten Sie gerade von Menschen lernen, die Ihnen auf den ersten Blick völlig fremd erscheinen.

Gerade Jugendliche neigen dazu, unkritisch ein Idol nachzuahmen. Beim Modelllernen geht es jedoch darum, sich gezielt Erfolg versprechende Eigenschaften abzuschauen.

Durch Nachahmung lernen

Wie nun können Sie Selbstsicherheit »klauen«? Indem Sie sich nicht darüber ärgern, dass andere Menschen so verdammt selbstsicher sind, sondern indem Sie sich intensiv mit diesen Personen beschäftigen, um herauszufinden, was Sie von ihnen abgucken können. Diese Art des Lernens ist Ihnen übrigens von Geburt an vertraut: Den aufrechten Gang, die Muttersprache, die ersten Kinderlieder haben Sie durch schlichtes Nachahmen anderer Menschen in sich aufgenommen – ohne darüber nachzudenken. Niemand erlernt seine Muttersprache mit Hilfe von Büchern oder gar Lernkassetten. Sie geht uns dadurch in Fleisch und Blut über, dass wir sie mit unseren Sinnen bei einem anderen Menschen wahrnehmen.

Bei der Hauptperson Ihrer Geschichte sollte es sich um einen Menschen handeln, der sich gut in tiefe Trance versetzen kann. Denken Sie an eine Figur, deren Tranceverhalten Sie besonders anspricht, z.B. an einen buddhistischen Mönch oder einen indianischen Medizinmann.

Die Verschachtelungstechnik

Auch zum Trainieren der Selbsthypnose selbst gibt es eine wirksame Trancetechnik, die auf dem Modelllernen beruht. Erfinden Sie zu einer Figur, deren Tranceverhalten Sie in der Vorstellung besonders anspricht, eine Geschichte mit »verschachtelten Realitäten«: Das ist eine Geschichte in einer Geschichte in einer Geschichte …

Lesen Sie hierzu ein Beispiel:

● Öffnen der ersten Schachtel

… »Neulich traf ich an der Bushaltestelle einen alten Schulfreund. Wir hatten uns jahrelang nicht mehr gesehen, und ich war neugierig, was sich in dieser Zeit alles bei ihm ereignet hatte. Er erzählte mir, dass er …«

● Öffnen der zweiten Schachtel

»… fünf Jahre lang in Australien gelebt hatte. Er fand das Land sehr faszinierend: das tropische Wetter, die unendliche Weite, die Meere. Was ihn aber besonders interessierte, waren die Ureinwohner, zu denen er durch einen Glücksfall Kontakt bekam. Sie heißen Aborigines …«

● Öffnen der dritten Schachtel

»… Einer dieser Aborigines wurde sogar sein Freund. Er zog mit ihm durch die Landschaft, erklärte die Geheimnisse der Natur und erzählte Geschichten seines Volkes, wovon …«

● Öffnen der vierten Schachtel

»… eine besonders interessant war. Sie erzählt von einem Urahnen der Ureinwohner, dem die anderen Fragen stellen oder ihre Sorgen erzählen konnten. Nachdem der Ratsuchende ihm das Problem geschildert hatte, setzte sich dieser Urahn unter einen bestimmten Baum, schloss die Augen und fiel in eine tiefe Trance. Er atmete regelmäßig, und es lag ein kleines Lächeln auf seinem Gesicht, weil er offensichtlich auf seinen inneren Reisen viele schöne Dinge erlebte. Es schien ihm immer sehr gut dabei zu gehen. In der Trance löste er auch die Probleme seiner Mitmenschen, da er in diesem Zustand offensichtlich viele Ideen hatte …«

Das Bewusstsein überlisten

Der Trick an diesen verschachtelten Realitäten besteht in der Ablenkung des Bewusstseins von der Konzentration auf ein bestimmtes Bild. Spätestens bei der dritten Schachtel gibt es das haargenaue Aufpassen auf und fängt an, sich mit der Geschichte treiben zu lassen. Kommt man beim Kern der Geschichte an – in diesem Fall bei unserem Modell für eine tiefe, angenehme Trance –, ist das Bewusstsein schon in einen fließenden Zustand übergegangen.

Auf Gedankenreise gehen

Denken auch Sie sich eine Geschichte mit mehreren Schachteln aus, die Sie ganz allmählich zu Ihrem Trancemodell hinführt. Wenn Sie dann die einzelnen Schachteln öffnen, werden Ihre Gedanken unweigerlich ins Schweifen geraten. Legen Sie die Fingerspitzen aneinander, und beginnen Sie über ein bestimmtes Thema zu sinnieren, wobei Sie genau wie Ihr Trancevorbild viele Gedanken und Ideen produzieren. Nach etwa zehn Minuten kommen Sie dann wieder auf Ihre Geschichte zurück, wie z. B. hier:

- Schließen der innersten Schachtel

»… und wenn dieser weise Mann dann seine Augen wieder öffnete, hatte er immer eine gute Idee von seiner Reise nach innen mitgebracht …«

- Schließen der dritten Schachtel

»… Das jedenfalls erzählte der junge Aborigine meinem Schulfreund in der Zeit …«

- Schließen der zweiten Schachtel

»… in der mein Schulfreund in Australien lebte und arbeitete…«

- Schließen der ersten Schachtel

»… Als diese Geschichte beendet war, kam der Bus. Mein Schulfreund und ich stiegen ein und unterhielten uns weiter.« Dieses »Wiedereinpacken« der Schachteln hilft Ihnen, auf sanfte Weise aus der Trance wieder ins Wachbewusstsein zurückzukehren.

Es gilt die Regel: Wie man in die Trance hineingeht, so gelangt man auch wieder aus ihr hinaus. Deshalb müssen Sie Ihre Erzählung Schritt für Schritt zum Ausgangspunkt zurückführen und ihr einen Abschluss geben.

Erfolgreiche Vorbilder imitieren

Gute Schauspieler verstehen es, bestimmte Eigenschaften durch Mimik, Gebärden und Tonfall auszudrücken. Wie diese müssen Sie sich in Ihr Vorbild einfühlen, um Ihre Rolle zu verinnerlichen.

Im Lauf Ihres Lebens sind Ihnen zahllose Verhaltensvorbilder begegnet. Hierzu zählen nicht nur Menschen wie die Eltern, Geschwister, Freunde, Kollegen und Nachbarn, sondern auch Romanfiguren, Persönlichkeiten des öffentlichen Lebens, Schauspieler oder Stars.

Über das Nachahmen dieser Vorbilder können Sie Ihre eigenen Möglichkeiten entfalten. Die einfachste Methode besteht darin, sich in eine andere Person hineinzuversetzen. Das Ziel ist dabei nicht, komplett dieser andere Mensch zu werden, sondern nur jene Fähigkeiten und Ausdrucksformen zu übernehmen, die einem besonders vorbildlich erscheinen. Solche »Erfolgsmerkmale« können sein:

Mimik	Haltung	Stimme
• Stirn	• Schultern	• Tonfall
• Augenbrauen	• Rücken	• Sprechgeschwindigkeit
• Augenausdruck	• Bewegungen	• Lautstärke
• Mund	• Art des Stehens	• Satzmelodie
• Kinnpartie	• Gestik	• Sprachniveau

Wie Sie sich diese einzelnen Ausdrucksformen dann konkret »ausleihen« können, zeigt Ihnen die folgende Übung.

Um sich gezielt in Trance zu versetzen, bedarf es einiger Übung. Ein tibetischer Mönch, der sich ins Gebet vertieft, kann Ihnen dabei als Vorbild dienen.

Selbstsicherheit »klauen«

◄── ÜBUNG

1 Denken Sie an eine Situation, in der Sie mit sich selbst unzufrieden waren: Sie hätten sich in dieser Situation vor allem mehr Selbstsicherheit gewünscht.

2 Suchen Sie sich jetzt ein »Modell« für Selbstsicherheit: Ganz gleich, ob es sich dabei um einen Freund oder eine Freundin, um einen Schauspieler, ein Kind oder einen Greis handelt – die Hauptsache ist, dass Sie urteilen: »Diese Person hätte sich in dieser Situation bestimmt ganz selbstsicher und gelassen verhalten.«

Natürlich sollen Sie sich selbst treu bleiben und keine schlechte Imitation werden. Es spricht jedoch nichts dagegen, sich an erfolgreichen Verhaltensmustern anderer Menschen zu orientieren.

3 Nun versetzen Sie sich in einen leichten Trancezustand. Benutzen Sie nach Belieben die Eselsbrückentechnik oder die Verschachtelungstechnik. Wenn Ihre Gedanken zu fließen beginnen, legen Sie die Fingerspitzen aneinander.

4 Jetzt sehen Sie sich die vergangene Situation wie einen Film von außen an. Auch sich selbst sehen Sie von außen. Fragen Sie sich: Wirkt diese Person – mein eigenes Ich – tatsächlich so unsicher? Woran liegt das? Manchmal gibt es dabei auch eine positive Überraschung: Man wirkt viel souveräner, als man zunächst annahm.

5 Nun kommt die »Klappe 2«. Dabei wird Ihre Person im imaginativen Film durch Ihr »Selbstsicherheitsmodell« ersetzt. In dieser Szene steht Ihr Vorbild stellvertretend für Sie die Situation durch – selbstsicher und gelassen.

6 Überlegen Sie: Woran liegt es, dass Ihr Modell so selbstsicher wirkt? Benutzen Sie zum Nachdenken die Kriterien der oben stehenden Liste: Welche Merkmale in Mimik, Gestik und Sprache machen die gelassene Ausstrahlung Ihres Vorbilds aus? Suchen Sie sich mindestens drei Merkmale heraus, und nehmen Sie sich vor, diese später aufzuschreiben.

....

....

....

7 Jetzt folgt die »Klappe 3«: Sie betreten die »Bühne« und werden eins mit Ihrem Modell. Schlüpfen Sie ganz in diese Person hinein: Sie sehen mit den Augen Ihres Vorbilds, hören mit dessen Ohren, spüren Mimik und Muskulatur. Durchleben Sie nun in der Haut Ihres Modells die Szene. Spüren Sie die Selbstsicherheit Ihres Modells am eigenen Körper.

Durch die Beobachtung anderer Menschen kommt man natürlich auch negativen Verhaltensweisen auf die Spur und kann diese dann bei sich selbst besser vermeiden.

8 Jetzt lösen Sie sich wieder von Ihrem Modell. Werden Sie wieder Sie selbst. Überlegen Sie: Welche Eigenschaft Ihres Modells bleibt Ihnen jetzt in besonders positiver Erinnerung?

9 Nun denken Sie an eine zukünftige Situation, in der Sie die Fähigkeiten oder Verhaltensweisen Ihres Modells benutzen möchten. Leben Sie die Situation schon jetzt in Trance durch, und setzen Sie dabei alles ein, was Sie von Ihrem Vorbild gelernt haben. Spüren Sie Ihre neu gewonnene Selbtsicherheit.

10 Lösen Sie sich nun wieder aus der Trance: Schließen Sie nacheinander die Geschichtsschachtel, und/oder nehmen Sie wieder ganz bewusst die Sinnesreize Ihrer Umwelt wahr. Sie recken und strecken sich und bewegen sich im Raum. Die »Tricks« Ihres Selbstsicherheitsmodells stehen Ihnen ab jetzt jederzeit bewusst und unbewusst zur Verfügung.

Hinweise zur Übung

• Beobachten Sie andere Menschen, wann immer Sie können: im Fernsehen, im Zug, im Supermarkt. Kommt Ihnen jemand besonders selbstsicher und gelassen vor, fragen Sie sich: Woran genau liegt es, dass diese Person so auf mich wirkt? Gehen Sie immer wieder die »Modellliste« durch, und eignen Sie sich die entscheidenden kleinen Signale selbst an. Vertiefen Sie die Erkenntnisse dann mit Hilfe dieser Tranceübung.

• Proben Sie, wenn Sie allein sind, ruhig auch vor dem Spiegel.

• Entwickeln Sie einen sechsten Sinn für die scheinbaren Kleinigkeiten der menschlichen Ausstrahlung. Beispielsweise wirken leicht zusammengekniffene Augen oft selbstsicherer als weit aufgerissene, eine etwas tiefere Stimmlage überzeugender als eine hohe.

Trance und Gesundheit

Die »Zauberhand«

Vor allem im Gesundheitstraining hat die Hypnose schon lange ihren festen Platz. Trancezustände sind besonders gut geeignet, um positive körperliche Gefühle und Heilprozesse zu unterstützen. Die Selbstheilungskraft des Körpers ist enorm. Bricht sich jemand beispielsweise ein Bein, so muss der Arzt das Bein zwar richten und eingipsen – jedoch die Heilung an sich, das Zusammenwachsen der Knochen, organisiert der Körper ganz allein. Ein weiteres Beispiel für diese körpereigenen Kräfte ist der so genannte Plazeboeffekt, der mittlerweile auch von Wissenschaftlern nicht mehr als Einbildung betrachtet wird, sondern als eine erstaunliche Heilleistung des Körpers.

Nicht zu unterschätzen – der Plazeboeffekt

Der Plazeboeffekt beruht auf der Gabe eines Scheinmedikaments – des Plazebos –, das in Wirklichkeit keinerlei Wirkstoffe enthält. Bei vielen Menschen wirken diese Scheinpillen aber dennoch schmerzlindernd. Heute weiß man, dass vor allem besonders phantasievolle Personen diesen Effekt erleben. Sie stellen sich die Linderung ihrer Beschwerden durch das Plazebo derart lebhaft vor, dass der Körper daraufhin tatsächlich einen Heilungsprozess einleitet, was die Forschung eindrucksvoll beweisen konnte. Demnach produziert der Stoffwechsel nach der Einnahme eines Plazebos tatsächlich einen Zuschuss an körpereigenen Schmerzmitteln. Diese so genannten Endorphine gehören zur Gruppe der Opiate und wirken ähnlich wie Morphium. Empfinden wir Europäer Schmerzen, nehmen wir meist sehr schnell lindernde Medikamente ein, ohne weiter über Ursache und Wirkung, über den Zusammenhang zwischen Körper und Seele nachzudenken. In Asien hingegen – und nicht nur dort – arbeitet man seit Jahrtausenden bei Heilritualen mit dem Handauflegen, was bei vielen Menschen ebenfalls einen positiven Plazeboeffekt bewirkt. Ich möchte Ihnen daher eine Selbsthypnoseübung vorstellen, die etwas mit der Heilkraft Ihrer eigenen Hände zu tun hat. Da die Übung in vielen Punkten auf der so genannten Wahrheitstechnik basiert, sollte diese zuvor noch in kurzen Worten erläutert werden.

Bei ernsten Erkrankungen sollte man auf keinen Fall mit Trancetechniken experimentieren, sondern einen Arzt zurate ziehen. Gegen Alltagsbeschwerden können Sie aber mit Selbsthypnose einiges ausrichten.

Die Wahrheitstechnik

Die Wahrheitstechnik ist besonders gut dazu geeignet, in sich einen Wunschzustand aufzubauen, den Sie selbst benennen sollten: innere Ruhe, Energie, Selbstsicherheit o. Ä. Schreiben Sie sich mindestens vier Eigenschaften auf, die diesen Zustand Ihrem individuellen Empfinden nach ausmachen – wie hier am Beispiel »Energie« vorgeführt:

- Leichtigkeit
- Wachsein
- Bewegungsdrang
- Die Energie fließt von unten nach oben durch Ihren Körper – wie bei einem Springbrunnen.

Diese einzelnen Wahrnehmungen bauen Sie dann mit der Wahrheitstechnik systematisch in sich auf. Das Prinzip ist ganz einfach: Sie nehmen jetzt eine Reihe von Dingen wahr, die real und demnach auch unbestreitbar richtig sind: Sie halten ein Buch in der Hand, Sie lesen, Sie atmen, Ihr Herz schlägt. Ab und zu müssen Sie beim Weiterlesen eine Seite umblättern. All das ist wahr. Diese Wahrheit wird nun in einen Satz verpackt, der jedoch aus zwei Teilen besteht: Der erste Teil ist eine wahre Aussage und der zweite eine Suggestion über den positiven Zustand, in den Sie sich versetzen möchten:

Die Wahrheitstechnik hilft Ihnen dabei, psychisch bedingte Tiefs schneller zu überwinden. Sie sollte aber auf keinen Fall dazu eingesetzt werden, warnende Schmerz- oder Erschöpfungssignale des Körpers zu unterdrücken.

Wahrer Teil	Suggestionsteil
Ich halte ein Buch in der Hand, und während ich lese …	… spüre ich, wie sich irgendwo in meinem Körper ein leichtes Gefühl auszubreiten beginnt.
Bei jedem Atemzug …	… fällt ein kleiner Teil meiner Müdigkeit von mir ab.
Ich spüre deutlich, wie mein Herz schlägt und dabei …	… steigt in mir der Wunsch auf, loszurennen und ausgelassen umherzuspringen.
Bei jeder Seite, die ich umblättere …	… wird die aufsteigende Energie ein kleines bisschen stärker.

Wahrheit und Suggestion verknüpfen

Der Zauber dieser Methode liegt in der Satzkonstruktion. Von klein an sprechen wir unsere Muttersprache. Wir wissen intuitiv, dass Sätze einen Punkt haben müssen. Dieser Punkt macht den Satz »zu«, so wie man eine Tür schließt. Hat ein Satz keinen Punkt, dann …

Haben Sie bemerkt, wie schnell man irritiert ist, wenn ein Satz keinen Punkt hat? Steht ein Punkt hinter dem Satz, erleben wir ihn als geschlossen. Bei der Wahrheitstechnik sperren wir eine Wahrheit mit einer Suggestion in einen Satz-Raum und machen dann die Tür mit dem Punkt zu. Wir machen uns dabei eine tief verankerte Gewohnheit des Gehirns zunutze. Beginnt ein Satz mit einer wahren Aussage, wird der gesamte Satzinhalt als richtig abgespeichert.

Fließende Übergänge schaffen

Sie können alle Außenwahrnehmungen als »Wahrheitsteil« in einen Selbsthypnosesatz einbauen und dann mit einem Erlebniselement Ihres Zielzustands verknüpfen. Das kann alles sein, was Sie gerade sehen, hören, fühlen, riechen und schmecken, z. B.: »Ich höre, wie ein Auto vorbeifährt. Und während sich das Geräusch in der Ferne verliert (wahr), spüre ich, wie sich eine Form von Ruhe in meinem Körper ausbreitet (Suggestion, unpräzise Wortwahl)«. Sorgen Sie in jedem Fall dafür, dass Sie die positiven Erlebniselemente sprachlich sanft mit offenen Formulierungen einführen. In der Suggestionssprache sollte die Wortwahl möglichst unpräzise bleiben, damit viel Platz für den Plazeboeffekt bleibt: »irgenwo im Körper«, »ein Gefühl beginnt sich auszubreiten«. Darunter kann man sich viel oder wenig vorstellen – je nach persönlichem Tempo. Der Satz ist so offen formuliert, dass jeder die Chance hat, eine »leichte Stelle« im Körper aufzuspüren. Auf diese Weise werden dann die Eindrücke der Außenwelt mit inneren positiven Zuständen verknüpft, Ihre Sinneswahrnehmung wird zum Souffleur für das Aufrufen Ihrer inneren Kraftquellen.

Drücken Sie Suggestionen vage aus, damit sie als Wahrheit akzeptiert werden. Zu krasse Übergänge zwischen Suggestion und Wahrheitsteil führen dazu, dass Körper und Gehirn Ihren Behauptungen widersprechen.

ÜBUNG →   ## Die »Zauberhand«

❶ Setzen oder legen Sie sich bequem hin. Konzentrieren Sie sich auf Ihre Hände. Spüren Sie die Unterlage, die Ihre Hände berühren. Und während Sie diese äußere Berührung spüren, nehmen Sie wahr, dass Sie auch im Inneren der Hände etwas fühlen … sei es in der Handfläche, in den Knöcheln oder in den Fingerspitzen …

❷ Nehmen Sie diese Gefühle wahr, und spüren Sie dabei, dass diese Empfindungen so etwas wie eine Energie darstellen, eine positive Energie. Und während Sie darüber nachdenken, überlegen Sie einmal: In welcher der beiden Hände ist diese positive Energie stärker – in der rechten oder in der linken?

Das Hand-auflegen ist eine Geste, die wir im Alltag instinktiv benutzen. In den meisten Fälle hat sie eine lindernde, schützende oder tröstende Bedeutung.

❸ Ganz gleich, welche Hand es ist – Sie beginnen sie jetzt zu bewegen. Und während sich die Hand bewegt, scheint sie wie von selbst zu einem Körperbereich zu wandern, der dringend etwas positive Energie benötigt.

❹ Und gleich beim Auflegen merken Sie, wie die positive Energie der Hand in diesen Körperbereich hineinfließt. Dabei entsteht eine bestimmte Temperatur. Und je länger die Hand dort liegt, desto tiefer dringt die positive Energie in jede Körperzelle ein – sie erreicht nicht nur die Oberfläche des Gewebes, sondern auch tiefere Schichten.

❺ Und Sie wissen ja auch, dass unsere verschiedenen Körperpartien durch Nerven, Gefäße und Knochen miteinander verbunden sind … und über diese Bahnen kann die positive Energie jetzt überall hinfließen, wo sie gebraucht wird. Je länger die Hand dort liegt, desto stärker spüren Sie die positive Wirkung …

Hinweis zur Übung

● Sie können das Gefühlserlebnis noch durch die anderen Sinneskanäle unterstützen: Die positive Energie hat eine bestimmte Farbe oder strahlt ein bestimmtes Licht aus, das überall hinkommt, sie wird von einem leisen »Heilton« – etwa einem Sprudeln – begleitet, der die Zellen erreicht und in »gute Stimmung« versetzt usw.

166

Schlafend arbeiten

Wie man Traumaufträge erteilt

Erinnern Sie sich noch an den Kindertraum vom Schulbuch, das man unter sein Kopfkissen steckt, in der Hoffnung, damit sein Wissen im Schlaf aufnehmen zu können? Es wird Sie freuen zu hören, dass diese Geschichte keinesfalls nur ein Märchen ist. Etwas daran ist nämlich wahr: Hat man vor dem Einschlafen in das Schulbuch hineingesehen und Vokabeln oder Formeln gelernt, so prägen sich diese tatsächlich über Nacht besonders gut ein.

Was man kurz vor dem Einschlafen gelesen hat, prägt sich oft besonders gut ein. Voraussetzung ist allerdings, dass man das Gehirn nicht überfüttert, sondern ihm den Lernstoff in kleinen Portionen anbietet.

Das Gehirn – ständig in Aktion

Dazu sollte man wissen, dass unser Gehirn Sinnesreize nicht nur im Moment der Wahrnehmung registriert. Gehirnforscher haben herausgefunden, dass bestimmte Informationen sich noch vier bis sechs Wochen nach dem Wahrnehmungsereignis im Gehirn »herumtreiben« können, bevor sie ihren endgültigen Speicherplatz im Nervensystem gefunden haben. Während dieser Zeit geben die Gehirnzellen die Neuigkeit untereinander weiter, so dass sie sich im Schneeballsystem verbreitet. »Im Nervensystem geht es ganz ähnlich zu wie in einer Nachbarschaft – wenn eine Zelle etwas Neues weiß, erfahren es innerhalb von kürzester Zeit auch alle anderen«, erzählte mir neulich ein bekannter Gehirnforscher bei einem Vortrag zu diesem Thema.

Permanente Speichertätigkeit

In einigen Kliniken hat dieses relativ neue Wissen bereits zu praktischen Konsequenzen geführt: Man spielt Patienten, die sich einer Operation unterziehen müssen, während des Eingriffs über Kopfhörer ihre Lieblingsmusik vor – damit soll vermieden werden, dass die mit dem Eingriff verbundenen Geräusche die Hörnerven »berühren«. Obwohl ein narkotisierter Mensch natürlich nicht auf Geräusche reagiert, arbeiten die Hörreize noch Stunden und Tage nach der Operation im Gehirn weiter und führen in seltenen Fällen sogar zu Erinnerungserlebnissen an den Eingriff. Früher hielt man derlei Berichte von Patienten für Phantasien, aber inzwischen hat die Gehirnforschung bewiesen, dass sich die Betroffenen tatsächlich erinnern.

Die Katapult-
technik kann
auch hilfreich
sein, wenn Sie
Einschlaf-
probleme haben.
Wenn man das
zwanghafte
Bemühen um
Schlaf aufgibt
und sich statt-
dessen konzen-
triert, über-
wältigt einen
häufig die er-
sehnte Müdigkeit.

Die Katapulttechnik

Sie wissen wahrscheinlich, wie ein Katapult funktioniert. Man zieht einen Gegenstand an einem elastischen Band zunächst in die entgegengesetzte Richtung des eigentlichen Ziels und lässt, wenn es stark genug gedehnt ist, einfach los. Der Rest erledigt sich von ganz allein: Der Gegenstand fliegt auf sein Ziel zu. Und je weiter man das Band zuvor zurückgezogen hat, desto höher ist dabei die Geschwindigkeit. Die anschließende Tranceselbstinduktion verfolgt das gleiche Prinzip, wie Sie dem folgenden Text leicht entnehmen können:

1 Setzen oder legen Sie sich bequem hin. Schließen Sie die Augen. Spüren Sie das angenehme Gefühl an den Augäpfeln, wenn diese von den Lidern bedeckt und geschützt werden.

2 Nun öffnen Sie wieder die Augen. Schauen Sie sich ganz bewusst im Raum um – etwa 30 Sekunden lang. Suchen Sie sich einen Gegenstand aus, der Ihnen besonders gut gefällt.

3 Schließen Sie die Augen wieder, atmen Sie ruhig und tief durch. Spüren Sie die Ruhe, die sich durch das regelmäßige Atmen im Körper auszubreiten beginnt. Lassen Sie den Atem im Körper fließen.

4 Jetzt öffnen Sie die Augen wieder. Schauen Sie sich im Raum um. Spannen Sie alle Muskeln bewusst an.

5 Schließen Sie die Augen aufs Neue, und lockern Sie wieder alle Muskeln. Fühlen Sie, wie angenehm die Entspannung jetzt im Körper wirkt. Genießen Sie die Ruhe …

6 Nun öffnen Sie wieder die Augen. Suchen Sie sich einen beliebigen Punkt im Raum, auf den Sie schauen. Dann zählen Sie mit geöffneten Augen ganz langsam bis 10.

7 Nun schließen Sie wieder die Augen und zählen innerlich ganz langsam von 10 bis 0 rückwärts. Und bei jeder Zahl, die Sie nennen, fühlen Sie sich ein kleines bisschen wohler.

Die Außenwelt ausblenden

Der Trick bei der Katapulttechnik ist folgender: Je öfter man in relativ kurzen Abständen die Augen öffnet, desto größer wird der innere Widerstand gegen jegliche Außenorientierung. Man möchte die Augen immer lieber einfach geschlossen halten und die innere Ruhe genießen. Bei jedem Augenschließen fällt man dann etwas tiefer in Trance. Das ist der Katapulteffekt. Man spricht hier auch von der fraktionierten Tranceinduktion. Setzen Sie das Vorwärts- (Augen auf) und Rückwärtszählen (Augen zu) stets als letzten Schritt ein, bevor Sie ganz in die Trance übergehen. Zum Schluss mag man die Aufmerksamkeit gar nicht mehr nach außen richten und fühlt sich in der Trance richtig wohl. In diesem Moment legen Sie wieder die Fingerspitzen aneinander und widmen sich Ihrem Thema:

- Einer Reise an einen schönen Ort
- Dem inneren Aufbau eines positiven Zustands
- Der Beschäftigung mit einem positiven Modell in einer für Sie (bisher) nicht so einfachen Situation
- Dem Erteilen von »Traumaufträgen« – das gleich anschließend beschrieben wird

Störende Wahrnehmungen integrieren

Versuchen Sie nicht, unangenehme Wahrnehmungen krampfhaft abzuschalten. Nutzen Sie gezielt Assoziationen, um sich weg von der störenden Wahrnehmung und hin zu schönen und entspannenden Gedanken zu bewegen. Machen Sie die störende Wahrnehmung zu einem Bestandteil der kraftspendenden Phantasie.

Die Katapulttechnik können Sie nicht nur in der entspannten Liegeposition durchführen, sondern auch in den Berufsalltag integrieren. Sie können Sie unbemerkt während einer langen Besprechung einsetzen, ohne dass man raten kann, was Sie da gerade treiben. Selbst beim Autofahren können Sie die Übungsschritte während einer Reise ablaufen lassen, anstatt Radio zu hören oder mit dem Beifahrer zu sprechen.

Wenn Kinder müde sind, reißen sie häufig krampfhaft die Augen auf, um ja nichts zu verpassen. Das führt jedoch nur dazu, dass sie umso schneller ins Reich der Träume hinüberwechseln.

169

Unbewusst lernen

Selbsthypnose und Schlaf sind eine ideale Methode der Wissensverarbeitung. Wichtig ist allerdings, dass das Betrachten oder Aufnehmen des Lernstoffs in einem entspannten Zustand geschieht. Lernen Sie beispielsweise Vokabeln, ist es völlig in Ordnung, wenn ein Teil davon vor dem Einschlafen noch nicht sitzt. Bieten Sie den Stoff nur ganz freundlich Ihren Augen an, legen den Lernstoff zur Seite, begeben sich in Trance und lassen dann die Trance ins Einschlafen übergehen. Das Gehirn liebt eine freundliche Ansprache und wird sich über Nacht gern mit den interessanten Neuigkeiten beschäftigen.

Auch Traumaufträge sollten in freundlichem Ton erteilt werden. Das Gehirn hat es gar nicht gern, wenn man es unter Druck setzt, und blockiert einfach, wenn man Leistung erzwingen will.

Probleme im Schlaf lösen

Es versteht sich von selbst, dass gerade auch die Übung »Strategien zur Kreativitätssteigerung«, die Sie auf Seite 70f. kennen gelernt haben, hervorragend für das Arbeiten im Schlaf geeignet ist. Hier hatte ich Ihnen empfohlen, Ihre Denkaufgabe auf einen Zettel zu schreiben und dann zu »vergessen«. Diese Vorgehensweise können Sie mit dem Erteilen von Traumaufträgen kombinieren: Schreiben Sie Ihr Thema auf einen Zettel. Legen Sie sich ins Bett, und zeigen Sie den Zettel nochmals Ihren Augen. Dann legen Sie ihn unter das Kopfkissen und verweben das Thema – wie in der Übung auf Seite 172 beschrieben – mit einer angenehmen Einschlaftrance.

Mentaler Trick mit Tradition

Ich war übrigens sehr begeistert, als ich eines Tages auf einem Weihnachtsmarkt winzige Püppchen entdeckte, die in einem kleinen Säckchen aufbewahrt werden. Dazu gab es folgende Gebrauchsanweisung: »Abends erzählen Sie den Püppchen Ihre Sorgen, legen sie in den kleinen Beutel und diesen unter das Kopfkissen. Am Morgen finden Sie nur noch die Püppchen vor, die Sorgen sind weg. Alter Brauch der Hochlandindios Guatemalas.«

Demnach handelt es sich bei der Technik der »Traumaufträge« um eine uralte Methode, die wir heutzutage nur neu erlernen müssen. Vielleicht möchten auch Sie sich diese Püppchen besorgen, die nachts für Sie arbeiten – manchmal findet man sie auch in Geschäften für alternatives Kinderspielzeug oder in Geschenkartikelläden.

Der innere Ratgeber

Zur Aktivierung brachliegender Kraftquellen hat sich auch die Metapher vom »inneren Ratgeber« bewährt. Diese mentale Strategie funktioniert nach dem gleichen Prinzip wie die Sorgenpüppchen: Das Problem, für das Sie eine Lösung suchen, wird einer vorgestellten Person zur Bearbeitung übergeben. Es geht nun zunächst darum, eine lebhafte und ganz persönliche Vorstellung von diesem inneren Ratgeber zu entwickeln. Manche Menschen stellen ihn sich als weisen Guru, als Schamanen oder Einsiedler vor, andere bevorzugen innere Bilder von Feen, Zauberern und anderen Fabelwesen. Oft wird auch einem Tier diese Rolle zugesprochen – einem Elefanten etwa oder einem Vogel.

Wie man mental in Beratung geht

Von Bedeutung ist auch das innere Bild von dem Ort, an dem der innere Ratgeber Hilfe und Ideen vermittelt. Es könnte sich dabei um eine Höhle, ein Zelt oder einen Tempel handeln. Vielleicht sitzt er auch unter einem Baum. Sie versetzen sich nun – möglichst kurz vor dem Einschlafen – in eine leichte Trance und stellen sich vor, wie Sie den inneren Ratgeber an diesem Ort aufsuchen. Sie schildern ihm das Problem und bitten ihn darum, Ihnen bei der Suche nach Lösungen behilflich zu sein. Dann verabreden Sie mit dem Ratgeber, wie lange die Ergebnisentwicklung dauern wird. Sie verabschieden sich, lösen sich wieder aus der Trance und warten den Verlauf der Dinge ab.

Imaginationstechniken, bei denen man fiktive Personen für sich arbeiten lässt, schaffen Distanz zu einem Problem. Das gibt dem Gehirn den nötigen Freiraum, um entspannt nach kreativen Lösungen zu suchen.

Den richtigen Zeitpunkt abwarten

Wenn sich die ersten Ergebnisse in Form von ideenreichen Gedanken einstellen, bedanken Sie sich bei Ihrem inneren Ratgeber dafür. Sollten sie sehr lange auf sich warten lassen, wiederholen Sie Ihren »Besuch« und schildern Ihr Anliegen nochmals in dringlichen Worten. Sie sollten das aber nicht allzu häufig tun, sondern nur im Abstand von ein paar Tagen. Es ist für Sie wichtig, sich daran zu gewöhnen, dass die Lösungswege des Gehirns einen eigenen zeitlichen Rhythmus haben. Vergleichen Sie das Konsultieren des inneren Ratgebers mit dem Vorgang des Säens: Sie können für die optimale Pflege der Saat sorgen – das Wachstum der Pflanze folgt jedoch eigenen Gesetzen. Genauso verhält es sich mit der Entwicklung Ihrer Ideensaat.

ÜBUNG ➡ ## Traumaufträge erteilen

❶ Suchen Sie sich einen der folgenden beiden Themenbereiche aus. Wählen Sie zum Üben wieder nur mittelwichtige Projekte:
- Sie wollen sich ein bestimmtes Wissen einprägen.
- Sie suchen nach einer guten Idee für eine bestimmte Aufgabe.
- ....

Für eine erfolgreiche Traumarbeit ist es wichtig, die Voraussetzungen für ruhigen und erholsamen Schlaf zu schaffen. Schalten Sie Lärmquellen nach Möglichkeit aus, und sorgen Sie für eine entspannende Atmospäre.

❷ Sie legen sich nun den Wissensstoff bereit, oder Sie schreiben die Aufgabe, für die Sie eine Lösung suchen, auf einen Zettel.

❸ Sie zeigen den Wissensstoff oder den Aufgabenzettel über die Augen nochmals Ihrem Gehirn – aber bitte freundlich und gelassen.

❹ Nun legen Sie den Zettel unter das Kopfkissen bzw. den Wissensstoff neben das Bett.

❺ Schließen Sie die Augen, und begeben Sie sich mit Ihrer Lieblingstechnik in eine leichte Trance.

❻ In der Trance angekommen, legen Sie die Fingerspitzen aneinander und arbeiten mit der Wahrheitstechnik weiter:
- »… Ich fühle meine geschlossenen Augen und weiß, dass sich meine ›geistigen Augen‹ weiter mit dem Thema beschäftigen …«
- »… Und mit jedem Atemzug, den ich tue, spricht sich das Thema/das Wissen jetzt weiter unter meinen Gehirnzellen herum…«
- »… Ich spüre die Wärme unter der Bettdecke und merke dabei, wie die Gehirnzellen langsam warmlaufen, um sich gleich im Schlaf mit dem Thema/dem Wissen zu beschäftigen …«

❼ Wenn Sie mögen, stellen Sie sich jetzt die vielen Milliarden Gehirnzellen und deren Verknüpfungen vor, die miteinander in Kontakt treten und »bunte« Informationen austauschen.

❽ An dieser Stelle geht die Trance allmählich in den Schlaf über. Es ist selbstverständlich, dass sich im Schlaf – der ein ganz anderer Zustand ist – die Fingerspitzen wieder voneinander lösen werden.

Hinweise zur Übung

• Sie können sich beim Einschlafen vom eigentlichen Thema wieder lösen. Die Bearbeitung ist jetzt gestartet und läuft von allein weiter. Wenn Sie möchten, können Sie sich noch kurz in Trance mit den Gedanken an ein erfrischtes und ausgeruhtes Erwachen beschäftigen.

• Die Lernpsychologie hat herausgefunden, dass unser Gehirn beim Lernen Wiederholungen liebt. Dabei ist es wichtig, sich immer wieder vom Lernstoff zu lösen, um ihn dann am nächsten Tag dem Gehirn aufs Neue zu präsentieren. Dreimaliges Wiederholen fördert die Lernleistung enorm. Am besten sollte man noch eine Woche später eine weitere Wiederholung einschalten.

• Hier noch ein Lerntipp: Sicher kennen Sie bereits die Karteikartentechnik. Sie schreiben beispielsweise Vokabeln einzeln auf ein Kärtchen und auf die Rückseite die deutsche Übersetzung. Nun gehen Sie die Lernkärtchen nacheinander durch und legen die zur Seite, die Sie schon kennen. Auf diese Weise wird das Wissenshäufchen optisch immer größer und das Lernhäufchen immer kleiner. Dieses Seherlebnis ist eine besonders gute Lernmotivation, weil man genau wahrnimmt, wie gut der Lernvorgang voranschreitet.

• Wenn wir im Schlaf einen Denkprozess an das Unbewusste abgeben, haben wir einen Zugriff auf sämtliche im Unbewussten gespeicherten Möglichkeiten und Fähigkeiten, die in uns angelegt sind, aber bewusst nicht im vollen Umfang genutzt werden können. Denn im Alltag muss unser Bewusstsein mit voller Kapazität die Wahrnehmung und Organisation der aktuellen Tagesereignisse gestalten. Das gezielte Erteilen von Traumaufträgen wird Ihnen umso mehr nutzen, als sie ebenso zeitsparend wie effektiv sind.

Ein letztes Wort zum Thema »Hypnose«

Sie haben in diesem Abschnitt eine Reihe von Trancetechniken kennen gelernt und erfahren, zu welch unterschiedlichen Themen Sie diese einsetzen können. Dem Gehirn ist es nämlich ganz gleich, ob seine gesteigerte Leistungsfähigkeit in der Trance zur Gewinnung neuer Erkenntnisse, zum Einprägen von Wissen oder zum individuellen Erfolgstraining genutzt wird. Daher können Sie alle Übungen, die Sie bisher in diesem Buch kennen gelernt haben, mit der Selbsthypnose kombinieren. Probieren Sie es aus!

Das Erteilen von Traumaufträgen können Sie üben, indem Sie sich vor dem Einschlafen vorstellen, zu welcher Uhrzeit Sie am nächsten Morgen erwachen möchten. Dieser innere Wecker funktioniert erstaunlich zuverlässig – probieren Sie es aus!

BEZIEHUNGEN LEBENDIG GESTALTEN

Beziehungen sind für die meisten Menschen das wichtigste Thema überhaupt. So hat man herausgefunden, dass das Eingebunden-Sein in ein Netz von guten sozialen Kontakten lebensverlängernd wirkt. Entsprechend zeigt sich auch ein deutlicher Zusammenhang zwischen Einsamkeit und psychosomatischen Erkrankungen. Daher ist jede Form von Beziehungspflege eine Investition in Ihre Gesundheit und in langfristige Lebensqualität.

Soziale Verbindungsmotive

Nun gibt es eine ganze Reihe von Motiven, die Menschen dazu veranlassen, Beziehungen herzustellen und aufrechtzuerhalten:

- Bewunderung: Eine Person hat eine außergewöhnliche Eigenschaft oder Begabung – die nicht unbedingt ehrenvoll sein muss, um zu wirken. So kann in gewissen Kreisen durchaus Bewunderung für einen perfekten Profikiller entstehen.
- Leistung: Ein Mensch leistet etwas Bestimmtes so schnell, perfekt und zuverlässig, dass man auf ihn einfach nicht verzichten kann.
- Macht: Hier wird die Beziehung auf einer hierarchischen Ebene geregelt. Der Untergeordnete muss tun, was der Übergeordnete möchte – ansonsten gefährdet er die eigene Position. Deshalb heißt die Kehrseite der Macht oft auch Angst.
- Pflicht: Es gibt Regeln, die verbindlich festlegen, was Menschen füreinander zu tun haben. Die Kehrseite der Pflicht heißt oft Schuld.
- Dankbarkeit: Sie ist die freundliche Variante der Pflicht. Ihre Kehrseite heißt manchmal schlechtes Gewissen.
- Solidarität: Sie ist ein Versprechen, das man anderen und sich selbst gibt: Lasse jemanden sein, wie er will – ich halte zu ihm.

Nichts fördert unser Lebensglück so sehr wie gute Beziehungen – sei es nun zum Partner, zur Familie, zu Kollegen oder zu Freunden. Deshalb ist es unverzichtbar, diese Verbindungen bewusst zu pflegen und nicht einfach als selbstverständlich hinzunehmen.

Besonders beständig – Sympathie

Die bisher genannten Verbindungsmotive sind ausnahmslos sozial hoch wirksam. Dennoch können sie alle gelebt werden, ohne dass man sich gegenseitig dabei besonders mögen muss – für viele offenbar ein Grund, sich auf sie zu beschränken. Ein fataler Irrtum, denn meiner Erfahrung als Psychotherapeutin nach sind die strapazierfähigsten Verbindungsmotive zwischen den Menschen folgende:

● Sympathie, Freundschaft und Liebe. Diese Motive halten Strapazen aus, bei denen die zuerst genannten allzu oft versagen. Wer schon in jungen Jahren lernt, ein Sympathieband zwischen sich und anderen zu knüpfen, wird davon sein ganzes Leben lang profitieren.

»Keiner mag mich« – diese weinerliche Grundhaltung schafft nicht gerade Sympathien. Wer sich zu stark auf die eigenen negativen Gefühle konzentriert, bringt seinen Mitmenschen nicht die Aufmerksamkeit entgegen, mit der er ihre Freundschaft gewinnen könnte.

Beliebtheit öffnet viele Türen

Die Forschung hat inzwischen Beweise für diese Vermutung geliefert. So verfolgte man in einer amerikanischen Studie jahrelang den Werdegang einer großen Anzahl von Highschoolabsolventen und kam zu einem erstaunlichen Ergebnis: Zehn Jahre später gehörten die Abgänger mit den besten Noten keinesfalls zu den beruflich Erfolgreichsten – wie man doch hätte meinen können. Gerade ehemals durchschnittliche Schüler wurden später zu Spitzenverdienern und Topmanagern. Ihr Geheimnis: Sie waren bei ihren Mitmenschen besonders beliebt und erhielten in ihren Unternehmen deswegen auch besondere Chancen – die sie dann offensichtlich zu nutzen wussten.

Bewusst eine positive Wellenlänge erzeugen

Das soll nun nicht heißen, dass Sympathie das alleinige Wundermittel für glückliche Beziehungen ist. Ist jemand nur nett und dabei unzuverlässig, kann das für eine Ehe oder Freundschaft eine erhebliche Belastung werden. Doch in Kombination mit den anderen Werten werden Beziehungen unendlich viel leichter und lebenswerter, wenn man sich gegenseitig schlichtweg mag. Doch eine gegenseitige Anziehung unterliegt nicht nur dem Zufall. Sie können lernen, mit anderen Menschen eine positive Wellenlänge herzustellen – selbst mit ganz unterschiedlichen Persönlichkeiten. Lernen Sie also nicht nur Fremdsprachen, Sportarten, Ihren Beruf, Geografie oder Geschichte – lernen Sie vor allem bis an Ihr Lebensende Menschenkenntnis.

Andersartigkeit tolerieren

Alle Menschen sind gleich – oder nicht?

In der Tat haben alle Menschen zwei Ohren, zwei Hände, eine Nase u. v. a. m. gemeinsam. Dennoch gibt es im äußeren Erscheinungsbild auch erhebliche Unterschiede. Und was nun gar das Denken und Fühlen betrifft, so liegen zwischen zwei Menschen oft Welten. Unglücklicherweise geht aber fast jeder mit der festen Überzeugung in sein Erwachsenenleben, dass die Mitmenschen im Denken und Fühlen gleich sind. Diese Annahme wird im Normalfall nicht infrage gestellt – wozu denn auch? Man weiß ja durch den ständigen Kontakt mit der eigenen Familie, mit Lehrern und Freunden genau, wie Menschen funktionieren – so meint man jedenfalls.

Toleranz ist ein strapazierter Begriff – jeder fordert sie, aber die wenigsten können sie auch gewähren. Man muss schon an sich arbeiten, um andere Meinungen und Lebensstile nicht als Bedrohung der eigenen Identität zu empfinden.

Von der Einzigartigkeit des Individuums

Wenn unsere Mitmenschen dann nicht unseren Erwartungen gemäß handeln, glauben wir, dass sie uns ärgern, verunsichern oder gar beleidigen wollen. Tatsache ist aber, dass unser Gegenüber uns genauso enttäuschend erlebt. Die Missverständnisse sind die gleichen wie zwischen Menschen unterschiedlicher Kulturen. Doch wenn Sie beispielsweise nach Japan reisen, gehen Sie nicht davon aus, dass dort alle Menschen wie Sie selbst werten und empfinden. Ich möchte Ihnen daher vorschlagen, jeden Menschen wie den Vertreter einer fremden Kultur zu betrachten und sein Anders-Sein zu akzeptieren. In jeder Familie werden ganz unterschiedliche Werte für wichtig oder unwichtig erachtet, weswegen wir in unserer Beziehungskultur oft nahezu gegensätzlich geprägt sind. Hierzu zwei Beispiele:

Beispiel 1 – Bereich Freundschaft

Die Freundinnen Sabine und Katja werfen sich gegenseitig ein unmögliches Diskussionsverhalten vor:

- Katja leidet unter Sabines Ausbrüchen. Für sie ist der Fall klar: Die Freundin hat es darauf angelegt, sie an die Wand zu reden.
- Sabine leidet unter Katjas eiskalter Art. Auch sie weiß über Katjas böse Absicht genau Bescheid: Sie redet absichtlich von oben herab, damit Sabine sich klein und dumm vorkommen muss.

177

Unterschiedliche Lernprägung

Im Supervisionsgespräch mit beiden stellte sich dann heraus: Sabine wird im Meinungsaustausch laut, Katja hingegen leise. Das hat etwas mit ihren Lerngeschichten zu tun:

• Sabine wuchs auf einem Bauernhof auf. Die Familienmitglieder waren meist weit voneinander entfernt: im Stall, in der Küche, auf dem Feld. Wenn man sich untereinander verständigen wollte, musste man laut rufen. Das tat man jedoch nur, wenn man sich gerade gut verstand. War jemand böse, wurde er leise und einsilbig und entzog sich so den anderen Familienmitgliedern. Wertschätzung wurde in Sabines Familie durch lautes Sprechen und Rufen ausgedrückt.

• Katja wuchs mit drei Geschwistern und den Eltern in einer winzigen Wohnung auf. Gegenseitige Wertschätzung wurde durch Leise-Sein vermittelt. Lautes Sprechen galt als rücksichtslos.

Gerade in engen Beziehungen ist es verführerisch, an ein Verstehen ohne Worte zu glauben. Damit Missverständnisse nicht zu trennenden Abgründen werden, darf die Kommunikation zwischen zwei Menschen aber nicht abreißen.

Nur aus diesen Gründen wird Sabine in Diskussionen laut und Katja leise. Und nur deshalb erlebt Katja Sabine als rücksichtslos und Sabine Katja als gefühlskalt. Beides hat jedoch nichts mit böser Absicht zu tun, sondern mit der individuellen Lernprägung.

Beispiel 2 – Bereich Beziehung

David und Jasmin haben gerade ihr erstes Kind bekommen. Doch schon nach ein paar Wochen ist Jasmin unglücklich:

• David entpuppt sich in Jasmins Augen als große Enttäuschung: Anstatt ihr zu helfen, macht er so viele Überstunden wie nie zuvor. Er hat das Interesse an ihr und dem Kind verloren und flüchtet sich in die Arbeit – ihrer Meinung nach. In der Supervision stellte sich heraus:

• Davids Eltern trennten sich, als er noch klein war. Es gab ständig Ärger mit den Unterhaltszahlungen des Vaters, weshalb David und seine Mutter häufig unter massiven Geldproblemen litten. Daher nahm David sich vor: »Wenn ich ein Kind habe, kann meine Familie auf mich zählen« – worunter er ein geregeltes Einkommen verstand. Also stürzte er sich nach der Geburt seines Kindes in die Arbeit, um besonders gut für das Wohl seiner Familie zu sorgen.

David und Jasmin hatten einfach eine unterschiedliche Vorstellung von dem, was »gut füreinander sorgen« in einer kleinen Familie genau bedeutet.

Die Realität narrt uns häufig wie eine Fata Morgana: Was scheinbar klar und deutlich vor unseren Augen steht, erweist sich bei näherer Betrachtung als Illusion.

Ratespiele vermeiden

An diesen zwei Beispielen können Sie nachvollziehen, wie kränkend für einen Menschen Aussprüche wie: »Du liebst mich nicht«, »Du nimmst mich ja doch nicht wichtig« oder gar »Das machst du absichtlich, um mich zu ärgern« sein können. In der Psychotherapie nennen wir diese Interpretationen Gedankenlesen: Man tut so, als wüsste man genau über den anderen Bescheid. Daher mein Rat: Wann immer Sie erleben, dass Ihr Gegenüber mit Abwehr auf Ihr Gedankenlesen reagiert, gehen Sie davon aus, dass Sie sein Verhalten tatsächlich falsch interpretiert haben, anstatt zu vermuten, dass die Abwehr nur ein zusätzlicher, ganz besonders durchtriebener Trick ist.

Die Absichten des anderen ergründen

Versuchen Sie also, Ihre Mitmenschen nicht mit Ihren Maßstäben zu messen. Betätigen Sie sich vielmehr als Detektiv, und finden Sie so viel wie möglich über die bewussten und unbewussten Ansichten Ihres Gegenübers zum Thema »Beziehungen« heraus. Sie werden staunen, wie oft Sie bei dieser Vorgehensweise dann entdecken, dass die andere Person in Wirklichkeit voller guter Absichten steckt. Durchlaufen Sie mit Ihrer Vorstellungskraft im Kontakt mit anderen Menschen immer wieder die folgende Imaginationsübung.

Unberechtigte Vorwürfe können sehr verletzend sein. Das weiß jeder, dem schon einmal Motive für sein Handeln unterstellt wurden, die er selbst als völlig abwegig empfand.

 **Das Planetenspiel**

1 Denken Sie an eine Person, die Ihnen mittelwichtig ist: ein Nachbar, eine Kollegin, ein Freund.

2 Wenden Sie nun in Ihrer Vorstellung den »Entfremdungstrick« an: Tun Sie so, als stamme die Person von einem fremden Planeten, von dem Sie noch nie zuvor etwas gehört haben. Finden Sie nun heraus, wie die Wesen jener Welt denken und fühlen.

3 Stellen Sie sich voller Neugier Fragen, um diese »fremde Kultur« zu erforschen:

Je näher zwei Menschen sich stehen, desto sicherer sind sie, den anderen in- und auswendig zu kennen. Diese fehlende Distanz führt in Paarbeziehungen häufig zu Konflikten.

- Was schätzen diese Wesen ganz besonders?
- Wofür wird man auf diesem Planeten belohnt?
- Was mag man dort gar nicht?
- Wie erleben die Bewohner des Planeten ihre Kindheit?
- Was für eine Wertehierarchie haben diese Wesen?

4 Nun denken Sie an einen Konflikt, den Sie immer wieder mit der betreffenden Person erleben. Stellen Sie sich vor, dass man das Verhalten der Person auf dem fremden Planeten als genau richtig und als positiv bewerten würde.

5 Nehmen Sie wahr, wie diese Sichtweise Sie versöhnlich stimmt.

Hinweise zur Übung

- Diese Übung soll keine aktive Konfliktlösung darstellen. Sie soll Ihnen helfen, sich vorübergehend von den eigenen Werten zu lösen, um andere Menschen etwas versöhnlicher wahrzunehmen.
- Versuchen Sie, in Gesprächen möglichst viel über Ihre Mitmenschen herauszufinden. Ersetzen Sie Ihre Gedanken über andere durch Informationen. Verzichten Sie auf das »Gedankenlesen«.
- Wenden Sie die mentalen Strategien des Planetenspiels auch einmal auf Ihre eigene Person an. Fassen Sie die Ergebnisse zu einer Art »Gebrauchsanweisung« für Ihre Mitmenschen zusammen, damit diese wissen, woran sie mit Ihnen sind, und Sie nicht Ihrerseits mit dem »Gedankenlesen« konfrontiert werden.

Metaprogramme

Die unterschiedlichen Welten im Kopf

In diesem Kapitel möchte ich Ihnen noch einige weitere Anregungen für das Planetenspiel geben. Sie können sich dabei die so genannten Metaprogramme Ihrer Mitmenschen und Ihrer eigenen Person bewusst machen. Metaprogramme sind so etwas wie Persönlichkeitsmerkmale eines Menschen. Sie beschreiben die Art und Weise, wie er die Wahrnehmung der äußerlichen Welt innerlich sortiert und bewertet, also seine Vorlieben, Stärken und Schwächen. Diese Metaprogramme können von Person zu Person sehr unterschiedlich sein. Daher führen sie oft zu Missverständnissen im täglichen Miteinander, wie Sie aus den folgenden Beispielen ersehen können.

Missbrauchen Sie Ihre Menschenkenntnis nicht dazu, andere in Ihrem Sinn zu manipulieren. Setzen Sie sie stattdessen zur Verbesserung Ihrer Beziehungen ein.

»Gebrauchsanweisung« für Menschen

Das Imaginationstraining besteht in diesem Fall nicht aus konkreten Übungen. Vielmehr soll dieses Kapitel Ihnen als eine Art Gebrauchsanweisung für Ihre Mitmenschen dienen. Gebrauchsanweisungen enthalten oft Kapitel mit einer Überschrift, die so ähnlich lautet wie »Störungen und Selbsthilfe bei der Fehlersuche«. Funktioniert ein Gerät nicht auf Anhieb so, wie Sie es sich wünschen, muss es deswegen noch lange nicht unbrauchbar sein. Oft genügt der Hinweis auf einen bestimmten Handgriff, um die Störung in kurzer Zeit zu beheben. Hier ein Beispiel aus einer Telefonbedienungsanleitung:

Symptom	Mögliche Ursachen	Abhilfe
Kein Tonruf	Tonruf-Lautstärke ist auf »0« gestellt	Tonruf-Lautstärke einstellen

So mancher mag den Vergleich zwischen technischen Geräten und menschlichem Kommunikationsverhalten für problematisch halten. Ich möchte jedoch zur Diskussion stellen, dass viele Menschen für diese technischen Hilfsmittel mehr Verständnis, Geduld und Sensibilität aufbringen als für ihre Mitmenschen oder für sich selbst. In diesem Sinn könnten Sie den Vergleich mit der Gebrauchsanweisung als Denkanstoß auffassen.

Kommunikationsfallen

Um zu verdeutlichen, wie störend sich unterschiedliche Wahrneh-
mungsmuster auf die zwischenmenschliche Kommunikation auswirken können, habe ich hier für Sie drei wichtige Metaprogramme
ausgesucht. Die Ausführungen sind jedoch nur als »Trendmeldun-
gen« zu verstehen – sie reichen nicht aus, um einen Menschen bis in
sein Innerstes zu durchleuchten. Möglicherweise verhelfen sie Ihnen
jedoch zu einem besseren Verständnis der Personen, die Ihnen wichtig sind – einschließlich Ihrer selbst.

**Visuell orien-
tierte Menschen
wirken auf ihre
Umgebung leicht
oberflächlich.
Bei ihnen ist die
Neigung beson-
ders augenfällig,
nur angenehme
Sinnesreize auf-
zunehmen.**

Unterschiedliche Sinnestypen

Im Kapitel »Die visuelle Vorstellung schulen« haben Sie bereits die
verschiedenen »Wahrnehmungstypen« mit ihren unterschiedlichen
Vorlieben für die Benutzung bestimmter Sinneskanäle kennen gelernt. Sie haben erfahren, wie Sie Wahrnehmungsgewohnheiten zur
bewussten Selbstorganisation nutzen können. Im Folgenden geht
es nun um die Auswirkungen dieser Sinneskanalvorlieben auf die
Kommunikation. Denn nicht selten kommt es zwischen verschiedenen Sinnestypen zu regelrechten Verständigungsproblemen.

Der visuelle Typ

Visuelle Menschen lieben natürlich alles, was schön aussieht. Sie erleben die Welt über die Augen. Deshalb kann dieser Typ beispielsweise ein geschriebenes »Ich liebe dich« mehr genießen als ein ge-
sagtes – und sei es noch so romantisch ins Ohr gehaucht. Ein stark
visueller Schüler nimmt die Hinweise auf der Tafel intensiver auf als
die aus dem Mund des Lehrers. Es ist leicht nachzuvollziehen, dass
dem visuellen Typ nicht nur die eigenen, sondern auch die Augen des
Gegenübers zur Orientierung dienen. Er liebt Blickkontakt und zieht
deshalb ein Gespräch von Angesicht zu Angesicht einem Telefonge-
spräch vor. Visuelle Typen zeigen gern – auch in Anwesenheit ihrer
Mitmenschen – Einsatz für ihre Sinnesvorliebe: Sie rücken Bilder gerade, schütteln zerknautschte Kissen auf, schließen offene Schränke
und Schubladen. Dabei ist es ihnen egal, wie es im Inneren der
Schublade aussieht. Hauptsache, sie ist »hübsch« geschlossen.

Der auditive Typ

Auditive Typen nehmen die Außenwelt in erster Linie über das Gehör wahr. Die Stimmungslage dieser Menschen hängt in starkem Maß von Tönen, Klängen und Geräuschen ab. Sie achten auf den Klang von Stimmen, wobei vor allem »der Ton die Musik macht«. Natürlich spielt Musik eine bedeutsame Rolle in ihrem Leben. Ihr Kommunikationsverhalten zeichnet sich dadurch aus, dass sie gern zuhören. Sie schätzen Telefongespräche, reagieren aber äußerst empfindlich, wenn sie das Gefühl haben, unter den Tisch geredet zu werden. Sie merken sich gesprochene Inhalte besser als geschriebene. Auditive Typen reagieren sensibel auf Geräuschkulissen aller Art. Sie würden mit ihrem Partner oder ihrer Familie in kein noch so schönes Haus ziehen, wenn es an einer lauten Straße liegt.

Der kinästhetische oder »Fühl«-Typ

Diese Menschen schätzen körperliches Wohlbehagen. Daher können sie auch sehr gut in Unordnung leben – solange sie dabei das Gefühl von Gemütlichkeit haben. Erst Krümel im Bett bringen sie dazu, energisch aufzuräumen, denn diese pieken ja bekanntermaßen. Natürlich lieben diese Menschen entspannende Vollbäder und stundenlanges Im-Bett-Kuscheln. Sie haben eine Schwäche für weiche Kissen, Sofas, Decken und legere Kleidung. In den Augen anderer Menschen scheinen sie nicht besonders viel Wert auf ihr Äußeres zu legen. In der Kommunikation tauen sie vor allem bei Berührung auf. Bei einem Streit helfen als Versöhnungsgeste weder ein Blumenstrauß noch ein Entschuldigungsbrief, sondern nur eine Umarmung, eine zärtliche Geste oder ein liebevoller Klaps auf die Schulter.

Welche Wahrnehmungsart ein Mensch bevorzugt, ist nicht zuletzt auch kulturabhängig. Bei uns liegt der Schwerpunkt z. B. meist auf visuellen Sinneseindrücken.

Weitere Sinnestypen

Natürlich gibt es darüber hinaus auch noch Menschen, die in ihrer Erlebniswelt ganz intensiv den Geschmacks- und Geruchssinn einsetzen. Diese mischen sich jedoch oft mit den ersten drei Sinnestypen und haben, was ihr Kommunikationsverhalten betrifft, weniger ausgeprägte Gewohnheiten. Zusammenfassend lässt sich jedoch sagen, dass für den Geschmacksmenschen natürlich »Liebe durch den Magen geht«, während es für den Geruchstyp wichtig ist, dass man den anderen auch »gut riechen kann«.

Typische Missverständnisse

Leben oder arbeiten ein auditiver und ein visueller Sinnestyp zusammen, kommt es meist zu einem Missverständnis, das man hier schon Standardkrise nennen könnte: Wie bereits erwähnt, sucht der visuelle Typ vor allem bei wichtigen Gesprächen den Blickkontakt mit seinem Gegenüber. Beim auditiven Typ ist tragischerweise das Gegenteil der Fall: Während der visuelle Typ in Bildern denkt, konzentriert sich der auditive stark auf das innere »Nachhören« des Gesagten und auf das Formulieren der Antworten. Dabei muss er zur Seite schauen, denn der seitliche Blick erleichtert das innere Hören der Inhalte und Entwickeln von passenden Erwiderungssätzen.

Lassen Sie sich auf Unterschiede in der Wahrnehmung ein. Das bereichert nicht nur Ihr eigenes Erleben, sondern macht es Ihnen auch leichter, auf Menschen mit anderen Sinnespräferenzen einzugehen.

Unterschiedliches Gesprächsverhalten

Das Wissen um diese Eigenheit sollte man unbedingt in seine »Gebrauchsanweisung« zum Verständnis auditiver Menschen aufnehmen. Gerade wenn der auditive Typ sich besonders auf die Unterhaltung konzentriert, kommt von seinem Gesprächspartner plötzlich der Vorwurf: »Du hörst mir ja gar nicht zu!« – »Aber natürlich tue ich das!« antwortet der Ohrenmensch wahrheitsgemäß. – »Warum schaust du dann die ganze Zeit weg?« beklagt sich der Augenmensch, dem die reine »Ohren-Anwesenheit« seines Gegenübers nicht ausreicht, um sich wohl zu fühlen. Das ist wiederum etwas, was auditive Typen im Kontakt mit visuell orientierten Menschen bedenken sollten. Die meisten Auditiven tun das aber nicht, sondern reagieren gekränkt. »Obwohl ich so intensiv zuhöre, behauptest du, ich sei mit den Gedanken woanders.« Schon ist der Konflikt vorprogrammiert, obwohl ursprünglich jeder voller guter Absichten ins Gespräch ging.

Verschiedene Auffassungen von Lebensqualität

In der Kombination visueller Typ/Fühl-Typ kann ebenfalls trotz guter Absichten auf beiden Seiten allerhand schiefgehen. Sie erinnern sich: Der visuelle Typ hat es um sich herum gern »hübsch«. Beispielsweise liebt er es, den Tisch schön zu decken, ganz nach dem Motto »Das Auge isst mit«. Zufrieden setzt er sich. Nach einiger Zeit ist dann allerdings von der ursprünglichen Augenweide nur noch ein Schlachtfeld übriggeblieben: zerknüllte Servietten, abgenagte Knochen oder Gräten, bekleckertes Geschirr und Besteck.

Ordnungssinn kontra Gemütlichkeit

Angesichts dieses Desasters fühlt der visuelle Typ sich einfach un-wohl und beginnt abzuräumen. Das wiederum wird ihm von anderen, vor allem von den Fühl-Typen, übel genommen: »Jetzt sitzen wir hier alle so gemütlich zusammen und du verbreitest Unruhe!« Der Fühl-Typ wird nämlich kribblig, wenn andere um ihn herum emsig hin und her räumen. Den unerfreulichen Ausgang solcher Gespräche können Sie sich sicherlich vorstellen.

Zwischen den Sinnen »dolmetschen«

Hier wäre es wichtig, dass die Betroffenen lernen, mit den Eigenhei-ten ihres Gegenübers verständnisvoll und tolerant umzugehen. Bei-spielsweise könnte man sich einigen: An einem Tag bleibt man »gemütlich« sitzen, am nächsten Tag räumt man nach der Mahlzeit gemeinsam »hübsch« auf. Das ist eine wesentlich lebens- und lie-benswertere Lösung, als bis in alle Ewigkeit auf seiner persönlichen Definition der Frage »Was ist schön?« zu beharren. Alle Menschen wünschen sich ein schönes und angenehmes Leben, aber nicht alle haben die gleiche Vorstellung davon, wie das konkret aussieht bzw. sich anfühlt. Kommunikation heißt nicht, auf seinem Standpunkt zu beharren, sondern ab und zu auch aufeinander zuzugehen.

Nicht jeder hat es – das Bedürfnis nach Nähe

Zum Schluss sei noch erwähnt, dass es natürlich auch zwischen dem auditiven und dem kinästhetischen Typ zu Missverständnissen kommt – vor allem in der Liebe. Dem Fühl-Typ ist verständlicherwei-se alles Körperliche wichtig: Streicheln, Schmusen, Arm-in-Arm-Gehen und natürlich auch Sex. Dabei kann es hin und wieder passie-ren, dass er das Reden völlig vergisst. Da jedoch der auditive Typ auch Erotik vor allem über die Ohren erlebt, wird das »Liebesgeflüster« schmerzlich vermisst. »Du liebst mich nicht mehr!« heißt es dann. »Wie kommst du nur darauf? Ich nehme dich doch so oft in den Arm und gebe dir jeden Tag mehrere Küsse!« verteidigt sich der Fühl-Typ. »Aber du hast mir schon seit Wochen nichts Nettes mehr gesagt!« ist dann die Antwort. Manchmal verhalten sich Menschen eben tatsäch-lich so, als kämen sie von verschiedenen Planeten. In solchen Fällen kann dann wiederum nur das »Sinnesdolmetschen« helfen.

Fühl-Typen haben es bei uns nicht gerade leicht – sie wer-den schnell als aufdringlich an-gesehen, während man die kinästhe-tischen Typen an-derer Kulturen für ihre Unge-zwungenheit bewundert.

Chancen

Die einseitige Festlegung auf einen Sinneskanal ist zum Glück eher selten. Fast niemand ist ganz unempfänglich für einen schönen Anblick, eine harmonische Melodie oder eine sanfte Berührung, so dass sich auch bei unterschiedlichen Vorlieben meist ein gemeinsamer Nenner finden lässt.

Über die Missverständnisse zwischen den Sinnestypen und deren mögliche Erklärung gäbe es noch vieles zu sagen. Die geschilderten Fälle sind nur ein kleiner Ausschnitt der gesamten Themenbandbreite. Ich hoffe jedoch, dass sie als Denkanstoß ausreichen, um eigene Beispiele zu finden und kreative Ideen für ein Brückenbauen zwischen diesen verschiedenen Erlebnisweisen zu entwickeln.

Die bevorzugte Benutzung eines bestimmten Sinneskanals ist nämlich kein festgeschriebenes und unveränderliches Merkmal wie die Augenfarbe oder die Körpergröße. Es gibt diese Ausrichtungen bei Menschen, doch es handelt sich dabei eher um individuelle Vorlieben nach dem Motto »Geschmäcker sind verschieden«. Das Zusammensein mit einem anderen Sinnestyp bringt im Alltag zwar manchmal Schwierigkeiten mit sich, es kann aber auch durchaus eine Bereicherung sein. Wenn wir uns auf die kleinen und großen Unterschiede in der Wahrnehmung einlassen, lernen wir, die Welt auch einmal durch einen anderen Sinnesfilter wahrzunehmen. Das trägt nicht nur zu einer Verbesserung der Kommunikation bei, sonder kann auch zu einer Bewusstseinserweiterung führen.

Betrachten Sie die Welt aus unterschiedlichen Blickwinkeln – wie durch ein Kaleidoskop. Sie werden erstaunt sein, wie viele verborgene Facetten Ihnen dann ins Auge springen.

Extrovertierte und introvertierte Typen

Bei vielen Menschen stößt man auf das Vorurteil, introvertierte Typen seien stumm und ungesellig. Von extrovertierten Typen hört man hingegen häufig, sie seien aufdringlich und überkandidelt. Das muss jedoch nicht zwangsläufig so sein. Die Begriffe »introvertiert« und »extrovertiert« beschreiben nur die bevorzugte Orientierung von Menschen in Situationen, in denen sie Kraft und Energie tanken möchten. Man könnte daher sagen, dass es sich bei diesen beiden Typen um Menschen mit unterschiedlichen »Tankstellen« handelt.

Der extrovertierte Typ

Extrovertierte Typen leben mit Vorliebe in der äußeren Welt. Sie sind kontaktfreudig und genießen das Zusammensein mit anderen Menschen. Um sich zu erholen und neue Energiereserven aufzutanken, suchen sie die Nähe zu Freunden, Partnern und Familie. Zwischenmenschliche Begegnungen laden diese Menschen regelrecht auf. Der Extrovertierte ist ständig auf der Suche nach Abwechslung. Das kann ein Plausch mit dem Nachbarn sein, eine Runde Doppelkopf oder eine nette Party – hier redet er dann lieber mit vielen Menschen, statt sich mit nur einer Person ins Gespräch zu vertiefen. Der extrovertierte Typ trägt sein Herz auf der Zunge. Um sein Leben genießen zu können, braucht er viel Freiraum – und auch Herausforderungen.

Der Begriff »introvertiert« wird häufig so gebraucht, als ob es sich dabei um einen Makel handelt. Dabei kann ein introvertierter Typ im Umgang viel pflegeleichter sein als sein Gegenpol, weil er durch seine inneren Kraftquellen unabhängiger von der Umwelt ist.

Der introvertierte Typ

Diese Menschen tanken am besten auf, wenn sie allein sind. Ihre inneren Kraftquellen erschließen sie sich beim Lesen, Spazierengehen, Musikhören oder Aus-dem-Fenster-Gucken. Sie erleben es als Störung, wenn sie dabei von anderen Menschen abgelenkt werden. Introvertierte Typen brauchen ihre Intimsphäre und ziehen sich gern zurück – vor allem, wenn sie erholungsbedürftig sind. In Gesellschaft sind sie freundlich, aber sie halten ihre Gefühle zurück. Sie führen gern intensive Gespräche, schätzen dabei aber die Thementiefe mit einem einzelnen Gesprächspartner. Introvertierte sind sehr leistungsfähig, wenn man sie ungestört »vor sich hintüfteln« lässt. Sie hassen es, sich auf irgendeine Weise hervorzutun, und öffentliches Lob ist ihnen eher unangenehm.

Typische Missverständnisse

Extrovertierte und introvertierte Menschen ziehen sich zunächst oft an – vor allem in Beziehungen. Man erlebt das Anders-Sein des Partners als sinnvolle Ergänzung. Aber schon nach kurzer Zeit kann es zwischen diesen Wahrnehmungstypen zu einer Krise kommen – vor allem in stressigen Phasen. Hier driften diese beiden Charaktere dann nämlich auseinander. Nach einem anstrengenden Tag sagt beispielsweise der Extrovertierte: »Komm, wir gehen ins Kino und lenken uns ab!« Das aber erlebt der Introvertierte als pure Zumutung. »Lass uns den Abend lieber zu Hause verbringen«, wiegelt er ab. »Ich würde gern ein Buch lesen.« Dem Extrovertierten gibt dies das Gefühl, in einen Käfig eingesperrt zu werden.

Ablenkung kontra Selbstbesinnung

Man sagt zwar »Gleich und gleich gesellt sich gern«, aber auch »Gegensätze ziehen sich an«. Eine enge Beziehung zwischen intro- und extrovertierten Menschen birgt sicher viel Zündstoff, aber die Verschiedenheit der Charaktere kann auch eine Bereicherung sein.

Keiner der beiden begreift, dass er dem anderen mit seinem Erholungsvorschlag tiefstes Unbehagen bereitet: Für den Extrovertierten ist gemütliches Zu-Hause-Bleiben eine Freiheitsberaubung, und der Introvertierte erlebt natürlich das Hinausgehen als Überstunden. So empfindet mit der Zeit der Introvertierte den Extrovertierten als oberflächlich und sprunghaft, und umgekehrt wird entsprechend Verschlossenheit und Eigenbrötlertum diagnostiziert. Das Schlimme daran ist, dass die unversöhnlichen Fronten jeden noch mehr in sein Extrem treiben können: Der eine wird immer überdrehter, der andere immer in sich gekehrter.

Chancen

Auch hier heißt die Devise: Verstehen statt bekämpfen. Denn im Grund streben beide Typen das gleiche Ziel an: Ausgleich und Erholung. Dieses Ziel hat für beide den gleichen Erlebniswert – es wird nur auf unterschiedlichen Wegen erreicht. Man sollte daher aufhören, sich gegenseitig als überdreht und langweilig zu betiteln, und stattdessen dem anderen großzügig seine Kraftquelle gönnen. Auf diese Weise ist es auch möglich, sich gegenseitig Wünsche zu erfüllen. Man geht dann eben mit auf die Party, und zwar nicht, weil man es selbst toll findet, sondern um dem anderen einen Gefallen zu tun und ihn zu seiner »Tankstelle« zu begleiten. Das Gleiche gilt dann für die ruhigen Stunden daheim.

Wenn Gegensätze sich ergänzen

In Stresssituationen kann man sich mit etwas Toleranz auch gegenseitig unterstützen: Dem Extrovertierten helfen Gespräche oder Ablenkung, um sich zu beruhigen oder zu regenerieren. Dem Introvertierten wird dadurch Erleichterung verschafft, dass man ihn bei seinem Rückzug in die Privatsphäre unterstützt. Man schirmt ihn ab, indem man Telefongespräche stellvertretend annimmt, Tee oder Kaffee bringt und dann rücksichtsvoll wieder verschwindet. Nach kurzer Zeit fühlt sich der Introvertierte dann besser und riskiert wieder den Schritt nach draußen. Im Zusammensein gibt es die große Chance der Balance: Der Extrovertierte wird davor geschützt, auf zu vielen Hochzeiten gleichzeitig zu tanzen, und der Introvertierte bekommt Anregungen, die er von sich aus nicht suchen würde.

Die Einteilung in Wahrnehmungstypen dient als Orientierungshilfe, indem sie charakteristische Tendenzen sichtbar macht. Sie soll keinesfalls dazu verführen, Menschen in bestimmte Schubladen zu stecken.

Sensorische und intuitive Wahrnehmung

Dieses Metaprogramm beschreibt, ob ein Mensch sich lieber im Reich der Kreativität und Phantasie (intuitiv) oder des Wissens und der Erfahrung (sensorisch) bewegt. Damit soll natürlich nicht gesagt werden, dass diese Wahrnehmungsweisen sich gegenseitig ausschließen. Auch hier sind nur persönliche Vorlieben gemeint.

Der sensorische Wahrnehmungstyp

Den sensorischen Wahrnehmungstyp erkennt man an der Art und Weise, wie er seine Umwelt wahrnimmt. Er registriert bis ins kleinste Detail alles, was er mit seinen fünf Sinnen erfassen kann. Beispielsweise nimmt er alle Einzelheiten auf einem Foto wahr. Sagt dann aber jemand: »Das ist bestimmt eine wunderschöne Gegend, in der dieses Foto geknipst wurde«, reagiert der Sensoriker zurückhaltend. »Das kann man so nicht sagen. Wir wissen nicht, wie das Foto zustande gekommen ist – vielleicht liegt es nur an der Perspektive. Um uns ein Urteil zu machen, müssten wir erst einmal hinfahren und uns die Gegend angucken.« Der Sensoriker verlässt sich also nur auf das konkret Nachvollziehbare und entwickelt keine gewagten Hypothesen, von denen er nicht weiß, ob sie stimmen. Diese Wahrnehmungsvorliebe macht den Sensoriker zu einem praktischen Menschen.

Alles andere als ein Traumtänzer

Der Sensoriker beschäftigt sich lieber mit gegebenen Tatsachen, als dass er sich etwas ausdenkt. Hätte er die Wahl, würde er lieber Autos nach genauen Plänen bauen, als neue Autotypen zu konstruieren. Insofern liebt der sensorische Typ auch alles, was man messen und in Zahlen ausdrücken kann. Als Akademiker setzt er das erworbene Wissen lieber ein und erweitert es, als Hypothesen zu entwickeln und sie zu erforschen. Im Kapitel »Erfolge auf der Zeitlinie« haben Sie sich bereits mit der assoziierten und der dissoziierten Zeitwahrnehmung vertraut gemacht. Der Sensoriker bevorzugt die assoziierte Zeitwahrnehmung: Er lebt im Hier und Jetzt. Das gibt ihm die Fähigkeit, die Feste so zu feiern, wie sie fallen. Er genießt den Augenblick und fragt nicht danach, was die Zukunft bringt. Denn: Vielleicht kommt ja alles anders, als man denkt. Also macht es für den Sensoriker keinen allzu großen Sinn, sich heute nach dem Morgen zu richten – es sei denn, es gäbe wirklich vernünftige Gründe dafür.

Von Sensorikern sagt man oft, dass sie »mit beiden Beinen fest im Leben stehen«. Ihr nüchterner Realitätssinn und ihre praktischen Fähigkeiten führen leicht dazu, dass viel Verantwortung auf sie abgewälzt wird.

Der intuitive Wahrnehmungstyp

Der intuitive Typ entwickelt allerlei Phantasien um die Dinge herum, die er mit seinen fünf Sinnen wahrnimmt. Ihm genügt ein kleiner Puzzlestein, um intensiv darüber nachzudenken, wie wohl das gesamte Bild aussehen könnte. Er fragt sich, wie die Dinge sein könnten, und findet es weniger interessant, wie sie sich im Moment darstellen. Natürlich liebt dieser Typ alle kreativen Prozesse und ist hervorragend für künstlerische Aufgaben geeignet. Als Wissenschaftler schätzt er eher die Forschung als die Wissensanwendung. Die Suche nach Lösungen macht ihm Freude. Der intuitive Typ denkt gern in großen Zusammenhängen. Er mag keine Anleitungen, die seine Gedankenfreiheit einschränken. Mit Zahlen und Messungen jeder Art steht er eher auf Kriegsfuß. Seine Phantasie kann ihm aber auch schnell zum Verhängnis werden: Der intuitive Typ malt sich nämlich gern Katastrophen aus, die weit und breit nicht in Sicht sind. In der Zeitwahrnehmung tendiert dieser Typ zur dissoziierten Sichtweise. Da er vorzugsweise in der Überblicksperspektive denkt, spekuliert er gern über die Zukunft. Natürlich hat dieses Zeiterleben zur Folge, dass der intuitive Typ die Gegenwart manchmal zu flüchtig wahrnimmt, weil er gerade von anderen Zeiten träumt.

Typische Missverständnisse

Man kann sich nach diesen Ausführungen leicht denken, was typische Probleme zwischen diesen verschiedenen Charakteren sein können. Natürlich hält der sensorische Typ den intuitiven schnell für einen Spinner oder Hans-guck-in-die-Luft. Heimlich kommentiert er sein Tun mit dem Gedanken »Wenn das mal gut geht«. Sein Hang zum Phantasieren und Träumen weckt bei ihm tiefstes Misstrauen. Umgekehrt hält der Intuitive den Sensoriker für unromantisch und unkreativ. Er nimmt es übel, dass der Sensoriker ihm immer wieder die schönsten Illusionen durch störende Fakten und Sachwissen zerstört. Häufig hört man dann den Vorwurf: »Du bist ein Kopfmensch. Denk doch auch einmal mit dem Bauch!« Auch hier besteht wieder die Gefahr, dass diese beiden Typen sich gegenseitig ins Extrem treiben, wenn sie zusammen leben und arbeiten. Der Sensoriker verstärkt seine Sachlichkeit, weil er den vermeintlichen Luftschlössern des Intuitiven ein solides Fundament geben möchte. Der Intuitive hingegen versucht, sich über die störenden rationalen Einwände des Sensorikers hinwegzusetzen, und baut seine Gedankenschlösser nun erst recht luftig und gewagt.

Chancen

Auch hier gilt das Motto: Gemeinsam sind wir stark. Der Sensoriker kann dafür sorgen, dass der Intuitive den Kontakt zur Realität behält, und der Intuitive eröffnet dem Sensoriker die Welt der Phantasie. Eher sachliche Menschen werden so motiviert, in ihrer Vorstellungswelt auch einmal neue Wege zu beschreiten, statt sich immer nur auf vertrautem Terrain zu bewegen. Entsteht eine gegenseitige Toleranz, erleben diese scheinbar gegensätzlichen Menschen oft eine Überraschung: So gegensätzlich, wie sie anfangs meinten, sind sie im Endeffekt gar nicht. Denn natürlich denkt ein Intuitiver sich nicht immer nur Unsinn aus, und schon so manches Mal musste ein Sensoriker erkennen, dass das vermeintliche Luftschloss doch aus echten Steinen besteht. Umgekehrt sind Sensoriker keinesfalls unromantisch. Sie können den Intuitiven dazu bewegen, das Hier und Jetzt mit allen Sinnen zu genießen, was vor allem die Lebensfreude steigert. Und das kann dann eine Form von Romantik sein, die dem Intuitiven bisher gar nicht bewusst zur Verfügung stand.

Wenn sich der Sensoriker und der Intuitive respektieren und ihren jeweiligen Fähigkeiten genug Raum zur Entfaltung bleibt, bilden sie ein ideales Arbeitsteam, das sich gegenseitig zu Höchstleistungen anspornen kann.

191

Den Standpunkt wechseln

»Spezialbrillen« für Beziehungen

Unsere Sprache zeigt recht deutlich, dass wir in unseren Beziehungen zu anderen Menschen drei wesentliche Erlebnisstandpunkte haben. Da gibt es laut Grammatik die erste, die zweite und die dritte Person: ich, du und er/sie/es. Im Plural heißt es dann natürlich entsprechend: wir, ihr und sie. Wann immer Sie mit einem anderen Menschen in Kontakt treten, stehen Ihnen diese drei unterschiedlichen »Erlebnisbrillen« zur Verfügung. Im NLP spricht man von den »drei Positionen« im Beziehungserleben.

Eine Beziehung auch einmal mit den Augen des anderen zu betrachten, bedeutet noch lange nicht, den eigenen Standpunkt aufzugeben. Es verhilft Ihnen aber zu einem besseren Verständnis der Gesamtsituation.

Die drei Wahrnehmungspositionen

Erste Position

Von dieser Warte aus erlebe ich den Kontakt mit jemand anderem durch »meine Brille« – ich stecke fest in meiner Haut. Ich konzentriere mich auf meine Gefühle und registriere ständig, wie der Kontakt auf mich wirkt: die Worte, die Stimme, die Gesten, die Erscheinung des Gegenübers.

Zweite Position

Ich kann mich aber auch in den anderen hineinversetzen und die Welt mit seinen Augen sehen. Dabei erlebe ich mich von außen. Nun kann ich nachvollziehen, wie meine Worte, meine Stimme, meine Gesten wohl auf mein Gegenüber wirken, denn jetzt bin ich im Kontakt mit den Gefühlen des »Du«.

Dritte Position

Ich kann mir den Kontakt auch einmal mit den Augen einer außenstehenden Person betrachten, mit der Fragestellung: »Wie wirkt das Miteinander dieser beiden Menschen auf Unbeteiligte? Ist es ausgewogen oder nicht? Verstehen sie sich, oder ist einer von ihnen/sind beide blockiert oder gehemmt? Könnte man mehr aus dieser Beziehung machen?«

Pluspunkt in Partnerschaften

Sie können Ihre Beziehungen am lebendigsten gestalten, wenn Sie es lernen, in der Vorstellung flexibel zwischen den drei Erlebnispositionen hin- und herzuwechseln, denn jeder Standpunkt erfüllt eine wichtige Funktion für die Beziehung. Wenn Sie im Besitz dieser drei inneren »Spezialbrillen« sind, können Sie sowohl Ihre eigenen als auch die Gefühle Ihres Gegenübers wahrnehmen, und zusätzlich erlaubt Ihnen die dritte Position, kreative Gedanken über die Beziehungsgestaltung zu entwickeln.

Nun gibt es eine Reihe von Menschen, die sich auf eine Beziehungsposition spezialisiert haben. Je nachdem, auf welchen Standpunkt man sich versteift hat, gibt es auch entsprechende Probleme.

Ich-betonte Menschen

Für Menschen, die die Welt ausschließlich aus der »Ich-Position« heraus erleben, zählen auch nur die eigenen Gefühle. Es wird ihnen nicht bewusst, wie andere sich mit ihnen fühlen. Deshalb verletzen sie auch häufig die Gefühle ihrer Mitmenschen – und wundern sich dann über beleidigte Reaktionen. Denn »eigentlich haben sie es ja gar nicht so gemeint«. Dabei gehen sie von sich selbst aus: Es fühlte sich gar nicht schlimm an, als sie die Botschaft sendeten, ihnen selbst hat das nicht weh getan. Insofern verstehen sie auch nicht, »was der andere nun schon wieder hat«. Ich-betonte Menschen fallen mit ihrer Art oft unangenehm auf, merken dies aber nicht, weil sie sich nie durch die Brille des außenstehenden Beobachters sehen.

Für eine Beziehung ist es tödlich, wenn einer der Partner unnachgiebig auf seinem Standpunkt verharrt. Gespräche, die zur Entspannung der Situation beitragen könnten, sind dann nicht mehr möglich.

Du-betonte Menschen

Es gibt aber auch viele Menschen, die sich ausschließlich in der »Du-Perspektive« aufhalten. Sie fühlen sich ständig in ihre Mitmenschen hinein und fragen sich immer wieder, wie es den anderen wohl geht. Diese Personen neigen zum Helfersyndrom, wobei das Gegenüber selten gefragt wird, ob es sich überhaupt helfen lassen möchte. Weil die Du-Menschen die Ich-Perspektive vernachlässigen, spüren sie auch nicht, wie es ihnen selbst dabei ergeht, wenn sie stets für die anderen und in den anderen leben. Sie neigen dazu, sich zu verausgaben. Natürlich fehlt auch diesen Personen der kritische Blick auf ihr eigenes Tun – der ihnen sicherlich manchmal gut tun würde.

Der distanzierte Beobachter

Es erfordert eine Portion Selbstvertrauen, den Standpunkt auch einmal zu wechseln. Wer an sich selbst zweifelt, neigt eher dazu, auf der eigenen Sichtweise zu beharren und sie verbissen zu verteidigen.

Der dritte Wahrnehmungstyp hält sich überwiegend in der Position des Außenbetrachters auf. Deshalb steht er den Gefühlsaspekten einer Beziehung auch distanziert gegenüber. Diese Menschen wirken schnell unterkühlt. Sie haben sich gut unter Kontrolle. Meistens machen sie auf andere einen guten Eindruck, weil sie aus ihrer Position heraus immer wissen, wie sie wirken und wie sie bei anderen ankommen. Sie können jedoch nicht gut auf sich selbst aufpassen, weil sie genauso wenig wie der Du-Mensch merken, wann ihnen etwas zu viel wird. Auch Freude wird nicht überschwänglich empfunden, weshalb diese Menschen oft Langeweile verspüren. Sie kennen viele Menschen – oft jedoch nur oberflächlich. Das »Du« vermisst bei diesen Personen manchmal den »Tiefgang«, weshalb diese Menschen in der Familie und in Partnerschaften oft Probleme bekommen.

Öfter einmal die »Brille« wechseln

Wie so häufig kann man also auch zu diesem Thema sagen: Die gute Mischung macht's. Das ausschließliche Verharren auf einem der drei Erlebnisstandpunkte blockiert zufrieden stellende Beziehungserlebnisse. Folglich besteht das entsprechende Imaginationstraining im Perspektivenwechsel. Die Szene bleibt dabei stets die gleiche: Ihre Beziehung mit einem anderen Menschen.

Eine gefestigte Beziehung übersteht auch Krisen. Wichtig sind klärende Gespräche und die Bereitschaft, auf den Partner zuzugehen.

Den Standpunkt wechseln

← ÜBUNG

1 Denken Sie an einen mittelschweren Konflikt, den Sie in den letzten Wochen mit einer anderen Person hatten. Die Situation sollte sich im Livegespräch miteinander entwickelt haben.

2 Erleben Sie die gesamte Situation nochmals aus Ihrer Erinnerung heraus: Ihre Augen sind bei dieser Wiederholung der Szene die Kamera. Spüren Sie Ihr Körperecho in den verschiedenen Phasen des Gesprächs. Fühlen Sie nochmals, wie Ihr Gegenüber damals auf Sie wirkte. Lassen Sie die Szene dann in Gedanken zurückspulen.

3 Jetzt erleben Sie die Szene aus der Perspektive Ihres damaligen Gegenübers. Versetzen Sie sich ganz in die Haut der anderen Person. Sehen Sie sich selbst mit den Augen des Gegenübers, hören Sie mit seinen Ohren, fühlen Sie mit seinem Körper. Wie geht es Ihnen in dieser Position? Was erfahren Sie aus dieser Blickrichtung Neues über sich? Lassen Sie die Szene zum Schluss wieder zurückspulen.

Sie werden bei dieser Übung feststellen, dass es gar nicht so einfach ist, sich in sein Gegenüber hineinzuversetzen. Die eigene Sichtweise drängt sich ständig in den Vordergrund.

4 Nun wechseln Sie in die Sichtweise des außenstehenden Beobachters über. Stellen Sie die gedankliche Kamera so auf, dass Sie zu beiden miteinander in Beziehung stehenden Personen den gleichen Abstand haben. Erleben Sie die Gesprächssequenz aus dieser Sicht ein drittes Mal. Nun nehmen Sie die beiden Personen auf einmal wahr. Lassen Sie ihr Miteinander auf sich wirken. Nehmen Sie zur Kenntnis, welche neuen Gedanken, Erkenntnisse und Ideen jetzt auftauchen. Spulen Sie die Szene wieder zurück.

5 Durchleben Sie die erinnerte Szene nun ein viertes Mal. Nehmen Sie während dieses letzten Durchgangs welchselnd alle drei Positionen ein, und kommen Sie zum Schluss dann wieder bei sich selbst an. So trainieren Sie Ihre Wahrnehmungsflexibilität.

Hinweis zur Übung

• Wann immer Sie jetzt mit Menschen im Gespräch sind, nehmen Sie innerlich abwechselnd die drei Wahrnehmungspositionen ein. So erhalten Sie sich eine lebendige Reaktionsbereitschaft im Kontakt.

Erfolgreich kommunizieren

Wie man einen »guten Draht« aufbaut

»Da sich niemand des Kommunikationsmittels Körpersprache entziehen oder sie unterdrücken kann, ist es von wesentlichem Nutzen, sie zu lernen – gibt sie uns doch wichtige Informationen über die innere Haltung und Einstellung unserer Mitmenschen.« Samy Molcho, Pantomime

Für dieses Kapitel möchte ich Sie von vornherein in die dritte Wahrnehmungsposition bitten. Stellen Sie sich vor, Sie sitzen in einem gut besuchten Restaurant und beobachten die Menschen an den Nebentischen. Sie wissen nicht, worüber gesprochen wird, können aber dennoch intuitiv erraten, ob diese Menschen sich gut verstehen oder nicht. Das erkennen Sie nicht am Wortinhalt – den Sie nicht genau hören –, sondern an den so genannten nonverbalen Zeichen der Körpersprache. Menschen neigen dazu, bei einem guten Kontakt ähnliche Bewegungen zu machen: Man »steckt die Köpfe zusammen« oder nickt an der gleichen Stelle. Man teilt auch gern Gefühlswahrnehmungen: gemeinsames Lachen etwa oder gemeinsames Stirnrunzeln bei Besorgnis erregenden Themen.

Bezüge herstellen

Aus dem Alltag kennen Sie sicher viele ähnliche Beispiele, ohne sie bisher in diesem Zusammenhang gesehen zu haben. So ändern viele Erwachsene spontan ihre Stimmlage, wenn sie sich über einen Kinderwagen beugen. Sie passen sich den kindlichen Tönen an. Im Gespräch mit Kindern gehen sie oft in die Knie, um auf Augenhöhe Kontakt aufzunehmen. Hier wird ein Bezug zur Körpergröße des Kindes aufgebaut. In bestimmten Kulturen wird bei festlichen Anlässen noch der Volkstanz gepflegt. Gemeinsame rhythmische Bewegungen stärken das Zusammengehörigkeitsgefühl der Gruppe.

Die Zeichen der Körpersprache

Für eine gelungene Kommunikation müssen die »Verbindungen« zwischen Ihnen und den anderen Menschen in Ordnung sein. Nicht umsonst spricht man davon, einen »guten Draht« zu jemand anderem zu haben. Doch selbst bei drahtloser Kommunikation muss zumindest die »Wellenlänge« stimmen, damit die gesendete Botschaft so aufgenommen wird, wie sie gemeint war. Kommunikationspartner drücken ihre Wellenlänge nonverbal über die Körperhaltung (Nähe/Distanz), die Lautstärke und das Sprechtempo aus.

196

Sich angleichen

Diese nonverbale Verständigung können Sie auch aktiv mit Ihren Gesprächs- und Beziehungspartnern aufbauen. Da dieses nicht im eigentlichen Sinn eine Imaginationsübung darstellt, sondern eine Anregung auf der Verhaltensebene, gebe ich Ihnen hier einen kleinen tabellarischen Überblick über Ihre Möglichkeiten, mit verschiedensten Menschen eine nonverbale positive Wellenlänge herzustellen.

Der Schnellsprecher
• Versuchen Sie, ebenfalls mit der Stimme Tempo zuzulegen. Das ist für diese Person ein angenehmes Hörerlebnis. Danach werden Sie wieder langsamer, und die Person folgt jetzt Ihnen.
• Vermeiden Sie es, den Schnellsprecher durch betontes Langsamreden zu »beruhigen« – das regt diese Person nur noch mehr auf.

Der Langsamsprecher
• Versuchen Sie, Pausen zwischen den Worten zu machen, und möglichst ruhig und bedächtig zu sprechen. Das gibt diesem Menschen ein vertrautes Gefühl. Wenn Sie nach einer Weile dann wieder etwas schneller sprechen, wird diese Person Ihnen gern ein Stück entgegenkommen und ihr Sprechtempo ebenfalls etwas beschleunigen.
• Vermeiden Sie es, den Langsamsprecher durch ein gesteigertes Tempo »wachzurütteln« oder »mitzureißen«. Er wird Sie als anstrengend erleben und sich dann ganz verweigern.

Der lebhafte Nähemensch
• Versuchen Sie, ebenfalls gestenreich und mit ausholenden Bewegungen zu sprechen. Berühren Sie Ihren Gesprächspartner beim Reden am Arm, und beugen Sie sich vor – genau wie Ihr Gegenüber. Wenn Sie sich dann nach einer Minute wieder zurücklehnen, wird Ihr Gegenüber Ihnen folgen und sich gleichfalls zurücklehnen.
• Vermeiden Sie es, ängstlich zurückzuweichen und ganz steif dazusitzen – der Nähemensch wird Ihnen dann nur noch mehr »auf die Pelle« rücken, in der Hoffnung, Sie irgendwie »aufzutauen«. Außerdem fühlt sich der Nähemensch von Ihnen unbewusst abgelehnt, was einer entspannten Gesprächsatmosphäre nicht gerade förderlich ist.

Begegnen Sie dem störenden Kommunikationsverhalten Ihres Gegenübers nicht gleich mit einem erzieherischen Gegenbeispiel. Passen Sie sich ihm zunächst an, um auf diesem Umweg eine Veränderung zu bewirken.

Der distanzierte Typ

- Versuchen Sie, sich ebenfalls etwas zurückzuhalten. Macht die Person auch noch ein ernstes Gesicht, dann setzen Sie bitte kein übertriebenes Lächeln auf, sondern passen Sie Ihren Ausdruck dieser Mimik an. So gewinnt Ihr Gegenüber Vertrauen zu Ihnen. Nach ein bis zwei Minuten können Sie etwas mehr Lebendigkeit riskieren. Nun wird Ihr Gegenüber ebenfalls etwas lockerer werden.
- Vermeiden Sie es, den distanzierten Typ aufzumuntern. Das wäre eine Überforderung und weckt nur sein Misstrauen.

Ähnlichkeit schafft Vertrauen

Versuchen Sie in einem Vorstellungsgespräch nicht, das Klischee vom dynamischen Erfolgstyp zu verkörpern, sondern erforschen Sie zunächst durch diskrete Angleichung die Wesensart des Interviewpartners.

Sie haben also die Möglichkeit, nonverbal eine positive Wellenlänge herzustellen, indem Sie Ihre Stimme in Tonalität, Melodie, Rhythmus, Lautstärke und Tempo an Ihren Gesprächspartner anpassen – in der Psychologie nennt man das Angleichen. Auch die Angleichung des Sprachniveaus trägt zu einem guten Gesprächsklima bei – achten Sie darauf, ob Ihr Gegenüber eher einen volkstümlichen, umgangssprachlichen oder einen »gewählten« Sprachstil benutzt. Ahmen Sie die Kopfbewegungen, die Körperhaltung, Atemfrequenz und Gestik Ihres Gegenübers zumindest andeutungsweise nach. Selbstverständlich können auch Dinge wie ein ähnlicher Kleidungsstil oder gleiche Ansichten über bestimmte Themen die positive Wellenlänge zwischen zwei Menschen intensivieren.

Das Eisbergprinzip

Rufen Sie sich zur Verdeutlichung des bisher Gesagten einmal folgendes Bild vor Augen: Wenn sich zwei Eisberge unter Wasser gegenseitig streifen, sind die Eisbergspitzen über Wasser noch weit voneinander entfernt. Das gleiche gilt für zwischenmenschliche Kontakte: Bevor zwei Menschen über etwas Wichtiges sprechen, haben sie »unter Wasser« – sprich: auf nonverbaler Ebene – schon längst Fühlung miteinander aufgenommen. Unbewusst lieben Menschen das Gleichgesinnte – Ähnlichkeit schafft Vertrauen und ein Nähegefühl. Daher lohnt es sich immer, einen Menschen in seiner besonderen Art ernst- und anzunehmen und ihm durch das eigene Verhalten zu signalisieren: »Ich akzeptiere deine Wesensart«. Die Beispiele, die ich oben genannt habe, helfen Ihnen dabei.

Der Weg zum Charisma

Wie man sich eine positive Aura zulegt

Manche Menschen wirken so, als würde die Luft, die sie umgibt, noch zu ihrer Person dazugehören und eine angenehme Energie verbreiten. Ich möchte Ihnen hier eine Übung zeigen, mit der Sie gezielt so etwas wie eine Aura um sich herum aufbauen können. Wenn Sie diese Übung täglich anwenden, wird das einen positiven Effekt auf Ihr Erscheinungsbild ausüben: Sie werden unbewusst aufrechter gehen, eine entspannte Mimik und einen offenen Blick haben.

Eine gute Ausstrahlung öffnet viele Türen

Dies ist dann auch der erste Eindruck, den andere Menschen von Ihnen gewinnen: selbstbewusst und freundlich. Auf diese Weise haben Sie gleich in den ersten Sekunden des Kontakts »gute Karten«. Denn in dieser kurzen Zeit macht sich Ihr Gegenüber innerlich ein Bild von Ihrer Person, auf das er oder sie sich später immer wieder bezieht. Warten Sie also nicht ab, wie andere Menschen auf Sie zugehen – um dann eine Stimmung in sich selbst zu entwickeln. Zeigen Sie vielmehr gleich die Ausstrahlung, mit der Sie von Ihren Mitmenschen wahrgenommen und »abgespeichert« werden möchten.

Menschen mit einer positiven Ausstrahlung haben meist ein gesundes Selbstbewusstsein, das sie auch in schwierigen Phasen trägt. Ist es bis zur Überheblichkeit gesteigert, verliert es allerdings jede charismatische Wirkung.

Ein freundliches Lächeln und ein offener Blick sind ausschlaggebend für den ersten Eindruck. Dieser bestimmt oft über Sympathie oder Abneigung.

ÜBUNG ➡ ## Meine positive Aura

❶ Setzen oder legen Sie sich bequem hin.

❷ Nehmen Sie die Luft wahr, die Ihren Körper umgibt. Diese Luft ist Ihr »persönlicher Raum«.

❸ Füllen Sie diesen »persönlichen Raum« in der Vorstellung mit einem angenehmen Licht, mit einer schönen Farbe oder auch verschiedenen Farben an. Stellen Sie sich lebhaft diesen Luftmantel aus Licht und Farbe um sich herum vor.

Menschen, die im Rampenlicht stehen, legen sich häufig eine imaginative Aura zu, die ihr Wesen vor anderen Menschen abschirmt. Dieser Schutzmantel kann mit der Zeit ein fester Bestandteil des Charakters werden.

❹ Stellen Sie sich vor, dass diese Aura auch »denken« kann: Wann immer Menschen nett und angenehm sind, lässt die Aura diese positive Energie zu Ihnen durchkommen. Ist das nicht der Fall, blockt die Aura eine etwaige Negativenergie wie ein Schutzschild von Ihnen ab – und schickt sie zurück an den Absender.

❺ Nachdem Sie die Aura »angezogen« haben, denken Sie von nun an mehrmals am Tag daran.

Hinweise zur Übung

• Versehen Sie Ihren Badezimmerspiegel mit einem kleinen Aufkleber, der Sie schon am frühen Morgen beim Zähneputzen daran erinnert, die Aura »anzuziehen«.

• Schaffen Sie sich für die Auraübung einen »Anker« an, der Sie schnell und oft an den Auramantel erinnern kann: Am besten wäre ein Schmuckstück, das Sie ständig tragen.

• Wählen Sie einen ruhigen Moment, um die Aura in Gedanken zu verstärken. Die gute Wirkung hält dann mindestens für zwei Stunden an – auch wenn Sie vom Bewusstsein her hellwach am Alltagsgeschehen teilnehmen.

• Die Aura ist eine äußerst wirkungsvolle Hilfe in unangenehmen Situationen: Sie schützt Sie, wenn Menschen Sie kritisieren, benörgeln oder mit Ihnen streiten. Sie bekommen thematisch zwar mit, worum es geht, die schlechte Stimmung verbleibt jedoch dank der Aura außerhalb Ihres Körpers.

Die tägliche Beziehungspflege

Kleine Aufmerksamkeiten erhalten die Freundschaft

Zum Abschluss dieses Kapitels möchte ich Ihnen noch einige Hinweise geben, die eigentlich ganz selbstverständlich sein sollten, in Beziehungen aber oft vergessen werden: Viele Menschen widmen nämlich ihrem Auto oder ihrem Garten mehr Aufmerksamkeit als ihren Beziehungen. Beziehungen sind etwas Lebendiges, was täglich Pflege benötigt. Natürlich ist die folgende Liste unvollständig. Sie soll auch nur ein wichtiges Prinzip verdeutlichen – das Prinzip der täglichen Aufmerksamkeit.

● Sorgen Sie dafür, dass Sie ein angenehmer Anblick sind. Schon kleine Kinder lieben freundlichen Blickkontakt und vor allem ein Lächeln. Auch Kleidung und Körperpflege gehören in der Partnerschaft dazu. Nicht umsonst gibt es das berühmte Lied: »Du lässt dich gehn …«. Partner empfinden es schnell als entwürdigend, wenn man sich nur »für die Balz« schön macht und im Liebesalltag dann im Unterhemd oder mit Lockenwicklern herumläuft.

● Auch die Ohren Ihrer Mitmenschen lieben Beziehungspflege. Machen Sie daher ab und zu ernst gemeinte Komplimente, und geben Sie positives Feedback. Sagen Sie nicht nur bei der Hochzeit »Ich liebe dich« und gehen dann davon aus, dass das für die nächsten 20 Jahre reicht. Lassen Sie sich in der Wortwahl auch etwas Kreatives einfallen, damit Ihr Gegenüber nicht das Gefühl bekommt, Sie wollten ihm nur Honig um den Bart schmieren. In diesem Zusammenhang möchte ich an den wunderschönen Titel von Stevie Wonder erinnern: »I just called to say I love you …«. Das ist Beziehungspflege über die Ohren par excellence.

● Jeder Mensch freut sich über Aufmerksamkeiten: eine Geburtstagskarte, ein kleines Geschenk, eine Einladung, ein Fax mit einem interessanten Zeitungsartikel, von dem man weiß, dass das Thema den anderen interessiert. Diese Dinge dürfen gern auch als lästige Pflicht empfunden werden. Beziehungspflege muss nicht immer lustig sein – dafür aber aufmerksam. Wenn diese Aufmerksamkeit im Gegenüber Freude auslöst, können so schöne Dinge passieren, dass man schnell erkennt, wie lohnend der Einsatz für die Beziehung ist.

Kleinigkeiten, die man im Kontakt mit Fremden für selbstverständlich hält, werden im täglichen Umgang mit vertrauten Menschen gern vernachlässigt. Dabei stellen sie das Salz in der Beziehungssuppe dar.

Nützliche Adressen

- Wenn Sie Fragen haben oder Kontakt mit der Autorin aufnehmen möchten, wenden Sie sich bitte an die folgende Adresse:

Besser Siegmund Institut
Jakobikirchhof 9, 20095 Hamburg, Tel./Fax: 0 40/32 70 90

- Adressen von NLP-Trainer/Innen erhalten Sie bei

Deutscher Verband für NLP e.V. (DVNLP)
Schwanenwall 2, 44135 Dortmund, Tel.: 02 31/52 60 10

- Adressen von NLP-TherapeutInnen erhalten Sie bei

Deutsche Gesellschaft für Neuro-Linguistische Psychotherapie e.V. (DG-NLPt)
Weststraße 76, 33615 Bielefeld, Tel.: 05 21/12 32 69

- Weitere Informationen über Hypnose erhalten Sie bei

Milton-Erikson-Gesellschaft für Klinische Hypnose
Konradstraße 16, 80801 München, Tel.: 0 89/34 02 97 20

Deutsche Gesellschaft für Hypnose
Druffelsweg 3, 48653 Coesfeld, Tel.: 0 25 41/7 00 07

- Die Kontaktadresse für EMDR (Eye Movement Desensitization and Reprocessing) lautet:

Dr. med. Franz Ebner
Friedländerstraße 19, 61440 Oberursel, Tel.: 0 61 71/20 40

Literaturverzeichnis

Andreas, C./Andreas, S.: Mit Herz und Verstand. Junfermann. Paderborn 1997

Bandler, R./Grinder, J.: Neue Wege der Kurzzeittherapie. Junfermann. Paderborn 1997

Besser-Siegmund, C.: Easy Weight – Der mentale Weg zum natürlichen Schlanksein. ECON. Düsseldorf 1997

Besser-Siegmund, C.: Sanfte Schmerztherapie. ECON. Düsseldorf 1994

Besser-Siegmund, C.: Magic Words – Der minutenschnelle Abbau von Blockaden. ECON. Düsseldorf 1995

Butler, G./Hope, T.: So wird Ihre Psyche fit. Knaur. München 1997

Couè: Die Selbstbemeisterung durch bewusste Autosuggestion. Schwabe & Co.AG. Basel 1997

Dilts, R.: Identität, Glaubenssysteme und Gesundheit. Junfermann. Paderborn 1995

Dilts, R.: Know how für Träumer. Junfermann. Paderborn 1994

GEO-Wissen: Das Geheimnis der Hypnose – Heilen durch Trance. Gruner & Jahr. Hamburg, Heft Nr. 2, 1995

Hamm, M. Prof. Dr./Boberg J./Mühleib F.: Die Schönheitsdiät. Mosaik Verlag. München 1993

James, Tad: Time Line. NLP-Konzepte zur Grundstruktur der Persönlichkeit. Junfermann. Paderborn 1990.

Kutschera, G./Carl, R./Pfeffer, S.: Resonanz in Partnerbeziehungen. Junfermann. Paderborn 1995

Ludwig, P.H.: Sich selbst erfüllende Prophezeiungen im Alltagsleben. Verlag für Angewandte Psychologie. Stuttgart 1991

O'Connor, J./Seymour, J.: Neurolinguistisches Programmieren: Gelungene Kommunikation und persönliche Entfaltung. VAK-Verlag. Freiburg 1992

Oettingen, G.: Psychologie des Zukunftsdenkens. Hogrefe. Göttingen 1997

Shapiro, F.: EMDR – Grundlagen und Praxis. Junfermann. Paderborn 1998

Sheehan, E.: Selbsthypnose – Wie geht denn das? Junfermann. Paderborn 1996

Hinweis

Das vorliegende Buch ist sorgfältig erarbeitet worden. Dennoch erfolgen alle Angaben ohne Gewähr. Weder Autorin noch Verlag können für eventuelle Nachteile oder Schäden, die aus den im Buch gemachten praktischen Hinweisen resultieren, eine Haftung übernehmen.

Bildnachweis

IFA-Bilderteam, Taufkirchen: Titel/Fond (Chromosohm), Titel/Einkl. (J. Heron); Südwest Verlag, München: 80 (Christian Kargl), 144 (Jump); The Image Bank, München: 12 (John Banagan), 56 (Elle Schuster), 153 (Juan Silva), 186 (Geoffrey Gove), 194 (Alexandra Serra), 199 (Carol Kohen); Tony Stone, München: 2 (Daniel J. Cox), 19 (Rick Raymond), 28 (John Lund), 35 (Antonia Reeve), 42 (Steven Peters), 50 (Nick Dolding), 63, 134 (Kaluzny/Thatcher), 71 (John Beatty), 88 (Brian Bailey), 93 (Laurence Monneret), 101 (Terry Donnelly), 107 (Randy Wells), 117 (John Lamb), 128 (James Harrington), 142 (Mark Lewis), 160 (James Nelson), 174 (Dale Durfee), 179 (Alejandro Balaguer)

Impressum

© 1998 Südwest Verlag GmbH in der Verlagshaus Goethestraße GmbH & Co. KG, München

Redaktion:
Anja Feise,
Dr. Marion Onodi
Projektleitung:
Anja Feise
Redaktionsleitung und medizinische Fachberatung:
Dr. med. Christiane Lentz
Bildredaktion:
Sabine Kestler
Produktion:
Manfred Metzger
Umschlag und Layout:
Heinz Kraxenberger
DTP/Satz:
Avak Publikationsdesign, München

Printed in Italy

Gedruckt auf chlor- und säurearmem Papier

ISBN 3-517-07681-3

Register

Ablenkung 66, 188
Abschalten 86
Abstand 105
Abwechslung 71
Adrenalin 84
Ähnlichkeit 198
Aktivierung unbe-
wusster Schleifen 65
Alkohol 82
Alltag 51
Alltagsprobleme 72ff.
Alterstest 93
Älterwerden 94
Andere Meinungen zu-
lassen 47
Andersartigkeit 177
Anforderungen 46
Angleichen 197
Angst vor Unbekann-
tem 133, 135
Ängste 111, 113f.
Angstwörter 120
Arbeiten im Schlaf 170
Ärger 72
Assoziation 61, 151
Assoziierte Wahrneh-
mung 104f., 190
Atem 86
Auditiver Typ 76, 183
Aufmerksamkeiten
201
Aufschieben 36
Auftanken 87
Augenausdruck 160
Augenbrauen 160
Aura 199
Ausdauersportarten 85
Ausdrucksformen 160
Ausgleich 86
Auslöser 30
Außentest 57

Außenwelt ausblenden
169
Ausstrahlung 91, 199

Bahnung 20, 145
Bandler, Richard 17
Beliebtheit 176
Beobachterperspektive
30
Beschimpfungen 53
Beziehungsgestaltung
193
Bewegung 84, 137, 160
Bewegungskoordina-
tion 145
Bewertungsmaßstäbe
46
Bewunderung 175
Bewusstsein erweitern
152
Bewusstsein überlisten
159
Beziehungen 175ff.
Beziehungspflege 201
Beziehungsposition
193
Bildgedächtnis 61
Black-out 149
Blick nach vorn 41
Blick zurück 111
Blickwinkel 138
Blockaden 64, 90
Body-Scan 25ff.
Brainstorming 67
Busch, Wilhelm 103

Charakter 188
Charisma 91, 199

Dankbarkeit 175
Dauerstress 39
Denkarten 124
Denkblockaden 63
Denkbrille 126

Denkplätze 68, 71
Denkvarianten 154
Depressionen 147
Dickmacher 84
Dissoziierte Wahrneh-
mung 104, 190
Disstress 85
Distanz 32
Distanzierter Beobach-
ter 194
Distanzierter Typ 198
Dracheneffekt 16, 18,
24
Du-betonte Menschen
193
Durchblutung 87
Durchhaltekraft 13,
124

Eigenmotivation 13, 26
Einen guten Draht auf-
bauen 196
Einklang mit dem Kör-
per 81
Einsamkeit 175
Einschlaftrance 170,
172
Einschlafhilfe 153
Einschlafprobleme 168
Einstellung 75
Einzigartigkeit 177
Eisbergprinzip 198
Endorphin 83, 163
Energie 164
Energievorbilder 54
Engeleffekt 20
Entfremdungstrick 180
Entscheidungen 136ff.
Entspannung 86, 150
Entspannungstechnik
149
Entwicklung 8
Ereignis 44
Erfahrungen 130

Erfolg 108, 118, 123,
126f.
Erfolgsbilanz 129ff.
Erfolgsblockaden 118
Erfolgsdruck 64
Erfolgsfilm 155f.
Erfolgspflege 123ff.
Erfolgspotenzial 11
Erinnerung an die
Zukunft 109
Erinnerungsanker 22
Erinnerungshilfe 150
Erinnerungskneifen 34
Erlebnisphasen 38
Ernährung 83
Erscheinungsbild 198
Erschöpfungssignale
164
Eselsbrückentechnik
61
Eustress 85
Existenzangst 89
Experiment 155
Extrovertierter Typ 187
Eye Movement Desen-
tizitation and Repro-
cessing (EMDR) 202

Fernziele 89ff., 96
Fingernägelkauen 33
Flexibilität 105
Fraktionierte Trance-
induktion 169
Freiräume 64
Fremdes 134
Freundschaft 176f.
Fühlgeschichten 152
Fühl-Typ 76, 183
Fünfzig-Prozent-Trick
42, 49

Galileo Galilei 134
Gebrauchsanweisung
180

Gedächtnis 59
Gedächtnisspuren 113
Gedanke 44
Gedankenlesen 179
Gedankenreise 159
Gedankliche Verknüp-
 fungen 61
Gefäße 86
Gefühlserlebnis 44
Gefühlsgedächtnis 60
Gefühlswerte 29
Gegensätze 189
Gegenwart 142
Gehirnaktivierung 145
Gehirnernährung 82
Gehirnstoffwechsel
 64
Gelassenheit 141
Gemütlichkeit 185
Geruchstyp 183
Geschmacksmenschen
 183
Gesprächsverhalten
 184
Gestik 160
Gesundheit 82, 163
Gesundheitstraining
 163
Gewohnheit 133
Grinder, John 17
Grübelbilder 73
Grundeinstellungen 90
Grundkraftniveau 91,
 95
Guter Verlierer 143

Haltung 160
Handauflegen 163, 166
Handlungsmuster 154
Heidegger, Martin 41
Herzschlag 86
Highlights 110
Hinterfragen 119
Hoffnung 123

Höflich zu sich selbst
 sein 52, 57
Hörgedächtnis 60
Hypnose 145, 147ff.,
 173

Ich-betonte Menschen
 193
Imagination 51ff.
Imaginationsbilanz 137
Imaginationsfein-
 einstellungen 30
Imaginationshilfen 30f.
Imaginationstechniken
 13
Imaginationstraining
 82, 84
Imaginative Beweg-
 lichkeit 89
Imagineering 10, 16,
 130
Imaginieren 14
Imitieren 160
Individuelle Körper-
 bewegungen 117
Individuelle Realität 8
Individuum 177
Informationsflut 148
Innere Bilder 76f.
Innere Spots 122
Innere Stabilität 91
Innere Stimme 55
Innerer Dialog 89
Innerer Ratgeber 171
Inspiration 123
Intrapersoneller Dialog
 52
Introvertierter Typ 187
Intuition 152, 190
Intuitive Wahrneh-
 mung 189
Intuitiver Wahrneh-
 mungstyp 190
Irrational 45

Jugendlichkeitswahn
 94

Kalorien 81, 83
Karteikartentechnik
 173
Katapulttechnik 168
Kinästhetischer Typ
 183
Kipling, Rudyard 8
Klare Voraussetzungen
 125
Klauen 161
Kognitive Verhaltens-
 therapie 44, 119
Kognitives Verhaltens-
 training 11
Kohlenhydrate 84
Kommunikation 178,
 196
Kommunikationsfallen
 182ff.
Kommunikations-
 verhalten 182ff.
Konfliktsituationen
 101
Kongruenz einer
 Persönlichkeit 51
Konsequenzen 11
Konstruktiv denken
 18
Konzentration 20, 82,
 150
Kopfschmerzen 82
Körperausdruck 48
Körperecho 25, 94
Körperhaltung 196
Körperliche Reaktion
 44
Körpersignale 27
Körpersprache 48, 196
Kraftquellen 54, 111
Kraftreserven 81
Kreativer Prozess 68

Kreativität 63f., 70,
 189
Kreativitätsblockaden
 64
Kulturen 177
Kurzentspannung 151

Langsamsprecher 197
Lautstärke 160, 196
Lebendigkeit 137
Lebensbilanz 129
Lebensfreude 94
Lebensqualität 8, 184
Lebensräume 8
Lebensziele 90
Leistung 175
Lernen 167f.
Lernmotivation 173
Lernprägung 178
Lernpsychologie 173
Lernvorgang 173
Liebe 176
Lösungsfindung 141

Macht 175
Macht der Gewohnheit
 133
Menschenkenntnis
 176, 181
Mentale Durststrecken
 überwinden 14
Mentale Erfolgs-
 konzepte 9
Mentale Probefahrt 155
Mentale Spaziergänge
 66
Mentaler Leistungs-
 abfall 83
Metaprogramme 181ff.
Micky-Maus-Effekt 73
Mimik 48, 160, 199
Missverständnisse 184,
 188, 191
Modelllernen 157ff.

Modellliste 162
Möglichkeiten, eigene 157
Molcho, Samy 196
Moment 142
Morphium 163
Motivation 54, 124
Motivationshilfe 150
Müdigkeit 82
Mund 160
Muskelkater 85

Nachahmung 157
Nähemensch 197
Nährstoffe 87
Nahziel 51
Naschsucht 23, 28
Negationen 16
Negativenergie 200
Negative Glaubens-sätze 119
Negative Verhaltens-auslöser 30
Nervenbahnung 20
Nervenbotenstoffe 81, 83
Nervennahrung 81
Nervensystem 167
Nervenzentren 20
Nervöse Störungen 147
Nervosität 48
Neue Wege 133
Neurolinguistisches Programmieren (NLP) 11, 17, 192
Neuronale Verknüp-fung 20
Neutralisieren 115
Nonverbale Ebene 198
Notfall 43

Offenheit 134
Opiate 163

Optimismus 91
Ordnungssinn 185

Partnerschaften 193
Peripherer Blick 153
Persönlichkeitsmerk-male 181
Perspektivenwechsel 194
Pflichten 38, 175
Phantasie 189
Plazeboeffekt 8, 163
Planen 105
Planetenspiel 180
»Pling«-Zauber 34
Positivanker 69
Positivenergie 25, 54
Positive Aura 199
Positive Ausstrahlung 51, 93, 199
Positive Formulierun-gen 17
Positive Leitsätze 120
Positive Motivations-stimme 54, 89
Positive Wellenlänge 176
Praktische Informa-tionen 125
Praxisdenken 124
Programmieren 146
Programmierter Le-bensweg 9
Projektheft 132
Psychosen 55
Psychosomatische Er-krankungen 175
Psychotherapie 147

Ratespiele 179
Rational 45
Rauchen 33, 129
Reaktionsbereitschaft 195

Realitätssinn 190
Rede halten 42ff., 49
Richtiger Zeitpunkt 171
Risiko 130
Rückschläge 92

Sachlichkeit 191
Satzmelodie 160
Sauerstoffversorgung 86
Schicksal 118, 140
Schlaf 86, 167
Schlechte Erfahrungen 112
Schlechte Stimmung 83
Schmerzlinderung 150
Schmerzsignale 164
Schmerztherapie 147
Schneckentempo 110
Schnellsprecher 197
Schultern 160
Schutzschild 200
Schwächen 181
Schwarzweißdenken 136
Schwarzmalerei 131
Selbstbesinnung 188
Selbstbewusstsein 92, 199
Selbstbild 91ff., 94
Selbstgespräche 55
Selbstheilungskraft 163
Selbsthypnose 11, 86, 145ff., 158
Selbstkritik 53
Selbstmanagement 10
Selbstorganisation 66
Selbstsicherheit 150, 157, 161
Selbstwertgefühl 52
Selbstzerfleischung 53

Selbstzweifel 118
Selektives Gedächtnis 59
Sensorische Wahrneh-mung 189
Sensorischer Wahrneh-mungstyp 189f.
Serotonin 84
Sesseleffekt 69
Sich selbst erfüllende Prophezeiungen 108, 112
Sinnesdolmetschen 185
Sinnesbewusstsein 76
Sinneskanäle 19
Sinnesreize 20, 68
Sinnesspezifische Formulierungen 29
Sinnestypen 182f.
Sinnieren 154
Skala für subjektives Unbehagen (SSU) 38
Skala für subjektives Wohlbefinden (SSW) 38
Solidarität 175
Soziale Kontakte 175
Soziale Verbindungs-motive 175
Speicherplätze 60
Speichertätigkeit 167
Spezialbrillen für Beziehungen 192
Sport 84f.
Sprachniveau 160
Sprechgeschwindigkeit 160, 196
Sprichwörter 118
Standpunkt wechseln 192, 195
Stärken 180
Stimme 48, 160
Stimmmodulation 57

Stoffwechselprozesse 8, 86
Strategie der kleinen Schritte 14
Strategie des Hinter-sich-Bringens 39
Strategie für gute Gedächtnisleistungen 59, 62
Strategie zur Alltagsbewältigung 55
Strategie zur Erledigung unangenehmer Dinge 35ff., 40f.
Strategie zur Kreativitätssteigerung 63, 70, 170
Stress 53, 64, 72, 84f.
Stresshormone 84
Subjektive Wirklichkeit 8
Subjektives Zeiterleben 38
Suchtkrankheiten 147
Suggestion 164f.
Sympathie 176

Tagträume 146, 151
Talent 150
Technik des präzisen Fragens 43, 119
Termindruck 64
Toleranz 177, 189
Tonfall 160
Trainingsprogramm für die Welt der inneren Bilder 78f.
Trance 145, 148ff.
Trancetechnik 158
Tranceverhalten 158
Trauma 115
Traumarbeit 172
Traumaufträge 167, 172

Träume 86
Traumreisen 146
Trinken 33

Übereinstimmung mit sich selbst 51
Überheblichkeit 199
Überraschungen 47, 90
Überzeugungskraft 91
Umdeuten 113, 138
Umgang mit sich selbst 56
Unangenehme Dinge schnell erledigen 40f., 109
Unbekanntes 133
Unbewusst lernen 170
Unbewusste Bewegungen 117
Unbewusstes 65
Ungezwungenheit 185
Unsicherheitsfaktoren 130
Unspezialisierte Zellen 20
Unvorhersehbares 90

Veränderungen 133
Veränderungschancen 112
Verankern von mentalen Zuständen 69
Verdrängungsmechanismus 129
Vergangenheit 111
Vergessenshilfe 150
Verhaltensweisen 15, 23, 162
Verhaltensweisen neu einführen 15
Verhaltensweisen unterlassen 23
Verinnerlichung 11
Verkleinerung 73

Vermeidungsreaktionen 20
Verschachtelungstechnik 158
Versöhnungszustand 140
Verstärker 122
Vertrauen 198
Visualisierung 10f., 77f.
Visuelle Nahrung 67
Visuelle Vorstellung 76
Visueller Typ 76, 182
Vorbilder 160
Vorfreude 18, 21
Vorkehrungen 43
Vorlieben 181
Vorsorgliche Versöhnung 141
Vorstellungsdenken 124
Vorstellungsgespräch 198
Vorstellungskraft 76

Wahrheit und Suggestion verknüpfen 165
Wahrheiten 138
Wahrheitstechnik 163f., 172
Wahrnehmbares Verhalten 44
Wahrnehmungsflexibilität 195
Wahrnehmungspositionen 192
Wahrnehmungsvertiefung 11
Wahrnehmungsvorlieben 61
Wahrnehmungsweisen 76
Walt-Disney-Strategie 67

Weggetreten-Sein 148
Wegweiser in die Zukunft 10
Weisheits-TÜV 119
Weisheitsdenken 138
Weiter Blick 153
Welt der inneren Bilder 76
Werte 96ff.
Wertehierarchie 96f., 102
Wesensart 198
Widersprüche 99
Wissen 189
Wissensdenken 124
Wissensverarbeitung 170
Wohlfühlskala 26
Wunschsituation 18
Wunschzustand 164

Zauberfinger 117
Zauberhand 163, 166
Zauberwort 32
Zeit 104ff.
Zeitdruck 65
Zeitgefühl 149
Zeitliche Distanz 139
Zeitlinie 103
Zeitstrahl 104
Zielbild 29
Ziele neu überdenken 143
Zielenergie 90
Zielerlebnis intensivieren 31
Zielkontakt 125
Zielurlaub 127
Zielzustand 165
Zukunft 105ff.
Zukunfts-Ich 24, 29, 89, 93
Zukunftsvision 23